教育政策学の 30年とこれから

日本教育政策学会・編

2023 | 日本教育政策学会 年報 | 第30号

刊行にあたって

　日本教育政策学会年報第30号をお届けします。

　今号のテーマは、「教育政策学の30年とこれから」としました。1993年6月26日、当時の学士会館本郷分館で、創立総会が開催されてから30年が経過し、年報も30号という節目を迎えました。30年と言えば人の生涯の中で「而立」の年でもあります。教育政策学のこの30年を踏まえて、今後をどのように展望するのか。年代の違う3名の方からの、示唆に富んだ論考を掲載することができました。

　シンポジウム報告「子どもの権利と教育政策」は、昨年度、大東文化大学が実施校となってZoomにより開催された研究大会での公開シンポジウムを土台にした論稿です。子どもの権利条約が発効して30年以上、日本が批准して25年以上が経過する中で、子どもの権利が日本社会にどのように浸透したか、どのような教育政策が展開されたのかを検討するものになっています。

　課題研究報告の「With／Afterコロナ時代の教育と教育政策／統治」は第10期課題研究の2年目の論稿です。公開シンポジウムと同様にZoomにより開催されました。Society5.0構想やICT教育に焦点をあて、これらに関わる教育政策の特質と課題、そしてその行方を検討するものになっています。

　ご執筆をいただいた方々をはじめ、編集委員、幹事の皆様の支えがあって、ようやく刊行までこぎつけることができました。本年報が、教育政策研究のさらなる活性化に資することを、編集担当者として強く願っています。最後になりましたが、本誌刊行にご尽力いただいた学事出版のみなさまに感謝申し上げます。

2023年4月20日

日本教育政策学会年報編集委員会　委員長　佐藤修司

日本教育政策学会年報2023（第30号）
―教育政策学の30年とこれから―　目次

Ⅳ　投稿論文

Ⅴ　研究ノート

Ⅵ　内外の教育政策・研究動向

Ⅶ　書評・図書紹介

Ⅷ　英文摘要

Ⅸ　学会記事

第29回学会大会記事／日本教育政策学会会則／同・会長及び理事選出規程／同・研究推進委員会規程／同・年報投稿・執筆要領／同・第10期役員一覧／同・年報編集委員会の構成

I

特集
教育政策学の30年とこれから

特集：教育政策学の30年とこれから

特集　教育政策学の30年とこれから　企画趣旨

日本教育政策学会年報編集委員会

　教育行政学会、教育経営学会、教育制度学会、教育法学会、また教育社会学会など、教育に関する社会科学系の学会が多くある中で、相対的に若い本学会がどのようなディシプリンをもって、「学」としての独立性、自律性を確保し、存在意義を発揮するのか、この問いは学会である以上避けては通れない。年報の特集でも、第1号（1994）「教育政策研究の課題」、第5号（1998）「教育改革と教育政策研究」、第17号（2010）「教育政策研究の視角と方法」、第25号（2018）「教育政策研究の展開と方向性」で取り上げられてきた。2018年から5年の間隔で再び似たテーマを掲げる理由は、学会創立「30年」、年報「30号」の節目であることが第一に挙げられるだろう。

　本学会設立の1990年代半ばは、自民党単独政権時代が終わりを告げ、1955年体制、東西冷戦体制が崩壊したと言われる時代であった。子どもの権利条約の採択と批准、文部省と日教組の「和解」、臨教審答申後の、新自由主義的教育改革が進行し始める時代であった。その後、教育基本法「改正」など、教育立法、教育政策が矢継ぎ早に推進されてきた。この2020年代になり、ウクライナなど平和、国際情勢をめぐる問題、パンデミックや気候変動、Society5.0、人口減少社会など、急激な社会変動が生じており、この状況に対応して、教育政策学が取り組むべき課題を明らかにすることが求められている。

　また、第二の理由として、このような状況だからこそ、原点に立ち返って、学としてのあり方を考えることの必要性が感じられることが挙げられる。国民の教育権論批判、戦後教育学批判も重ねられて久しいが、それに代わる枠組みが生み出されているとは言いがたい（そのような枠組みが必要であるかも問われる）。また、そもそも、学問としての厳密性、科学性、検証可能性も問われている。「教育政策研究」にとどまらず、改めて「教育政策学」とは何なのかを問う必要もあろう。政治学会や、公共政策学会、社会政策学会などの親学会

と言えそうな学会との関係、地域政策学会、コミュニティ政策学会、文化政策学会、外交政策学会、消費者政策学会などの個別領域の政策関係学会との関係も問われる。同時に、先に挙げた領域や構成員が近い学会との関係、そして、教育心理学、教育方法学、教育哲学など、教育関連学会とどのような関係性を取り結んで、「教育学」としての総合性を確保するのかも問われる。

　特集では第一に、教育政策研究に長年取り組み、2010年の年報第17号にも「教育政策研究の『ゆくえ』」を執筆している前原健二会員に、12年が経過した時点で、改めて教育政策学、教育政策研究の現在とこれからを論じていただいた。近年の政策学的分析の立場、「国民の教育権」論の批判的継承と発展の立場を押さえながら、日本の政治学における経験理論と規範理論に関わる方法論議を踏まえて、教育行政・政策の規範的研究の今後を示唆するものとなっている。規範的アプローチに立つ研究には「学術的に承認可能な形式で提示するための方法」が問われている。

　第二に、2021年に『学校づくりの概念・思想・戦略』を出版し、戦後の学校づくりを中心に、教育政策、教育行政、学校経営・管理に関する理論と実践、政策を総合的に考察している石井拓児会員に、新自由主義教育改革との関わりから教育政策研究の課題を論じていただいた。内閣機能の強化を進めてきた新自由主義は2010年代以降、教育行政・学術行政への官邸支配・政治支配をさらに強化し、人間発達や民主主義社会の価値に背理するものとなっている。教育政策研究には、このような政治的意思決定の仕組みの変容そのものを構造的にとらえ、人間発達の内在的原理に基づくあるべき政策的方向性を示すことが求められているとされる。

　第三に、教育行財政研究に関するレビュー論文もある櫻井直輝会員には、若手の研究者の立場から、また、構造的トピックモデルという分析手法を用いて、「教育政策学」の課題と可能性を論じていただいた。多くのトピックが特定の時期に出現しその後低調となっていく傾向から、教育政策研究の外延の拡大と同時に、中心部の空洞化の可能性を指摘し、グランドセオリーの再構築の必要性や、さらには、教育行政学との関係性、学際性に活路を見いだして多様な「○○学としての教育政策研究」を交流・発展させるアプローチ、その前提としてのディシプリン間の相互理解を深める作業の必要性が提起されている。

（文責：佐藤修司年報編集委員長）

特集：教育政策学の30年とこれから

教育政策研究の30年
―規範的アプローチの方法論の検討―

前原　健二

　概して、東京の外郭は、新しく開けたものだ。新開町だ。勤人や学生の住むところだ。そこには昔の古い空気は残っていない。江戸の空気は、文明に圧されて、市の真中に、むしろ底の方に、微かに残っているのを見るばかりである。

　こうして時は移って行く。あらゆる人物も、あらゆる事業も、あらゆる悲劇も、すべてがその中へと一つ一つ永久に消えて行ってしまうのである。そして新しい時代と新しい人間とが、同じ地上を自分一人の生活のような顔をして歩いて行くのである。五十年後は？　百年後は？

（田山花袋『東京の三十年』、1917年、岩波文庫版（1981）、p.264）

1　はじめに：課題の設定

　教育政策研究[1]の学的風景はこの30年でどのように変容しただろうか。これが多少とも教育政策の研究に従事してきた者としての背景的な問題意識である。網羅的なレビューは手に余るから、ごく限られた視角からの叙述に留まらざるを得ないことをはじめに断っておきたい。

　筆者は以前、この日本教育政策学会年報において同様の問題を論じたことがある（前原、2010）。そこで筆者が確認したのは次の点であった。

・基本的な価値観の違いを前提とした政治的判断に対する批判とは位相の異なる実証科学的な情報の提供としての教育政策研究の実践を求める声が強まり、ある程度自明視されている状況が存在すること。

・教育政策研究の基本的方向性をそのように定めたとして、そうであっても／そうであるからこそ、教育に関する規範的判断の重要性は理論的、研究的に高まると考えるべきであること。

　これらを踏まえて、本稿では今後もその見立てが維持できるか、そのために
は何が必要かを自ら検討することを課題としたい。具体的な素材としては2010
年代に厳しく展開された教育政策研究批判のいくつかの言説、及び教育政策研
究と一種の「縁戚関係」にあり、実証科学的な知見の提供と規範的価値をめぐ
る議論の分裂という学的状況を抱えている日本の政治学のいくつかの諸説を取
り上げる。

2　教育政策の規範的研究への期待

　日本教育政策学会は1991年から創立の準備会合が始まり、1992年にかけて発
起人や学会設立の趣意などが整えられ、1993年6月に創立総会及び創立記念シ
ンポジウムが開催された（日本教育政策学会、2003）。今日の時点から振り返
れば、それはまさしく東西冷戦構造の崩壊と新しい国際政治秩序の模索の時期
であった。国内的には1993年は細川護熙を首相とする連立内閣が成立し、いわ
ゆる55年体制の崩壊が言われた年である。学会年報第1号の第一特集テーマは
「教育政策研究の課題」であり、市川昭午、三輪定宣、熊谷一乗の論稿が収め
られている（なお第二特集は「臨教審以後の教育政策」）。市川と三輪の論稿は
ともに教育政策研究の定義、対象、方法、方向性を提言する構成をとっている。
結論的な部分を引用する。

　　　教育政策に対する社会的ニーズは高まっているが、研究はこれまでのと
　　ころ不振であった。従来行われてきた研究の多くは、政治的イデオロギー
　　対立と教育政策に対するゼロサムアプローチのために、適切な政策形成に
　　役立つことが少なかった。教育政策研究が社会的要請に応えるためには、
　　今後基礎的研究や各論的研究をより実学的、学際的方向に改善していくほ
　　か、次の二つの研究課題に力を注いでいく必要があろう。その一つは主に
　　政策の内容を選択する基準について理論的に検討する規範的アプローチで
　　あり、もう一つは主として政策の過程について客観的に究明する実証的ア
　　プローチである。（市川、1993）

「市民的教育政策」に関して以下の研究視点を強調しておきたい。
①討論・異論の重視〔略〕
②学際・総合性の重視〔略〕

③予見・規範性の重視

　転換期の教育政策研究として、斬新・ユニーク・オリジナルな発想、先見的・規範的アプローチを重視する。ただし、その主張の論理性・実証性・客観性の追究は研究の本質上、必要不可欠である。（三輪、1993）

　三輪には研究者に期待される心構えのようなニュアンスが感じられるが、研究の方法についての2人の展望は似ている。価値に関わる規範的アプローチと客観的、実証的なアプローチの両面が日本の教育政策研究のために必要だということである。もちろんこれらは特に目新しいものではなく、日本教育政策学会のスタートにあたって当然のことが当然に指摘されていたということの確認に過ぎない。しかしその後の日本の教育政策研究の中でこの両面が一つの軸につながる二つの車輪のようであったかとなると、それは当然にそうであったとは言えまい。実証的アプローチが学術的にも現実政治的にも重みを増していく一方で、規範的アプローチはいまや風前の灯のようである。

　規範的アプローチに立つ教育政策研究などというものが研究論文として成り立つのかという反問があるかもしれない。規範的アプローチに立つということは議論の余地を認めない所与のイデオロギー的立場によって立つということであり、結局は教育政策の主観的な批評に過ぎないのではないか、というわけである。これについて、まずは上掲の市川昭午の所論をひいておきたい。市川は、教育政策の研究においては規範的研究が「これまで不足していた」（市川、1993）と述べる。教育政策の規範的研究の内容とは主に「教育政策の内容を選択する基準の検討」であり、具体的には政府の介入する教育政策の範囲と根拠が論じられなければならない。当然のことながらこうした教育政策の規範的研究は「価値問題と無関係ではありえず」（同上）、政策の目標や手段について基準を定め優先順位をつけるという判断を迫られることになる。狭義の教育政策はそれ単独で完結しないから、他の政策分野との関わりも論じられなければならない。

　市川自身、こうした教育政策の規範的研究が「政治イデオロギーにとらわれ」てしまいがちなことに注意を促しているが（同上）、市川が規範的アプローチによる教育政策の研究がアカデミックな水準で可能なものであり、充実が求められるものだと考えていたことは疑いない。

3　伝統的教育行政学への批判

3.1　政策科学的リノベーションの必要性

　繰り返しになるが、この30年間、教育政策研究における規範的研究がその共同的資産の蓄積という面で深められてきたかというと、そうではあるまい。そうした方向性はたまたま生じたものというよりは、自覚的に選択されてきたものと言うべきだと思われる。事態は異なる二つの側面で生じている。

　現在の教育行政・政策研究の第一人者である青木栄一は教育行政学の学術研究のあり方に繰り返し批判的に論及している（青木、2007、2009、2011、2019、2022）。青木によれば、学術研究のひとつの分野としての日本の教育行政・政策研究は長く構造的な危機に瀕している（というよりは一度も学術研究の分野として確立されたことがないと言った方がよいのかもしれない）。「占領改革で制度化された教育行政制度を高く評価するスタンスと文部省（当時）の政策へのアンチテーゼ提出に特徴付けられる一連の研究」（青木、2011）[2] として形成されてきた戦後日本の「伝統的な教育行政学」（同上）は、関心の対象となった教育行政・政策に関する多くの領域情報を蓄積してきた（青木、2007）。それらの情報は決して無価値ではなく、むしろそれは教育行政学の強みでもある（同上）。しかし教育行政学の世界においては「研究の枠組みや理論的関心が希薄であり、他領域との対話はもちろん、学界内部での研究成果の蓄積が困難」（同上）だという致命的な特徴が観察される。教育行政学は、蓄積してきた領域情報を活かしつつ「因果関係の解明を目的として、分析枠組みの標準化、共通の問いの設定などを行う必要がある」（青木、2011）。近年の教育行政・政策研究全般においても、青木の視角から見ればこうした状況はあまり変わっていないようである。つまり教育行政・政策の研究の中には「命題レベルの議論に疎く、メソドロジー＝研究方法論の水準がきわめて低い」（青木、2019）ものがあり、それらに鑑みると「ディシプリン軽視という学問として最も危険な考えが流れている」（同上）という点が指摘されなければならないというのである。

　教育行政学のリノベーションを志向する青木のこうした立論が教育の「政策科学的分析」の必要性に対する認識を基盤としたものであることは疑問の余地がない（青木、2007）。政策科学的分析の重要性については次節で改めて言及するとして、ここで指摘しておきたいのは、青木の言うような教育行政学のリノベーションが進まないのは、果たして青木の批判しているような伝統的教育

行政学の研究が依然として幅を利かせているからだと考えられるのかということである。そうではあるまい。伝統的教育行政学研究の影響力の低下はすでに明らかであり、自覚的にそのパラダイムに依拠して教育行政・政策の研究を遂行しようとする者は少ないだろう（前原、2006）。そうであれば、伝統的教育行政学に対する批判は新しい教育行政学の必要性を弁証する力を持つとは言えない。

　本稿の関心に即してもうひとつ指摘しておきたいのは、おそらく青木は規範的アプローチに立つ教育行政・政策研究に対して、それ自体には特段反対するものではないだろうということである。青木にとって問題視されるのは自立した学術研究の領域としての価値が疑われ他領域との対話も交流も不能になるようなあり方であって、その基準がクリアされるならば何も問題はないと想像してもよいだろう[3]。

3．2　「国民の教育権」論批判の諸議論

　教育政策研究の規範的アプローチの可能性について考える時、この十年間ほどに改めて提起された「国民の教育権」論批判の諸議論にも触れておく必要があるだろう。それらは上述の政策科学的分析の必要性を主張する議論とは正反対の方向から教育政策研究の見直しを求めるもののようであり、教育政策研究の三十年を振り返る中で重要な波動であるように思われる。ここで取り上げたいのは下司晶『教育思想のポストモダン　戦後教育学を超えて』（下司、2016）と神代健彦編『民主主義の育てかた　現代の理論としての戦後教育学』（神代編、2021）所収のいくつかの論稿である。

　下司の著書は、神代によって「少なくとも教育哲学・思想史的な戦後教育学批判の全貌をうかがい知るための、現時点での決定版のような書物と考えてよいでしょう。」（神代、2021）と評価されている。ポストモダニズム（ポストモダン思想）とポストモダン状況の峻別を基本とする下司の議論は全体としてとても興味深いように思われるが、教育哲学・思想史的な文脈について筆者はよく知らない。それにもかかわらずここで下司の議論を取り上げるのは、下司が「国民の教育権論をフーコーで組み替える」（下司、2016：221ff）と題する章において「国民の教育権」論にかなり強く論及しているからである。

　下司によれば、「教育が国家や経済体制に従属することを拒否する一九五〇年代の枠組みは、現代でも継承されている」、「だが、新たな現実を把握しそれに対応するためには、思考枠組みの刷新が必要なのではないか」（同上、230）

ということになる。これは本当なのだろうか。下司のこの見立てが本当だとすると、冷戦構造の崩壊以後数十年、「国民の教育権」論はその枠組みを保持し続けており、刷新の必要性が外部から提起されねばならないほどの影響力を持っているということになる。これが本当だとしたら、それは「国民の教育権」論にとって大いなる福音というべきかもしれない[4]。

　下司による「思考枠組みの刷新」が教育政策研究にとってどのような意味を持つものかははっきりしない。下司にとってはそれは視野の外にあるのかもしれない。一方、神代の編書はかなり具体的に「戦後教育学」の主要な部分としての「国民の教育権」論の捉え直しの方向を論じた論稿を収めている。

　神代は「はじめに」において次のように述べている。

　　　東西冷戦構造、保革対立という現実政治のなかで明確に革新派にコミットした戦後教育学は、冷戦構造の崩壊、日本政治における革新勢力の衰退、さらに、市場原理による社会システムの改革を掲げる新自由主義の台頭といった、その後の日本と世界の政治や社会の変化を受けるかたちで、影響力を大きく減じてきました。とくにアカデミズムのなかでは、ほとんど価値を失った旧教育学とみなされているといっても過言ではないでしょう。（神代、2021）

　この認識は下司のものとは異なるが、筆者にはこの方が現実に即したもののように感じられる。ともあれ、この神代の認識は、同書に集った各論稿においても（もちろん執筆者それぞれの責任において書かれていることは当然として）通底しているように思われる。この想定の上に同書に収められた二つの論稿を見ておきたい。

　杉浦由香里は「国民の教育権」論を論じて、それが「歴史的限界」を有しており、「否定的評価」が定着してきたと述べている（杉浦、2021）。とはいえ、そうした否定的評価につながる「難題を克服するための基本的枠組み」（同上）はすでに示されてきたとも述べている。

　　　すなわち、国家と教育の関係を律する論理として「国民の教育権」論が提起した教育の「内外事項区分論」は、国家権力の教育への介入を抑制し、教育の文化的自治において教育の公共性を構築するうえで不可欠の論理で

あり、「私事の組織化」論は教育の公共性を担保しうる合意形成過程を創出するための論理として今日においても重要な意義をもっています。（同上）

　歴史的限界と言われているものと今日においてももっている重要な意義との関係は判然としないが、杉浦が「国民の教育権」論の積極的な継承と発展を提唱していることは明らかである。「国民の教育権」論の創造的発展の観点として杉浦は、第一に子ども・親・住民の直接参加による教育意思の組織化のための制度の具体的構想を生み出すこと、第二に「内外事項区分論」を（持田栄一的な枠組みを参照して）積極的に捉え直すこと、第三に「学校制度的基準」の精緻化をはかり、その実現のための財政的裏付けを国民的運動によって獲得していくことを挙げている（同上）[5]。

　また同書で「私事の組織化」論を論じた大日方真史は、「国民の教育権」論の一部である「私事の組織化」論に対する批判として、第一にそれが実態の伴わないフィクションであること[6]、第二に保護者の要求の今日的内実を等閑視していること、第三にそれが「教師の教育権」を導き出すための「名目」に過ぎなくなっていることを挙げている（大日方、2021）。大日方の議論は「私事の組織化」論の批判で終わるものではなく、保護者参加の具体的な実践を通してフィクションではない「私事の組織化」の可能性を提起するものであり、それ自体は興味深くないわけではない。しかし、率直に言って大日方の展望はその批判の鋭さに比してあまりにもナイーブに感じられる。たとえば「私事の組織化としての公教育」というロジックを実態の伴わないフィクションとして批判するのであれば、あるいは「教師の教育権（＝教師の教育的専門性に基づく裁量の優先性の承認）」を「父母の教育権の白紙委任」として批判するのであれば、学級通信の発行を通じた教育活動への理解の獲得といった実践が公教育の組織化の制度論理につながるなどと考えられるはずがない[7]。

　これらの「国民の教育権」論批判の諸議論は、アカデミズムのなかでその存在意義を承認されるだろうか。もちろん答えは区々であろうが、共通して明らかなことは「国民の教育権」論自体にアカデミックな価値を認めないという立場にたてば当然にその批判的継承を試みる諸議論についてもアカデミックな価値は認められず、逆もまた然りだろうということである。

　教育行政・政策研究に対するこの三十年間の批判の中には、以上のようなま

ったく異なる二つの方向性のものがあった。一つは学術研究の一分野としての致命的欠点を指摘して政策科学的な研究としての再出発を主唱するもの、もう一つは（影響力の大きさについての評価には幅があるが）何らかのかたちで「国民の教育権」論の遺産の継承、捉え直し、発展を企図するものである。本稿の関心に立ち戻れば、問題はこれらが教育政策研究の規範的アプローチの充実につながるものかという点である。前者がそれに積極的な関心を持たないだろうという点はすでに述べた。後者はどうであろうか。答えは少し留保しよう。もちろんこの評価はそもそも教育政策研究における規範的アプローチとは何か、ということと関係している[8]。次節では日本の政治学の議論を参照し、政策研究がとりうる研究のアプローチについてもう少し具体的に考えていく。

4　日本の政治学の方法論議
4．1　経験理論と規範理論の「棲み分け」

　経験理論と規範理論の区分は政治理論において一般的なものである（松元、2014）。この区分はしばしばアメリカ政治学の歴史的展開と重ねて説明される[9]。19世紀後半のアメリカ政治学の形成期においては政治学＝政治理論の研究はほぼ政治思想の歴史研究及びヨーロッパ諸国の政治事情との比較研究であった。この時期の政治学の課題は、端的に言えば政治のあるべき姿（＝規範）を究明しようとするものだった。第二次大戦後には政治学体系の自然科学化（政策科学化）を目指す動きが強まった（いわゆる政治学の行動論革命）。そこでの課題は要するに「どうなっているのか」という現実を科学的手法によって明らかにすることであった。その後、1960年代には公民権運動、女性解放運動、ベトナム反戦運動などの新しく重大な政治課題に直面して、科学的厳密性に固執する行動論的政治学の方法論的限界が指摘されるに至る（同上）。こうして生じた規範的政治理論の復権は政治哲学の復権と言われることもあるが（同上）、哲学的な方法だけが用いられるわけではなく、課題の多様性に応じて方法論的にも多様性が生じているようである。政治哲学や政治思想史と区別されるアプローチを「政治理論」と呼ぶ場合もある（森、2014：19ff）。

　アメリカの政治学の影響を強く受けた戦後日本の政治学にも経験的・実証的分析を行う政策科学としての政治学とそれ以外の規範的な政治学の間には大きな溝があり（井上・田村、2014）、お互いの領分には口を出さないという一種の「棲み分け」があるとも言われる（河野、2014）。そうした学的事情は特に

気にしなければ気になるまい。しかし日本の政治学では時折この件に関わる集中的な議論が行われる。本節ではそうした議論のごく一部を参照し、教育行政・政策研究の方向性を考える材料を得たい。

　日本政治学会編『年報政治学』2015年度Ⅰ号は「政治理論と実証研究の対話」を特集テーマとしている。その「はじめに」において、政治学の研究における思想・理論・実証の関係が仮説的に示されている（小川、2015）。少し補足して言い改めたものを示す。

　　○思想ないし思想史：特定の思想を研究対象とし、その正確な理解を目的
　　　とする。
　　○理論：何らかの主題を分析するための道具。
　　　・規範理論（T1）：明示的に「あるべき論」と重なる理論。
　　　・分析的理論（T2）：少なくとも明示的には「あるべき論」と重ならな
　　　　い理論。
　　○実証：洗練された技法と均質的なデータに依拠する。
　　　・法則志向的（P1）：理論との関係が明示的で特定の断面を切り取るこ
　　　　とを重視する。
　　　・歴史志向的ないし記述重視的（P2）：対象の多彩性・豊富性をできる
　　　　だけ包括的に掬い取ろうとする。

　この区分はもちろん絶対的で単相的なカテゴリーを意味するものではなく、特定の研究論文を一つの区分へ収めるためのものでもないだろう。それは前提とした上で、理論と実証の関係ないし協働の可能性を考えてみると、T2とP1の間には対話が相対的に成立しやすいが、その関係をT1及びP2へ広げることは難しくなるという（同上）。実際は「思想・規範の検討と経験的制度分析・実証が組み合わされることによって、豊かな政治学的認識がもたらされてきた」（同上）とされているが、研究者個人のレベルで見れば「棲み分け」の方がより多く観察されると言ってよさそうである。それにもかかわらず理論と実証の協働が希求されるのは、改めて言うまでもなく、政治学は政治学的知識の産出と蓄積にではなく、よりよい政治の探究と実現にこそその存在意義を見出すべきものだからであろう。

4．2　経験／規範理論の見直し

　上で言及した『年報政治学』の特集の中から、田村哲樹による規範・経験の区別の再検討の議論を参照しておきたい（田村、2015、なお田村、2014も参照）。

　田村は、すでに述べたような政策科学と政治の規範理論の分裂を踏まえて、その克服を図る理論的枠組を提案している。田村によれば、政治学の諸研究は「観察可能なもの」を扱う類型と「観察不可能なもの」を扱う類型に区分し直すことができる。簡略化して示せば次のようになる。

　　○観察可能なものを扱う研究：
　　　・実証主義的な経験的分析
　　　・規範的政治哲学
　　○観察不可能なものを扱う研究：事実の観察を検証／反証の根拠としないような政治学
　　　・実証主義的ではない経験的分析
　　　・政治／政治的なるものの政治理論

　一般的には別のものとして扱われる実証主義的な経験的分析と規範的政治哲学について、田村は共通性ないし類似性があるという。それは分析に方法において「推論」を用いることである。推論とは、直接的なデータやすでに知っていると思う事柄から出発して、より広範囲なこと、まだ知らないことに関する洞察を得ようとすることである[10]。

　ここでの問題は、共通性ないし類似性があるとされる実証主義的な経験的分析と規範的政治哲学の間に意味のある協働が可能なのかということである。田村は、もし実証的な経験的分析が完全に事実と価値の二分法に依拠し、観察から得られた事実に関する仮説の検証に自己の課題を限定するならばこの協働は不可能であるが、他方で仮説形成が価値概念に関わるものでもあることがあり、その仮説を検証するためのデータを観察可能な形で集めることができる場合には、規範理論と経験的分析の協働は実現可能であるという（田村、2015）。後者の場合には規範理論は経験的分析のための仮説の供給源となり、経験的分析の側には仮説を経験的データにより検証可能な形に定式化し、研究作業を企画する技量が求められることになるだろう。

　二つ目に類型化された「観察不可能なものを扱う研究」の中にくくられた

「実証主義的でない経験的分析」とは、解釈学的な研究である。教育学にとってなじみのある言い方で言えばエスノグラフィックな研究の一部がここに含まれるだろう。それらは同じ条件の下での追試が不可能であり、直接観察することのできない意味の構造を描き出そうとする。「政治／政治的なるもの」とは、直接的な「政治」と「政治的なるもの」を区別し、「政治的なるもの」を「社会的なるもの」と対比して研究者によって認識される問題領域である（同上、及び森、2014：331ff）。ここでは観察不可能なものを対象とする方法的共通性のゆえに協働の可能性が生じる[11]。

　田村は、こうした区分の組み換えによって「規範と経験」「理論と実証」という区分が消滅するとは思わないとしながらも、そうした区分を不動の前提とする考え方が「規範的な視点を含んだ経験的研究」や「経験的知見を踏まえた規範的研究」といった研究方針の採用やそうした考えに基づく研究の正当な評価を困難にしている可能性を指摘している（田村、2015）。

　なお田村（2014）は、「説明」とは現実に観察されるパターンをもたらす、基底的な、通常は観察できないメカニズムを特定することではないかという論点、経験的に観察可能ではないが存在している可能性がある規範的要素を指し示す概念の必要性といった論点を提起しており、教育政策研究の規範的アプローチを考える上でもとても興味深い。

４．３　規範分析のツール

　実証的な政治学研究者を自認する河野勝は、「どのようになっているか」についての経験分析と「どのようになるべきか」という規範分析という大きな区分を一応の前提とした上で、経験分析と規範分析の組み合わせを個々の研究者のレベルで実践する具体的な方法を、規範分析の側からのアプローチとして例示していて興味深い（河野、2014）。河野によれば、政治学の規範分析に携わっている研究者には方法論的な弱みがある。

　　すなわち、政治理論という呼称のもと、この分野の研究者たちはあたかも自らの営為を理論の構築（あるいはその改廃）に限定してよいとする錯覚に甘んじ、「経験的な学問との接点」を求めれば必然的に立ち現れるはずである様々な問題、すなわち分析の方法をめぐる諸問題に、正面から向き合ってこなかったのである。（同上）

　河野が具体的に例示する規範分析において有効性を持つ分析ツールは「アナロジー」「極限的状況想定」そして「思考実験」である。これらは経験分析の中で有力な論証の方法として用いられることはほとんどないのに対して、規範分析の中ではこれらのツールを用いた議論が大きな影響力を持つことがあるという。それはどのようにしてなのか。

　アナロジーは「広く現象や事物同士を何らかの類似性に基づいて評価しようとする人間の認知過程を示唆する言葉」（同上）である。端的に言えば、すでに自明である事柄の自明性に依拠して、正当性を証明しようとする事柄の正しさに共感してもらうために二つの事柄の類似性を提示することと言えるだろう[12]。

　二つ目に挙げられている分析ツールは「極限的状況想定」である。成功している具体例としては、よく知られた「トロッコ問題」が取り上げられている。それは経験的な実証分析が様々な実際的理由によって不可能である事柄を規範的に考察する場合の一つの方法である。その意味では極限的状況想定は経験的分析とは関係がないように見えるかもしれない。しかし河野によれば、極限的状況想定はなんでもよいわけではない。そこには設定の良し悪しがある。このとき参考にされるべきものが調査設計や事例選択に関する方法論である。たとえば現在有力な地位を占めている理論の限界を指摘しようとするときには、その理論が最も妥当すると考えられる事例（most likely case）を選択して実証的な分析を行うことが望ましい。他方、発展途上の有力でない理論を擁護しようとするときには、その理論が最も妥当しないと考えられる事例（least likely case）を選択して実証的な分析を行うことが望ましい。規範分析において、時にSF的ともなる極限的状況想定を行って考察を進めるときにもこうした規準が確立される必要がある（同上）。

　三つ目に挙げられているのは「思考実験」であるが、これは日常的に用いられるものとは異なる。思考実験は客観的に観察可能なデータこそ存在しないが「実験」の一種と言われることもある。河野によれば一般に実験として理解されている分析方法では、研究者は第三者的な観察者の位置に留まらなければならない。これに対して規範分析で用いられるべき思考実験では、観察者の観点からの客観的で論理的な事態の進展が描かれるだけでは十分ではなく、主張される命題つまり規範がその研究者自身が進んで受容しうるものであることを示す工程を含むものでなければならない、というのである（同上）。

　以上の三つの分析ツールはどれも同じもののように見えるかもしれない。実際河野は三つすべてが思考実験として括られがちであることを指摘してもいる。名称の区分やその内容はここではそれほど大きな意味を持たない。本稿にとってこうした議論が持つ意味は、次のところにある。つまり、規範分析に対しては、経験分析に向けられる方法的観点からの批判が、同じ程度の強さと重要性の認識を持って向けられなければならない。実社会とのつながりを意識した規範分析の議論にとって、アナロジー、極限的状況想定、思考実験という分析ツールの有用性は十分了解できるとして、しかし決して「何でもあり」ではないということである。

5　教育行政・政策の規範的研究の展望

　「3」において近年の「国民の教育権」論批判の議論が教育政策研究の規範的アプローチの充実につながるものかという問いへの答えを留保しておいた。筆者の答えは「否」である。既存理論の批判的検討が研究の発展に大いに裨益するものであることは間違いない。とはいえ、本稿の設定した視角からみれば、そこには経験的分析との対峙も正当性を主張するための方法論もないように思われる。そこで言及した論者たち自身はこうした議論に特に関心はないかもしれない。しかし教育行政・政策研究に研究的アイデンティティを持つ者の立場から言えば、政策科学的な志向性を持つ教育政策・行政研究の重要性は言うまでもないこととして、それ以外の研究、とくに規範的アプローチに立つ研究の重要性は、三十年前の市川、三輪とともに改めて強調される必要がある。「どうあるべきなのか」を主観や好みの表出としてではなく学術的に承認可能な形式で提示するための方法は、本稿が取り上げたものの他にも様々に提案されているだろう。これまでが停滞の時期だったとするならば、これからが方法論を踏まえた教育行政・政策研究の規範的アプローチの爆発的発展の時期となることを期待したい。

参考文献

・青木栄一（2007）「領域間政治の時代の教育行政学のアイデンティティ」『日本教育行政学会年報』33。
・青木栄一（2009）「教育政策研究の現在」『教育学研究』76（1）。
・青木栄一（2011）「方法としての比較を用いた教育行政学のリノベーション」

『教育学研究』78（4）。
・青木栄一（2019）「教育行政学―比較研究の方法論からの棚卸し―」『教育学年報11』世織書房、所収。
・青木栄一ほか（2022）「若手研究者が読んだ『教育学年報11号　教育研究の新章』―教育行政学・教育法学―」『教育学年報13』世織書房、所収。
・市川昭午（1993）「教育政策研究の課題」『日本教育政策学会年報』1。
・井上彰・田村哲樹編（2014）『政治理論とは何か』風行社。
・小川有美（2015）「はじめに―政治理論と実証研究の対話―」、日本政治学会編『年報政治学』2015年度（Ⅰ）、所収。
・大日方真史（2021）「『私事の組織化』論―教師の仕事にとって保護者とは？」、神代健彦編『民主主義の育て方』所収。
・神代健彦編（2021）『民主主義の育て方』かもがわ出版。
・神代健彦（2021）「はじめに」、神代健彦編『民主主義の育て方』、所収。
・黒崎勲（1999）『教育行政学』岩波書店。
・下司晶（2016）『教育思想のポストモダン』勁草書房。
・河野勝（2014）「『政治理論』と政治学―規範分析の方法論のために」井上・田村編『政治理論とは何か』、所収。
・杉浦由香里（2021）「『国民の教育権』論―教育の公共性を編み直す」、神代健彦編『民主主義の育て方』所収。
・田村哲樹（2014）「政治／政治的なるものの政治理論」、井上・田村編『政治理論とは何か』、所収。
・田村哲樹（2015）「観察可能なものと観察不可能なもの―経験・規範の区別の再検討―」、日本政治学会編『年報政治学』2015年度（Ⅰ）、所収。
・田山花袋（1917：1981）『東京の三十年』岩波書店。
・日本教育政策学会（2003）『日本教育政策学会の十年』（非売品）。
・日本政治学会編（2015）『年報政治学』2015年度（Ⅰ）。
・前原健二（2006）「教育行政と教育行政学―新たな関係を問う」『日本教育行政学会年報』32。
・前原健二（2010）「教育政策研究の『ゆくえ』」『日本教育政策学会年報』17。
・松元雅和（2014）「政治理論の歴史」井上・田村編『政治理論とは何か』、所収。
・三輪定宣（1993）「市民的教育政策の概念とその研究課題―転換期における教育政策研究の一試論―」『日本教育政策学会年報』1。
・宗像誠也（1948）『教育の再建』河出書房。
・森政稔（2014）『〈政治的なもの〉の遍歴と帰結　新自由主義以後の「政治理論」のために』青土社。
・山下晃一（2015）「教育委員会制度における『民主性』をめぐる理論的課題―規範理論と『教育政治』」『日本教育政策学会年報』22。

注

（1）本稿では教育政策研究と教育行政学を互換的に用いる。教育政策・行政研究と記す場合もある。

（2）なお「国民の教育権」論を指すとみられるこの部分の教育行政学批判は黒崎勲のそれに依拠しているようである。黒崎の教育行政学批判は青木の展望とはあまり重ならないものであっただろうと私は推測するが、この点については別稿を期したい。

（3）ただし青木は、政治学的な規範的アプローチの諸議論ないし理論、枠組みの移入をあまりに安直でナンセンスと断じるかもしれないし、低レベルな議論を学術の僭称と呼ぶかもしれない。

（4）本稿の議論とは直接関連しないが、下司は同書の中で戦後直後の宗像誠也について「男女平等の普通選挙に反対しており、大衆蔑視が垣間見える。」とコメントしている（下司、2016：297）。下司が言及しているのは宗像誠也『教育の再建』（1948年、河出書房）の序章「絶望教育学」である。下司が引用しているのは「婦人参政権など絶対反対」「中年婦人の図々しさと憎々しさ。こういう連中の一票は必ず々々進歩を阻害するに違ないのである」「これは中年婦人ばかりではないではないか。有ゼンの男も結局同じことではないか。〔中略〕だから僕は男子参政権にも亦絶対反対なのである」という文章である。ところが宗像はこの文章を「はずかしげもなく公表しようと決めた理由は、氾濫する安直な新教育解説書の類に腹が立ってしょうがないからである」（p.3）と述べ、「婦人参政権よりは薔の一貫目も欲しい、である。このむき出しな要求に対して未だ充分納得の行く回答は与えられていない。民主々義とは斯々、自由主義とは斯々。それは解りましたがさて薔はどうして呉れますか。其処で講師先生はたじたじになって腰くだけに終る」（p.5f）と書き、「日本民族の習性を徹底的に批判しぬき追及しぬき、ギリギリまで行って出直すのだ。民主々義解説もとより大いに必要である。けれども、それより前にしなければならぬのは徹底的批判反省だ。友人に毒舌ありて曰く、軍国主義に徹底することすら出来なかった国民が、民主々義など体得できるものか、と。この痛烈な反語をにわか作りの民主々義教育解説者に捧げる。」（p.14）という文章でその章を終えている。私は宗像の中に大衆蔑視があったかどうかを判定する材料を持っていないが、以上の記述の中に普通選挙反対や大衆蔑視を読み込むのは難しいと思う。むしろそこにあったのは、軽やかに流行りの教育理論を講じる人々の浅薄さに対する反感ではなかろうか。なお引用にあたって字体、仮名遣いを改めた部分がある。

（5）杉浦の議論が「国民の教育権」論に対する批判を記述する際に黒崎勲、今橋盛勝、1990年代の兼子仁の議論を同列に並べて引証しているように見えることについては違和感がある。黒崎自身は内外事項区分論をはっきりと

否定的に評価していたし、今橋による「国民の教育権」論批判を批判してもいた。また兼子は「国民の教育権」論の構築について堀尾に優るとも劣らぬ貢献をし、特に内外事項区分論については理論的責任を負っているはずである。

（6）大日方が「私事の組織化」批判の文脈で黒崎勲の所論を参照指示している点については疑問がある。文脈を丁寧に追えば、黒崎は「私事の組織化としての公教育」という制度論理を支持しているようにみえる（黒崎、1999：49）。

（7）なおこの記述は大日方が参照している教育実践の教育的価値を貶めるものではない。ここで述べているのは、それが公教育の組織化の制度論理につながる種類のものではないのではないかという疑問である。

（8）本稿が規範的アプローチと呼ぶものは、規範的政治哲学の研究成果を取り入れた教育政策・制度研究（参照、山下、2015）を部分的に含むが、それに還元されない。規範的理論が必ずしも規範哲学に還元されない点について、参照、松元（2014）。

（9）こうした二分法が有益ではないという指摘も当然にある（松元、2014）。

（10）念のために注意を促しておけば、たとえばデータを収集して統計的に整理したものは研究未満の作業と見なされるのだろう。なお田村は「基礎付け主義／反基礎づけ主義」という基準が実証主義的な経験的分析にも規範的政治哲学にも当てはめられることをもう一つの共通性として挙げているが（田村、2015）、ここではこの点は割愛する。

（11）田村（2015）は具体的な研究事例を挙げているので参照されたい。なお「観察不可能なもの」を対象とする際に共通する方法としてアブダクション（abduction、仮説的推論）が挙げられている。これは演繹、帰納と並ぶ第三の論理的推論の形式である。

（12）なお河野（2014）によれば、「メタファー」はアナロジーと似ているが、別のものである。アナロジーは間主観的な（つまり議論の相手との間に先験的に存在していると想定された）共感の上に成立するが、メタファーはその共感を新たに創造しようとするものである。

（東京学芸大学）

特集：教育政策学の30年とこれから
新自由主義教育改革と民主主義の危機の諸相
―官邸主導・政治主導改革の新段階と教育政策研究の課題―

石井　拓児

はじめに

　本稿の目的は、教育政策をめぐる今日の新しい段階の特徴をどのようにとらえるのか、今後の教育政策研究の課題はどこにあるのかを考察することにある。誰の目にも明らかなように、新自由主義教育改革ならびにそこで提示されてきた諸々の教育政策は、日本の教育に固有な課題を解決したり克服したりするためのものというよりは、財政的かつ経済的あるいは政治的対応の一環として位置づけられるものであった。この間の中央政府（場合によっては地方政府も）がすすめてきた教育政策は、おしなべて外在的な動機に基づくものであったということができるが、ひとたびそれが「教育政策」として示される場合には、教育内在的な理由（立法事実）が説明されなければならない。種々の教育政策が、何をねらいとするものであるのか、それは現実の教育課題に応答するものとなりうるのかそれともなりえないのか、これを教育科学の観点から検証することに教育政策研究の神髄がある。

　日本の新自由主義教育改革の系譜は、1984年に中曽根内閣のもとに設置された臨時教育審議会（臨教審）からはじまり、これによって官邸主導・政治主導の教育政策形成という新しい枠組みが持ち込まれた。1993年に創設された日本教育政策学会は、その発足当初より新自由主義教育改革と正面から向き合ってきた（向き合わざるを得なかった）歴史性をもっている。

　本稿が主眼とするところは、過去の総括というよりも、今後をどのように展望するのかという点にある。現在、我々が直面している教育政策をめぐる新しい段階は、新自由主義教育改革の延長線上に位置しつつも、従来とは異なる特徴を有しているとみるべきであろう。これまで、新自由主義教育改革は、公共部門・社会保障領域を解体させる緊縮財政政策（fiscal austerity policy）の一環に位置づき、財政部局や首長部局が教育政策立案権限をテイクオーヴァー

していくことにその特質が見出されてきた。しかし、解体すべき公共部門が極度に縮小してきた現段階にあっては、これをいっそう強力に推進するための新しい枠組みを必要としているからである。いくつかの段階を経ながらすすめられてきた「内閣機能の強化」ならびにこれに応じた行政組織の再編・再々編過程を検証することを通じ、官邸主導・政治主導の教育政策形成の今日的特徴を明らかにすること、これが本稿の課題である。

　また、新自由主義改革の導入を可能とする惨事便乗主義（the shock doctrine）が入り込みやすい状況が生じていることも、率直に認めなければならないであろう。コロナ危機、戦争危機、物価高騰による生活破綻危機が我々の周りを全面的に包囲しつつある。こうした社会的危機に対し、科学的・専門家的知見は必ずしも重要視されないばかりか、独立性が求められる科学・学術行政に対する官僚支配・政治介入が危惧される事態も引き起こされている。本稿では、日本学術会議法改正をめぐる問題についても少しく検討を加えることとする。

１．新自由主義改革と緊縮財政政策―生活破壊・生活危機の進行とその背景―
（１）日本教育政策学会は新自由主義教育改革をどう分析してきたか

　本誌の創刊号は、「転換期の教育政策を問う」をテーマに、戦後日本の教育政策の展開を総括的に論じるとともに、臨教審以降の教育政策について、高等教育政策、国際化政策、教育課程政策、生涯学習政策といったそれぞれの領域について分析がなされている。水内宏（1994）は、比較的に新自由主義的教育改革に抵抗的であったとされる臨教審第3部会が主導した初等・中等教育改革における教育課程政策を検討し、中曽根首相（当時）の私的諮問機関「文化と教育に関する懇談会」が発行する報告書や、同じく首相の私的機関であった「世界を考える京都座会」（松下幸之助座長）からの影響を強く受けていること、さらに日本経営者団体連盟の1984年と85年に出された『労働問題研究委員会報告』との連続性がみられることを示し、経済界の意向ならびに「行政改革」の流れに位置づくものであったことを指摘している。

　本学会創設にあわせて開催された第1回大会シンポジウム「「55年体制の崩壊」と教育政策」（1993年）の記録をみると、1993年8月、1955年の結党以来、38年間にわたって単独で政権を担当してきた自由民主党に代わり日本新党代表の細川護熙を内閣総理大臣とする新しい連立政権が誕生したことのインパクト

をみることができる。登壇者のひとりである渡辺治は、連立政権のもとでの行政構造に着目し、「文教・労働・自治・厚生行政というものが、社会党の大臣や民社党の大臣が就任することによって、どのように変わったのかと考えれば、文教行政も含めて基本的には変わっていない」（渡辺1995：124）とし、「今回の政変の本質（＝細川連立政権の誕生のこと、筆者注）」は、「一言で言うと、新自由主義的な改革と新国家主義的な改革の結合としての、「55年体制」のそれに矛盾する側面の打破」にあるとの認識を示している（同：125）。こうして渡辺は、「結論的に言えば、…いわば80年代の教育改革の挫折の方向というものを改めて再台頭させると言いますか、それが90年代の教育政策に現れたものであって、その主要な方向というのは、新自由主義的な改革である（同：127、傍点引用者）」と予見した。

　すなわち、80年代の自民党政治のもと臨教審改革の段階では部分的な導入にとどまっていた新自由主義教育改革が、政権交代によって本格化するであろうとの指摘である。事実、この時期より新自由主義的な教育政策が、次第に、そして着実に整備されていくことになる。まさに渡辺の予見は慧眼であったと言うことができる。

　細川政権がごく短命に終わると、1994年には自民党・社会党・さきがけの連立政権によって村山内閣が誕生し、自民党はこの段階で政権復帰を果たすことになる。村山内閣の次の橋本内閣は、「行政改革」「経済構造改革」「金融システム改革」「社会保障構造改革」「財政構造改革」の五つの改革を提唱し、すぐ後にこれに「教育改革」を位置付けた。いわゆる「六大改革」である。当時の教育改革が、「政治（行政）、経済、財政・金融等、今日の国家あるいは体制の課題解決のための改革の一環として位置づけられているということができる」ものであり、「明らかに教育改革を、教育固有の課題解決の観点からではなく、国家・体制の課題解決の手段として」とらえられていた（鎌倉1998：32）。行政改革で推奨された「自由化・規制緩和」論が教育改革分野にそのまま適用され、具体的には、中高一貫教育制度、大学入学年齢の緩和（飛び級制度）、通学区域の弾力化（学校選択）、大学教員の任期制導入等がすすめられた。

（2）新自由主義改革の進展と生活危機をめぐる90年代的諸相
　橋本六大改革においては、「基本的方向」として「国際社会、経済の領域でも、市場経済の拡大と深化が進む一方、ヒト、モノ、カネ、情報が極めて迅速に地球規模（グローバリゼーション）で動き回るようになってきている」との

認識が示され、これを「大競争（メガ・コンペティション）時代」と表現している（鎌倉1998：33）。重要な点は、「大競争（メガ・コンペティション）」という時代認識とともに、大企業・富裕層の税負担をできるだけ軽減することによって産業競争力を高めること、そのために中央政府・地方政府が義務的に課せられている経費負担、とりわけ社会保障領域の財政負担をできるだけ縮減しようとする政策、すなわち緊縮財政政策（fiscal austerity policy）が全面的に支配するようになったということにある。

　考察しておかなければならないのは、「産業競争力の強化」のために、「規制緩和」の名目で労働者保護をはじめとするさまざまな規制も一挙に解体させられたということにある。1995年に日経連『新時代の日本的経営』が出されたことを皮切りに、女性労働者保護規定の撤廃をはじめ、変形労働時間制・裁量労働制の導入、労働者派遣事業の原則自由化等、労働法制の規制緩和がすすめられた。リストラや非正規雇用の拡大がすすむなか、1998年には小売店舗の保護を規定していた大規模小売店舗法が廃止され、大規模店舗による深夜営業も常態化するようになる。こうして、男性のみならず女性までをも含んで長時間労働・深夜労働が拡大した。

　細川政権の唯一の「遺産」であった「政治改革＝小選挙区制度の導入」により、1996年の総選挙において自民党は大幅に議席を回復し、第二次橋本内閣は自民党の単独政権となった。以後、自民党は得票率では過半数を獲得せずとも圧倒的に優位な議席数を確保し続けている。

　こうしてみれば、1990年代は、「政治改革」によって新自由主義的な意思決定を可能とする政治的地ならしが着実に進められたとみるべきであろう。当時はこれを「迅速な意思決定を可能とする政治システム」などと評価するものがあったが、結果的に見れば、政治的意思決定における多様性が失われたとみるべきである[1]。そして、市民運動や労働組合運動は次第にパワーを減退させることになった。

　この時期の教育分野におけるその象徴的な出来事は、いわゆる文部省と日教組の「歴史的和解」（1995年）である。日教組は、翌年の第82回定期大会（1996年）において、①日の丸・君が代について、②主任制について、③職員会議について、④初任者研修など研修問題について、⑤学習指導要領について、の五つの項目について執行部見解を示し、従来からの見解と方針を「転換」させた。

　この出来事が「象徴」しているのは、学校の組織と運営のあり方に関わるき

わめて重要な事項について、民主主義的な討議や話し合いによるものでも論理性・妥当性にもとづく研究的な議論によるものでもなく、あるいは各政党がそれぞれの教育政策を掲げ選挙を通じた国民的な選択と判断にもとづき合意を形成するということによるものでもなく、官僚と組合幹部レベルの「和解」で決着をつけたということにある。しかしながら、こうしたスタイルは、90年代に特徴的に表れたわけではなく、すでに1971年の給特法制定とその後の人材確保法の制定に至る過程においても同様の「妥結」がなされている[2]。こうしたスタイルがいつ、どのようなメカニズムによって形成されたのか、それがわが国の教育法制にどのような効果をもたらしたのかを歴史的に解明することは、今後の教育政策研究の重要な課題の一つである。

2．官邸主導・政治主導の行政改革と教育政策

（1）官邸主導・政治主導改革の源泉と中央省庁の再編

　2001年1月6日に行われた「中央省庁等の再編」によって、文部省は科学技術庁と合併して文部科学省になった。当時の段階において山岸駿介は、「この改革は政治と官僚集団との関係を変え、政治優位の意思決定システムをつくることにある」（山岸2001：115）と指摘し、浪本勝年は、省庁再編過程において文部省・文部科学省に置かれていた審議会等が「大幅にその数を減少させた」とし、2000年6月7日の中央教育審議会令に目的規定が削除されたことをもって、「かくして、新中教審は、法制度上から見る限り、すっかりその「格式」を落としてしまったかのごとくに思われる」とした（浪本2001：134）[3]。

　小渕首相（当時）の私的諮問機関である「教育改革国民会議」は、「内閣総理大臣決裁」を根拠に2000年3月27日に発足するやいなや、同年9月22日に「中間報告」、同年12月22日に最終報告「教育を変える17の提言」を出している。2001年に1月25日に文部科学省は「21世紀教育新生プラン（レインボープラン〈7つの重点戦略〉）」を出しているが、そこでは、教育改革国民会議の「最終報告」に示された「提言を十分に踏まえた各般にわたる必要な取組を行うよう森内閣総理大臣から指示を頂き、このたび教育改革のための具体的な施策や課題を取りまとめたところです」との「基本的考え方」が示された。

　新自由主義改革の進展に伴って官邸主導・政治主導による省庁横断的な改革推進機関が次第に整備されつつあることを分析したものに荻原克男の研究がある。荻原は、新自由主義的な諸改革が、「既存の支配秩序」に手を付けざるを

えないものである以上、「官邸主導の政策形成形式」をとることになるとし、90年代後半には、規制緩和を担当する行政改革委員会（1995年）、地方分権をすすめる地方分権推進委員会（1995年）、中央省庁改革を検討する行政改革会議（1996年）がすでにその役割を担っていたと指摘している（荻原2002：49）[4]。この延長に位置づく中央省庁再編のねらいは、まさに「内閣の機能強化」にあったとみてよい。内閣総理大臣のリーダーシップの強化（内閣総理大臣の発議権、内閣法4条2項）、内閣官房の機能強化、内閣府の新設は、「（中央省庁再編における）改革の目玉」（同：51）となるものであった。「内閣機能の強化」の内容を教育政策形成との関係でとらえ、以下の各点に整理することができる。

　第一に、内閣官房と内閣府は、各行政機関が行う施策の統一をはかるため、内閣の重要政策に関する基本的な方針に関する企画立案・総合調整に関する事務を所掌するとされたこと（内閣法12条2項4号、内閣府設置法4条1項柱書）、第二に、内閣府は、財政運営の基本及び予算編成の基本方針の企画立案に関する事務を担当することとなったこと（内閣府設置法4条1項2号）、第三に、科学技術の総合的かつ計画的な振興を図るための基本的な政策に関する事務を担当することとされたこと（同4条1項4号）、である。第二、第三に関わる重要政策に関する基本方針を検討するための会議として、「経済財政諮問会議」「総合科学技術会議（CSTF）」が置かれた。なお、内閣府は、各省設置の親法である国家行政組織法の「外」に位置づけられたという点にも特段の留意をしておく必要がある（国家行政組織法3条）。

　2001年1月に設置された経済財政諮問会議は、同年6月26日には「今後の経済財政運営及び経済社会の構造改革に関する基本方針」（いわゆる「骨太の方針」）を閣議決定し、同方針には、経済・財政の「構造改革」とともに、医療・介護・福祉・教育など「従来主として公的ないし非営利の主体によって供給されてきた分野」に競争原理を導入することを掲げ、教育分野では「国際競争力のある大学づくり」を目指し、「民営化を含め、国立大学に民間的発想の経営手法の導入」を検討することが示された。これが国立大学法人化の引き金となったことは知られるところであり（光本2004：44）、その後も経済財政諮問会議は、各公共分野の新自由主義改革を牽引する「司令塔」としての役割を果たすことになる。

　こうして、新自由主義的制度改革が、教育分野に全面的に行きわたったのが

2000年代の特質であった。その画期となる段階は、教育改革国民会議の最終報告に盛り込まれていた教育基本法の改正であったとみてよい（2006年）。改正教基法17条１項は、「政府」に対して教育振興基本計画の策定を義務付け、「これを国会に報告するとともに、公表しなければならない」とした。法案審議において国会で参考人として発言した中嶋哲彦は、「振興基本計画の対象とすべき領域が明確に定められてない」とし、その無限定性のゆえにすべての省庁が教育振興基本計画の内容に関わることができ、しかも「政府が認めれば、それが振興計画の内容となる」ことを「大変危惧している」と指摘していた[5]。国会審議段階から厳しく批判がなされていたように、同法改正もまた官邸主導・政治主導改革の延長線上にとらえておく必要がある。

改正教基法は、「教育目標」（２条）と「義務教育の目標」（５条２項）を新設し、さらには2007年の学校教育法による教育目標の再規定、改訂のたびに詳細な学力像・人間像を規定する学習指導要領も含めて過剰なまでに教育目標が列記されるようになる。学校評価（学校教育法42条）と教育委員会評価（地方教育行政法27条）の仕組みとの連動によって、教育における「目標設定と国家支配」という新たな構造がもちこまれた（勝野2007）[6]。「新学力テスト体制」である。

新自由主義改革は、「地方分権」の名のもとに、国家の財政的責任を放棄し、地方財政は著しく悪化した（三位一体改革）。地方分権改革の「欺瞞的性格」が次第に明らかになるとともに（中嶋2006）、新自由主義教育改革は自治体行政にも波及するようになる[7]。

2009年のリーマンショックにより貧困問題が問われるようになり、政権交代が起きた。児童手当の創設や高校授業料修学支援制度の導入といった子ども福祉財政や教育財政上の積極性が見られたものの、官邸主導・政治主導の政治手法の構造そのものは問われなかった点によくよく留意しておく必要がある。

（２）第二次安倍政権以降の官邸主導・政治主導をめぐる新しい制度特質

2012年の第二次安倍政権以降、「内閣機能」はいっそう強化され新しい段階に入った。2014年の内閣法改正により内閣官房に内閣人事局が設けられ、各省の人事権を官邸が掌握したほか、いくつかの制度的特質を指摘するとすれば次のようになる。

第一の制度的特質は、新自由主義改革の「司令塔」をさらにいくつかの機関に分立させ、同時並行的に新自由主義改革を推進する体制を整えたことにある。

民主党政権下で廃止された「経済財政諮問会議」を復活させたほか、日本経済財政本部とその下に成長戦略の策定を担当する「産業競争力会議」を置き、さらには、「規制改革会議」「国家戦略特区諮問会議」、教育政策を検討する「教育再生実行会議」が置かれた。2015年7月の「日本再興戦略（改訂2015）」は、「ナショナルシステムの構築」をいい、さらに競争的研究費中心の戦略的資源配分を強化している。「特定研究大学」構想が打ち出され、これは後に「指定国立大学法人」として制度化された（2016年5月国立大学法人法改正34条）。2016年6月「日本再興戦略（改訂2016）」をうけ、同年6月文部科学省は「国立大学経営力戦略」を出している。経済財政諮問会議・産業競争力会議・教育再生実行会議をそれぞれ「司令塔」とする新自由主義的大学改革推進体制となっていたのである。

　第二の制度的特質は、文科省所掌の科学技術基本計画の策定・推進および科学技術関係予算の見積もり調整権限を内閣府に移管させたことである（内閣府設置法4条1項5号）。2014年、総合科学技術会議（CSTF）は総合科学技術・イノベーション会議（CSTI）に改組となり、CSTIが予算配分する戦略的イノベーション創造プログラム（SIP）も創設された。この時点で大学財政配分決定権限の一部を内閣府が掌握したことになる。

　また、第三の制度的特質として指摘しておかなければならないのは、国家行政組織法の「外」に、独立の設置法を持つ内閣の「補助部局」を「乱造」していることにある。その代表格が、内閣法により直接設置されている内閣官房、内閣府（内閣府設置法）、内閣法制局（内閣法制局設置法）、国家安全保障会議（国家安全保障会議設置法）、そしてデジタル庁（デジタル庁設置法）である。行政法学者の藤田宙靖は、「内閣府の外局として「こども家庭庁」を新設する構想がある旨報道されているところであるが、内閣官房の主導によるこのような組織の乱造は、少なくとも中央省庁再編時において想定されていたものではないと言うべきであろう」と警句を発している（藤田2022：155）。

　もともと国家戦略特区法の改正からはじまったスーパーシティ構想は、新型コロナ危機のなかで加速度を増している。内閣府地方創生推進事務局は「AIやビッグデータを活用し、社会のあり方を根本から変えるような都市設計」と呼び、これを推進している（内閣府地方創生推進事務局2020）。

　当然危惧されるのは、ビッグデータの活用にあたって個人情報を本人の同意なしに民間事業者が利用可能となる問題点であるが、社会保障・教育保障の観

点からは、スーパーシティ構想が「全ての行政手続きを効率的に処理」することを目論見としていることから、行政サービスの「アウトソーシング＝縮小」という問題もある。これまで行政が担ってきた各種のサービスは、民間企業の営利を競う巨大な市場となり、行政・自治体は、データ活用を通じて事業者が提供するサービスを紹介するだけの存在となるであろう。この構想には、教育分野「全ての子どもに世界最先端の教育環境を＝ EdTech」、医療・介護分野「すべての医療・介護をかかりつけから在宅で＝ MedTech」が位置づけられている。

　2021年に設置されたデジタル庁は、デジタル社会形成基本法に定めるデジタル社会の形成についての基本理念をふまえ、デジタル社会の形成に関する内閣の事務を内閣官房と共に助けること、デジタル社会の形成に関する行政事務の迅速かつ重点的な遂行を図ることを任務としている（デジタル庁設置法 3 条）。これは、「内閣の中にいわば内閣府との並びにおいて設置されている特異な行政機関」（藤田2022：125、傍点は藤田）である。藤田は、同様の組織に「復興庁」が存在するが、未曾有の災害に際し緊急的かつ臨時的に設置された復興庁とは異なり、恒久的な存在として想定されているデジタル庁については「理論的には一層深刻な問題がある」と指摘している。

　内閣に置かれたデジタル庁とともに、内閣府の外局として新たに置かれるこども家庭庁が、こうした「社会像」の実現に向けて歩調を合わせ始めていることをどのようにとらえればよいであろうか。稲葉・稲葉・児美川（2022）は、「プッシュ型支援」の名のもとに、子どもの家庭環境や学校・園における子どもの学習・発達の状況が「データ連携」され、さまざまなリスクを分析しようとの試みが開始され、すでにいくつかの自治体において先行的に取り組まれていることを指摘している。保育領域においても民間のテック会社が参入し、保育園で行う子どもの発達記録を保育士と保護者がアプリ上で入力して作成する「発達記録機能」サービスや、写真撮影やコメントから保育活動の振り返り資料の作成と計画をすべてアプリで完結する「保育ドキュメンテーション」サービスが提供されている。2019年に試験の不公平性や採点の不透明性が問題となって導入が見送られた「英語外部試験化」「共通テスト民間委託化」、そしてコロナ化で推し進められた学校のデジタル化「GIGA スクール構想」もまた、スーパーシティ構想の一環に位置付くものとみることができる。同書に掲載された三つの論文を通してみえてくるのは、出生前の妊娠期から乳幼児期を経て、

さらに子ども期・青年期を経て成人期に至るまで、個人情報が大量にデータ化されて収集される社会像であり、まさに「すべての子どもが監視の対象となる社会」である（同：34-37）[8]。

3．新自由主義改革と民主主義の危機の進行
（1）緊縮財政とコロナ危機で顕在化する専門知の危機と民主主義

　子どもの貧困や青年・学生の貧困がこれほどまでに明らかとなり、教育費・授業料の無償措置を含みあらゆる領域で社会保障を再整備することが求められているにもかかわらず、日本においては社会的・国民的合意はそれほど容易には形成されない。「財政危機論」の分厚い壁が、国民合意の形成の前で立ち塞がっているからである。

　各国が緊縮財政政策に取り組まざるを得なかった背景には、グローバリゼーションにともなう多国籍企業や新富裕層（あるいは超富裕層と呼ぶ場合もある）らの国際的な課税逃れの手法が確立してきたことがあり、多国籍企業や新富裕層の租税回避能力をIT技術の発展が支えている。国際経済学が専門の中村雅秀は、こうした租税回避の横行が、「租税国家の危機」を導いていると指摘している（中村2021）。興味深いのは、「緊縮（austerity）」を歴史的な政策概念としてとらえた国際経済学者のBlyth（2013）は、この概念が財政政策に持ち込まれるのは、絶えず、民衆的に社会保障制度の整備要求が強く出され、これを抑制しようとする場面であることを明らかにしている。

　日本における財政危機論もまた、歴史的には、財政支出の抑制＝社会保障解体論と一体的に持ち込まれてきたものである。例えば、臨調行革・臨教審路線によって公営事業の民営化と教育財政削減がすすめられた1980年代は、「増税なき財政再建」の名のもと、行財政の縮減と合理化がすすめられた。これが日本における本格的な新自由主義改革の始まりであり、財政危機論は、その後も今日に至るまで、新自由主義改革推進のプロパガンダであり続けている。

　新自由主義改革が、「専門知の危機」ともいうべき事態を生じさせたのではないかとする鋭い指摘がある。新藤宗幸（2021）は、「新型コロナウィルス感染症対策」「介護保険制度改革」「司法制度改革」といった様々な具体的領域を検証しつつ、政治（政権）と専門知との関係に「歪み」が生じていると指摘し、総括的に次のように述べている。

　こうした時代の到来をもたらした要因はまさに大小複合していようが、その基本にあるのは前世紀から台頭しいまや COVID-19 のパンデミックにも関わらず一向に衰えをみせない新自由主義であるといってよい（同：223）

　かつての原子力委員会にせよ新型コロナウィルス対応におけるにせよ、国民的信頼はなおも十分に得られているとは言い難い状況があることは周知のとおりである。中央省庁の再編によってもたらされた官邸主導・政治主導による行政組織の変容は、コロナ対応においてさらに一段階飛躍があると行政法学者の市橋克哉は指摘している（市橋2021）。2年にわたるコロナ危機の対応を検証し、集権型行政がうまく機能しなかったとの指摘も鋭い（市橋2022）。

　2020年の学術会議任命拒否問題、そして現在、私たちが直面している日本学術会議法改正問題は、官邸主導・政治主導を強引に押し進める新自由主義的行政改革と専門知のあり方をめぐる焦点というべき問題である。

（2）学術行政の変容と日本学術会議問題

　2020年10月、学術会議が次期会員候補として推薦した105名のうち、いずれも人文・社会科学系分野の6名の専門家の任命を、菅義偉首相（当時）が拒否する事件が起きた。これが、日本学術会議の独立性ならびにその独立性にもとづく学術会議会員の推薦と任命に関する手続きを規定している日本学術会議法と内閣府令に違反するものであることについては、行政法学を専門とし、かつ任命拒否の当事者となった岡田正則の分析がある（岡田2022）。

　このことの背景に、防衛省・防衛装備庁が2015年度から開始した安全保障技術研究推進制度と、これに対する日本学術会議の対応がある（新藤2021：19-21）。日本学術会議は「安全保障と学術に関する検討委員会」を立ち上げ（2016年5月）、翌年の2017年3月24日に「軍事的安全保障研究に関する声明」を発表し、1950年の「戦争を目的とする科学の研究は絶対にこれを行わない」とする声明、1967年の「軍事目的のための科学研究を行わない声明」を継承するとしていたからである。この声明は、もとより法的な拘束性をもつものではないものの、大学等の各研究機関が軍事的安全保障研究と見なされる可能性のある研究について、その適切性を審査する制度を設けることを提言し、その後、各大学等は軍事的安全保障研究の取扱いに関する基本方針やガイドラインを定める等の対応を行うなどした[9]。その結果、大学等研究機関における安全保障

技術研究推進制度の活用は広がりを欠いている。

　経緯をたどれば、第二次安倍政権のもと、2013年12月17日「国家安全保障戦略」によって軍事産業の強化・拡大戦略方針が示され、翌2014年4月1日には「防衛装備移転三原則」によって武器輸出三原則が見直されている。いずれも閣議決定による戦後日本の安全保障方針の転換であった。2014年6月19日の防衛省「防衛生産・技術基盤戦略」が整えられ、2014年7月17日の地対空誘導ミサイルの目標追尾装置部品ならびにミサイル搭載目標追尾装置の技術情報の輸出、2015年5月18日には潜水艦技術情報の輸出、2016年7月23日には弾道ミサイル防衛のためのイージス艦装備品の輸出がそれぞれ認可されている。経済界を代表する経団連は、「防衛産業政策の実行に向けた提言」（2015年9月15日）を出し、防衛装備品の研究・開発強化を目的に「ImPACT（革新的研究開発推進プログラム）の拡充強化」を要求している。世界の武器市場の拡大状況を鑑みれば、これら一連の動向は、経済成長戦略（アベノミクス）の一環に位置づいていたとみることができる（池内・小寺2016）。

　また、任命拒否問題について、開示された内閣府の内部資料にもとづき詳細に検討している小森田明夫は、官邸による人事支配の拡大という問題が背景にあることを指摘している。小森田は、「独立性が尊重されるべき機関の人事への実質的関与をつうじて官邸の影響力を強めようとする安倍政権以来の志向が、学術会議にも及んだということ」と結論付けている（小森田2021：69）[10]。

　2022年12月6日、内閣府は、会員の選考に第三者を関与させ、実質的に首相の任命権を強化する日本学術会議法の改正案を通常国会に提出する方針を突如として報道発表した（内閣府「日本学術会議の在り方についての方針」）。日本学術会議は第186回総会（12月30日）において、「日本学術会議の独立性に照らして疑義があり、存在意義の根幹にかかわる」として法案の国会提出を再考するよう求める声明を議決している。

　2022年12月、敵基地攻撃能力（反撃能力）の保有、防衛予算を現行の1.5倍となる2023年度から5年間で計43兆円とし、2027年年度に防衛予算を倍増することなどを示した「国家安全保障戦略」「防衛計画の大綱」「中期防衛力整備計画」のいわゆる安全保障3文書の見直しを閣議決定した。防衛力強化の方針を検討してきた「国力としての防衛力を総合的に考える有識者会議」では、「総合的な防衛体制の強化に資する科学技術分野の研究開発に向けて」と題する資料が配布され、「防衛省からの委託による研究の拡充」方針が示されている。

防衛費の大幅増には科学技術予算の一部を防衛費予算に組み込むことが想定されているとみてよいが、日本学術会議の声明ならびにこれにもとづいて各大学等研究機関が定める基本方針やガイドラインが、防衛力強化方針と強い緊張関係にあることは明らかであろう。日本学術会議法改正をめぐる動向は、こうした文脈からもとらえておく必要がある。なお、同有識者会議には、CSTI の唯一の常勤職員である上山隆大が加わっている。

おわりに

　2020年6月の科学技術基本法改正によって、法律名称は「科学技術・イノベーション基本法」となり、計画は「科学技術・イノベーション基本計画」となった。2021年3月に閣議決定された第6期科学技術・イノベーション基本計画は、「わが国が目指すべき Socirty5.0の未来社会像」を掲げ、「Society5.0を先行的に実現する多様で持続可能な都市・地域」としてこれをスーパーシティあるいはスマートシティと位置付け、「全国へ、そして世界へ展開する」としている。そして、内閣府の統合イノベーション戦略推進会議が策定した「AI戦略2019」が掲げる「教育改革」を実現するとし、2022年6月2日には、「Society5.0の実現に向けた教育・人材育成に関する政策パッケージ」が出されている。まさに、「AI戦略」を楫子に官邸主導・内閣主導の「教育改革」の全面的な展開が予定されている。

　みてきたように、教育政策の形成形式をめぐる今日的状況は、新自由主義改革のなかの「内閣機能の強化」の長い系譜の連続性に位置しつつ、2010年代以降の第二次安倍内閣によって教育行政・学術行政への官邸支配・政治支配のさらなる強化を志向して再編整備がすすめられた新しい段階とみるべきである。したがってこれを「安倍一強体制」といった個別内閣の特性としてとらえるべきではなく、むしろ新自由主義のより洗練された政治的意思決定方式であり政策形成システムの特質として把握すべきであろう（本多2022：39-40）。

　このことが、あらゆる社会レベルにおいて、従来の民主主義的な統治の仕組みと対立的なものとなり、あるいは民主主義的な意思決定の仕組みや原則を瓦解させるものとなるのかどうか。このことを明らかにするためには、新自由主義に内在する論理と志向性をより深く洞察しなければならない。この作業に着手している政治学者のブラウンは、近著『新自由主義の廃墟で—真実の終わりと民主主義の未来—』において、「新自由主義による民主主義への攻撃は、あ

らゆる場所で法、政治文化、そして政治的主体性を変容させてしまった」と指摘する（ブラウン2022：15）。そして、新自由主義的価値を社会全体に駆動させるために、家族政策と教育政策がその焦点となるのであって、「ハイテク的な新自由主義は、市場の競争と価値増殖の領域を拡張するプロジェクトである以上に、社会的なものの理念そのものを否定し、国民国家における民主主義的な政治権力が及ぶ範囲を大幅に制限することによって、伝統的なヒエラルキーを守ろうとする道徳＝政治的なプロジェクト」であると規定する（同：20）。

　こうしたなかにあって、教育政策研究の課題は、政治的意思決定の仕組みの変容そのものを構造的にとらえ、個別の教育政策あるいは家族政策がどのような役割を担い、あるいは担わせられようとしているのかを本格的に究明することにある。そのことは、教育政策そのものの個別的性格を明らかにすること、すなわち人間発達の内在的原理にもとづくあるべき政策的方向性を示すことにつながるであろうし、あるいは教育行政・学術行政の専門性と独立性、あるいは個別の学校や大学等研究機関のもつ教育・研究の自由・自律性の意味と価値をあらためて再認識することになるであろう。と同時に、新自由主義的価値が人間発達や民主主義社会の価値といかなる意味で背理するのかもまた浮き彫りとなるに違いない。

注
（1）比較政治学を専門とする吉田満（2009）は、80年代末から90年代にかけての「政治改革」の経緯を詳細に検証し、そこで出されていた「中選挙区制弊害論」の誤りを指摘するとともに、小選挙区制度導入と二大政党制期待論との関係を念頭に置きつつイギリスとアメリカにみられる二大政党制が新自由主義を促進させるメカニズムを解析している。
（2）人材確保法をめぐり日教組は当初は同法案に対し反対の姿勢を示していたが、その後、文部大臣と日教組委員長のトップ会談で「人材確保法案に関する覚え書き」が交わされ、「政治的決着」によって同法案は成立した（高橋2022）。
（3）また、蔵原清人も、文部省と科学技術庁の統合を「実質的には科学技術政策を軸に文教政策を推進するための改革」とし、内閣府に「強力な政策調整機能が付与されたことに十分留意する必要がある」と述べていた（蔵原2002：36）。
（4）さらに荻原は、これらの委員会の設置方式や推進手法にそれぞれごとの「ユニークさ＝異例さ」があることを指摘している（荻原2002：49）。

（5） 第165回国会参議院教育基本法に関する特別委員会（2006年12月7日）会議録第9号（その1）19頁。なお、中嶋が、NCLB法を引き合いにして「日本においても、この振興基本計画が全く無限定に定められているため」に、「（防衛庁の）計画が入ってしまう可能性もある」との指摘は、今日、きわめて現実味を帯びてきている。

（6） 教基法1条の「人格の完成（＝人間教育規定）」との関係において、2条「教育目標（＝公民教育規定）」は同規定と断絶しており、5条2項「義務教育の目標」は人間教育規定として教基法1条に接続するという法構造となっていることをよく見ておく必要がある。詳細は、石井（2020）を参照のこと。

（7） その典型事例としては、品川区の教育改革、大阪府・大阪市の教育改革、東京都の教育改革などがあげられる。本年報の19号、20号、22号がそれぞれ特集を組んで検討を行っている。その一方、新自由主義教育改革とは異なる独自の自治体教育政策が注目されてよい。

（8） なお、デジタル改革が学校教育に及ぼす影響についての包括的な考察について、中西・谷口・世取山（2023）が論じている。

（9） 日本学術会議は科学者委員会の中に軍事的安全保障研究声明に関するフォローアップ分科会を置き、大学等研究機関及び学協会においてどのように受け止められているかアンケート調査を実施し、結果を公表した（『「軍事的安全保障研究に関する声明」への研究機関・学協会の対応と論点』2020年8月4日）。同報告書は、「「声明」が真摯に受け止められたことが確認」され、研究の適切性審査の手続と基準について豊富な情報が得られたとしている。

（10） 2013年の国家安全保障戦略には、「関係省庁職員の派遣等による高等教育機関における安全保障教育の拡充・高度化・実践的な研究の実施等」との方針も位置付けられていた。

参考文献

・Blyth, M.（2013）, *Austerity: The History of a Dangerous Idea*（p. 23）. New York City: Oxford University Press.

・池内了・小寺隆幸編（2016）『兵器と大学―なぜ軍事研究をしてはならないか―』岩波ブックレット。

・石井拓児（2020）「教育基本法2条」「教育基本法5条2項」日本教育法学会編『新教育基本法コンメンタール』学陽書房。

・市橋克哉（2021）「行政権の転形と法治主義―新型コロナウイルス感染症対策から考える―」本多滝夫・豊島明子・稲葉一将編『転形期における行政と法の支配の省察―市橋克哉先生退職記念論文集』法律文化社。

・市橋克哉（2022）「分権型行政から集権型行政への転形と法治主義および地方自治の危機―コロナ対応から考える―」市橋ほか『コロナ対応にみる法と民主主義―Pandemocracy の諸相―』自治体研究社。

・稲葉一将・稲葉多喜生・児美川孝一郎（2022）『保育・教育の DX が子育て、学校、地方自治を変える』自治体研究社。

・岡田正則（2022）「学術会議任命拒否問題の歴史的な意味」芦名定道・宇野重規・岡田正則・小沢隆一・加藤陽子・松宮孝明『学問と政治―学術会議任命拒否問題―』岩波新書。

・荻原克男（2002）「中央省庁改革と教育政策形成形式の変容」日本教育政策学会年報 9 。

・勝野正章（2007）「教育の目標設定と質の保障―国家のヘゲモニック・プロジェクト―」日本教育政策学会年報14。

・鎌倉孝夫（1998）「教育改革の背景と構造―橋本・行革と教育改革―」日本教育政策学会年報 5 。

・蔵原清人（2002）「文部科学省の発足と大学政策の展開―「構造改革」で大学はどこに向かうのか―」日本教育政策学会年報 9 。

・小森田明夫（2021）『日本学術会議会員の任命拒否―何が問題か―』花伝社

・新藤宗幸（2021）『権力にゆがむ専門知―専門家はどう統制されてきたのか―』朝日新聞出版。

・高橋哲（2022）『聖職と労働のあいだ―「教員の働き方改革」への法論理―』岩波書店。

・内閣府地方創生推進事務局（2020）「スーパーシティ構想について」。

・中嶋哲彦（2006）「義務教育費国庫負担制度と教育の地方自治―地方分権改革の欺瞞性とその矛盾―」日本教育政策学会年報13。

・中西新太郎・谷口聡・世取山洋介著（2023）『教育 DX は何をもたらすか―「個別最適化」社会のゆくえ―』大月書店。

・中村雅秀（2021）『タックス・ヘイブンの経済学―グローバリズムと租税国家の危機―』京都大学出版会。

・浪本勝年（2001）「文部行政の構造変化を通して―審議会を中心に―」日本教育政策学会年報 8 。

・藤田宙靖（2022）『行政組織法［第 2 版］』有斐閣。

・ブラウン、ウェンディ（2022）『新自由主義の廃墟で―真実の終わりと民主主義の未来―』人文書院（河野真太郎訳）。

・本多滝夫（2022）「政官関係の改革と官僚制」公法研究83。

・水内宏（1994）「臨教審以降の教育政策―教育課程政策の展開―」日本教育政策学会年報 1 。

・光本滋（2004）「国立大学の独立行政法人化と高等教育政策の変容」日本教育政策学会11。

・山岸駿介（2001）「政治構造の変化と教育政策」日本教育政策学会年報 8 。

・吉田徹（2009）『二大政党制批判論―もうひとつのデモクラシーへ―』光文社
　新書。

・渡辺治（1995）「「55年体制の崩壊」の意味と教育政策へのインパクト」日本
　教育政策学会年報 2 。

（名古屋大学）

特集：教育政策学の30年とこれから

「教育政策学」の課題と今後の方向性：構造的トピックモデルを用いた検討

櫻井　直輝

1．はじめに

　本稿の目的は、『日本教育政策学会年報』（以下、『年報』）収録記事を対象とした量的テキスト分析（QTA：Quantitative Text Analysis）を通じて、『年報』における教育政策研究動向を定量的に説明すること、そしてそれを通じて「教育政策学」の課題及び今後の方向性を検討することである。

　筆者に与えられた課題は「教育政策学会の30年を踏まえて、（若手の視点から）現在の教育政策学の課題を明らかにし、今後の方向性を指し示す」ことである。まずは対象とすべき「教育政策学」が何を指すのかを明らかにするために、学会における位置づけを規約や『年報』の用例から確認することとしたい。

（1）学会の公的文書における「学」の扱い

　「学」の成立要件を論じた高木英明は、その要件として対象の明確化と限定、固有の論理または法則性の追究、科学的方法論の確定、教育行政研究の体系化を挙げている（高木2004）。この文脈に基づけば、「教育政策学」はA. 教育政策を対象に限定し、B. 固有の理論、C. 科学的方法論、D. 教育政策研究の体系化が図られる必要がある。しかし、教育行政学をはじめとした関連領域においても教育政策は主要な研究対象・領域の一つである。仮に本学会の教育政策研究を独立した学問領域（≒「教育政策学」）として主張するのであれば、その特質や相違点を実績として示す必要がある（市川1994）。『年報』第一号の巻頭に置かれた市川論文は、教育政策の定義や研究対象・範囲、その展望についての見通しを与える象徴的な論稿であると思われるが、25年後の特集においても「教育政策を変化に耐えうる形でマクロに把握する理論枠と手法の模索作業が続いている」（広瀬・荒井2018：18）ことも指摘されており、Aはともかく、BCDについてはこんにちまで続く継続的な課題であると理解して差し支えないだろう。

　次に規約上や『年報』における扱いを確認する。周知の通り、本学会は「教育に関する政策（以下、「教育政策」という。）の研究の発展に寄与することを目的」（第2条）としており、その他関連文書等においても学会（で行われる一連の研究）が「教育政策学」とどう関連するかを（少なくとも文章で）規定していない[1]。これまでの特集や大会課題研究のテーマにおいても「教育政策学」という語は用いられておらず、『年報』においても「教育政策学」をタイトルに含む論稿は存在しない。本文中で「教育政策学」を用いた論稿は20件あり、34箇所において言及が見られた（「教育政策学研究」や「教育政策学界」のような語は除く）。このうち、表記揺れ（同一論文内で「教育政策研究」と「教育政策学」とが同義語として用いられていると見做しうるもの）を除外すると、18件29箇所となる。その中で、先に示した市川（1994）では、学問領域としての教育政策研究の対象や課題について包括的な議論がなされているが、市川は「学」という語をあえて用いてない旨を記している（日本教育政策学会2013）[2]。

　さて、本学会の状況は上記の通りであるが、関連学会は自身が依拠するディシプリンと研究活動との関連をどのように位置づけているのだろうか。日本教育行政学会は「教育行政学の研究に強い関心を有する者をもって組織し、・・・教育行政学の発達と普及に寄与することを目的とする」（会則第2条）として学会（員）の研究と教育行政学との関連を明示している。政策研究という点では日本公共政策学会も比較対象となり得るが、同学会は「公共問題、公共政策および政策学に関する研究を推進し、……知的交流をはかることを目的」（会則第2条）としている。学問のアイデンティティはいずれにおいても問われ続けているが（青木2019；秋吉ら2020）、いずれも求心力となりうるディシプリンの存在を前提とすることで、一連の研究がその普及や振興に寄与するものであると宣言している点は共通しており、本学会とは異なっている。

（2）本稿の課題

　ここまでみると本学会で行われる一連の研究を「教育政策学」とすることには慎重である必要があると思われ、教育政策研究＝「教育政策学」という定式化も困難が伴うだろう。とまれ、本稿では本学会の教育政策研究動向を定量的に把握するとどのような像が見えるのかを検討し、そこから試論的に「教育政策学」の課題や方向性について検討することとしたい。以下では、第一にこれまでの教育政策研究が何を扱ってきたのかを明らかにする。論文種別を考慮し

たトピック分析を通じて『年報』に見られる学会及び会員個人の研究関心の分布を提示する。第二に、教育政策研究トピックの時間的な変化を明らかにする。特集は「当時の教育政策を取り巻く環境の変化に即応する形でテーマの設定が図られてきた」（広瀬・荒井2018：15）とされるが、そこで掘り起こされた研究関心がその後どのように展開したのかについて検討する。

　予め断っておくと本稿は探索的・発見的分析を目指す反面、『年報』25号のレビューを補完するものとなる。また、『年報』の特定の記事だけを対象とすることは、「内外の教育政策研究動向」よりも小さな範囲を扱うこととなる。しかし『年報』が「学会の"存在証明"」（熊谷1996：3）であり、重要な地位にあるものであることに鑑みれば分析対象の妥当性は主張してもよいだろう。

2．対象の選定と分析方法

　近年の自然言語処理技術の発展に伴い、テキストデータを対象とした定量的分析が急速に普及している。国内では特に樋口耕一氏が開発したKH Coderの公開に伴い、自然言語処理を数学やプログラミングの知識がなくとも平易に使用し、大量のテキストデータを分析することが可能となった。既に教育学を含む社会科学の分野でも広く用いられるようになっており、その貢献は極めて大きいといえる。欧米の教育政策研究では、電子化された大量のテキストデータから政策実施過程における自治体の政策選好やその差異を明らかにする際に、QTAが有効であることが指摘されている（Anglin 2019）。QTAは、学史研究や研究レビューへの応用も進められており、著者やタイトル、要旨のデータだけでなく、論文の全文を用いた分析も行われるようになってきた（瀧川2019；阪本2021；村中・竹林2021）。その際に用いられる教師なし学習の手法の一つがトピックモデル（TM）である。

　日本社会学会『社会学評論』を対象に構造的トピックモデル（STM：Structural Topic Model）による分析を行った瀧川は、定量的な分析による研究トピックの推定が定性的な読解と大きく乖離しなかったことを指摘し、TMの可能性を示すとともに、ナラティブ・レビューにおいては見過ごされていた潜在的トピックの抽出に成功している（瀧川2019）。本稿でも、30年間の動向を踏まえるという課題に鑑みてSTMを用いた分析を採用する。なお、STMを用いた学史研究における標準的な手続きが存在しないため、以下では先行研究において見られた手続きを参照して分析を進めることとする。

（1）データ収集

2022年12月現在、CiNii Research において〈日本教育政策学会年報〉で検索を行うと、1,136件の記事がヒットする。このうち、学会が J-Stage に登録した DOI を有する記事は880件である（『年報』は全文がオンライン公開されている）。本稿では「特集企画」「大会課題研究」「シンポジウム報告」（以上を「学会企画」）、「投稿論文」「フォーラム」「教育政策フォーラム」「研究ノート」（以上を「投稿」）を分析対象とすることとした。その理由は、第一に「学会企画」が学会理事会や委員会、大会開催校によって企画されているものであり、学会の関心を反映したと見做しうること、第二に「投稿」は編集委員会の査読を経て掲載された原稿であり、会員個人の関心を反映しながらも学会として内容及び質を承認したものであることである[3]。以上の条件によりデータを収集したところ、分析対象となった記事は451件となった（英語論文やレジュメ形式の文書は除外）。

（2）分析環境の構築とデータの前処理

ここでは Windows 版 R4.2.2を R Studio12.0で使用する。形態素解析器には、MeCab 64bit Windows 版を使用しているが辞書は mecab-ipadic-NEologd（2022年12月12日ダウンロード）を使用している。同辞書は現代語や法律名などに対応しており、固有名詞の抽出に優れた辞書である[4]。

まず、CiNii において〈日本教育政策学会年報〉で検索し、J-stage に登載されている PDF ファイルをダウンロード、OCR・補正処理を施し汎用テキストコンバータ xdoc2txt を用いて、プレーンテキストに変換した。次に、タイトル、筆者名、筆者所属、節題以下見出し、註、参考文献を削除した上で、正規表現を用いて（）や［］等で囲まれた文、引用符、全・半角スペース、改行を削除した。その後形態素解析結果を参照し文字の修正を行った。総字数3,409,925字、総語数（形態素）1,934,549語、異語数（語彙）33,350語のデータから、tm パッケージ VCorpus 関数によりコーパスを作成した。記号や機能語（助詞や助動詞）といった内容を示さない語が多く含まれているため、「日本語ストップワード」（國府ら2013；宮田ら2018）を参考にそれらを除外した。「内容語」として［名詞］［形容詞］［動詞］を採用し（國府ら前掲：512）、そこから（A）一文字のひらがな、カタカナ、漢字、アルファベットで抽出された語、（B）MeCab の IPA 辞書における［品詞細分類1］の［副詞可能］［代名詞］［ナイ形容詞語幹］［特殊］［数］［接尾］及び［非自立］、（C）低出

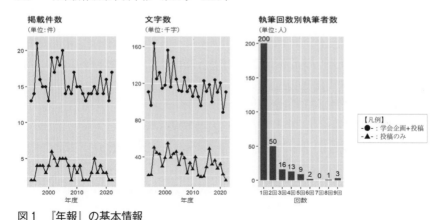

図1　『年報』の基本情報

現頻度（４回以下または１文書以下）の語及び高出現頻度（９割（402文書）以上に出現する）の語を除外した。作成したストップワードリスト（23,009語）をコーパスに適用した結果、分析に用いる語彙は8,954語となった[5]。

（3）コーパスに関する基本情報

　図１は発行年ごとに掲載件数及び文字数の経年変化並びに執筆回数別執筆者数（単著、共著いずれも１として集計）を示したものである。はじめに、掲載件数についてみると、総数（学会企画＋投稿）は2005年以降、20件を超えることなく、概ね13〜17件の間で推移している。1996年と2001〜2005年は記事数が通常より多くなっているが、これは投稿の掲載数の増減ではなく、学会企画に関連する記事の増加によるものであることがわかる（例えば、第３号の場合は、大会課題研究「戦後教育政策研究の回顧と展望」に関して報告者３名とコメント３名及び討論のまとめが掲載されている）。投稿に関しては2001年に６件の掲載が最も多く、全体としては２〜５件程度の掲載の間で変動している。

　次に、記事の執筆者（非会員を含む）に着目すると、全体の90％が３回以下の掲載回数となっており、掲載１回の著者が全体の68％を占めている。最多の９回掲載は３名（１％）であり、９回の内訳はいずれも投稿ではなく学会企画であった。このように『年報』掲載記事の多くは特定の著者によるものではなく、異なる著者によって書かれた文書ということが確認できた。

　続いて、表１は分析に用いたコーパスの単語を TF-IDF 値の降順に上位50語を抽出したものである。TF-IDF 値は単語の出現頻度（TF）と単語の希少性を表す逆文書出現頻度（IDF）を用いて、単語の重要度を評価する指標であ

表1　TF-IDF 値の降順にみた単語一覧（上位50）

	単語	tf-idf	TF	DF		単語	tf-idf	TF	DF		単語	tf-idf	TF	DF
1	子ども	678.48	3832	300	21	地域	440.64	2551	303	41	教育改革	357.98	1039	204
2	大学	617.39	1605	186	22	権利	429.5	861	143	42	子供達	357.82	919	184
3	教師	602.47	1706	200	23	首長	425.55	530	71	43	家族	351.93	593	115
4	学力	590.79	1266	154	24	教育行政	425.02	1321	215	44	高等教育	351.54	559	106
5	文部省	552.65	1055	135	25	市町村	416.92	676	109	45	指導	350.9	1044	208
6	教員	533.44	2169	256	26	校長	415.84	765	129	46	住民	347.79	668	136
7	教育委員	508.69	1179	167	27	学区	411.53	462	58	47	答申	345.52	714	148
8	教育政策	504.7	2874	301	28	日教組	407.31	371	36	48	競争	340.42	828	175
9	学習	492.72	1936	251	29	評価	406.48	2413	306	49	負担	340.27	747	158
10	教育長	488.07	594	68	30	児童生徒	397.62	572	91	50	小学	339.93	243	18
11	高校	477.06	939	140	31	保護者	396.37	766	137					
12	自治体	471.35	1196	182	32	市民	383.71	737	136					
13	国家	466.37	1669	237	33	指導主事	379.64	298	24					
14	教育委員会	463.9	1206	186	34	地方	375.83	995	189					
15	学校	461.11	7858	394	35	授業	375.19	854	164					
16	生徒	449.47	1397	215	36	選択	371.22	1032	197					
17	改革	448.9	2218	283	37	政策	369.25	4744	377					
18	事業	447.22	902	144	38	研究	363.75	2486	322					
19	支援	441.63	1390	217	39	調査	361.73	1253	232					
20	教育基本法	441.25	753	117	40	国民	358.88	1010	199					

り、その分布を見ることでコーパスの特徴を窺い知ることができる。上位には、「子ども」「大学」「教師」「文部省」「教員」「教育委員」「教育長」「高校」「自治体」「国家」「教育委員会」「学校」といった教育（政策）に関わる具体的なアクターと並んで、「学力」「学習」「支援」といった学校教育との関連を想起する語が挙がっている。文書頻度（DF）をみると概ね100文書以上の語が分布しているが、日教組（36）、指導主事（24）、小学（18）は全文書の10％未満の文書で使用されている語であることがわかる（網掛け）。以上で概観したものがコーパスの特徴である。

（4）分析方法

　本稿で用いる TM とは、文書中の存在する単語が、あるトピックに従って確率的に生み出されているという仮定のもとで、実際に観察された単語の共起関係からその背後にある潜在的意味カテゴリ（トピック）を推定する手法である（岩田2015）。分析に際して文書は Bag of Words といわれる単語集合や単語文書行列といった疎行列に変換されるため、文脈や語順の情報は失われている。

　代表的な推定方法の一つである LDA（潜在ディリクレ配分法、Latent Dirichlet Allocation）では文書ごとに存在するトピック分布とトピックごとに存在する単語分布のパラメータをディリクレ分布に基づいて推定するが、トピック間に相関関係を認めないことや、共変量を用いた分析ができないことから時間的な変化を見る際には適さない。

　本稿で用いる構造的トピックモデル（STM：Structural Topic Model）は
トピック比率の推定に、分析者が関心をもつ変数を共変量として設定すること
を可能にしたモデルである（Roberts et al. 2014）。すなわち、トピック比率
の共変量に時間を仮定するような分析に適したモデルといえる（瀧川2021；
李・金2021；村中2021）。STMにおいて、k個のトピック、サイズvの語彙
を持つ各文書dの生成プロセスは以下の様に要約される（Roberts et al.
2019：3、瀧川2021）。

1．各文書に対するトピック比率θは文書の共変量$X_{d\gamma}$に基づくロジスティッ
　　ク正規分布によって求められる

$$\vec{\theta}_d|X_{d\gamma}, \Sigma \sim LogisticNormal(\mu = X_{d\gamma}, \Sigma) \quad \cdots\cdots(1)$$

2．文書の内容共変量Y_dが与えられた場合、単語分布m、トピック固有の偏
　　差$\kappa_\kappa^{(t)}$、共変量グループの偏差$\kappa_{yd}^{(c)}$、両者の交互作用$\kappa_{yd,k}^{(i)}$を用いて、各
　　トピックkを表す単語のドキュメント固有の分布を決定する（本稿の分
　　析では内容共変量は指定しないため、トピックkの単語に対する確率分
　　布は点推定される）。

$$\beta_{d,k} \propto exp(m + \kappa_k^{(t)} + \kappa_{yd}^{(c)} + \kappa_{yd,k}^{(i)}) \quad \cdots\cdots(2)$$

3．文書の各単語について、

（ア）トピックに対する文書固有の分布に基づき、単語のトピック割当を作成
　　　する

$$z_{d,n}|\vec{\theta}_d \sim Multinomial(\vec{\theta}_d) \quad \cdots\cdots(3)$$

（イ）選択されたトピックを条件として、そのトピックから観測された単語を
　　　作成する

$$w_{d,n}|z_{d,n}, \beta_{d,k=z_{d,n}} \sim Multinomial(\beta_{d,k=z_{d,n}}) \quad \cdots\cdots(4)$$

　図2はSTMの基本構造を示したグラフィカルモデルである。本稿でも先行
研究を参照しつつ、トピック比率θに影響するprevalence共変量Xに出版
年（1994〜2022、Bスプライン）と論文種別（学会企画・投稿）を設定し、ト
ピックの単語分布βに影響する内容共変量Yは設定しなかった

3．分析
（1）トピック数の検討とトピックの命名
　STMでは分析に際して予めトピック数を指定する必要があるが、本稿では
stmパッケージのsearchk関数を用いて、分析モデルに一定の範囲のkを代

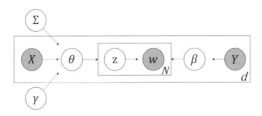

凡例　図中の網掛けは観測変数（凡例中では下線）、白抜きは未知変数を意味している
X：prevalence共変量　Σ：トピックの共分散行列　γ：係数　θ：トピック比率
z：単語へのトピックの割当　w：観察された単語　N：文書内の単語数
β：トピックの単語分布　Y：内容共変量　d：コーパス内の文書

出所：Roberts et al.（2013）、Roberts et al.（2016）Figurelより
　　　筆者作成（訳語は瀧川2019を一部参照）
図2　STMのグラフィカルモデル

表2　トピック数の評価指標とその概要

指標	概要
HOL	評価用に取り除いておいたパラメータの推定に使用しないheld-outデータから算出される尤度で、大きい方が望ましい
Exclusivity	トピックを構成する語の排他性を評価する指標で、大きいほどトピックがトピック固有の語で構成されており、各トピックの特徴を表せている
SemanticCoherence	トピックの一貫性を評価する指標で、大きいほど一貫性が高いと判断される

入した場合の評価指標の変動を考慮して判断する。モデルには共変量として論文種別と出版年度（非線形）、初期値の推定法はspectral法、推定回数は上限を75回とし、kが1から100の範囲で変化するようにした（図3はそのうち10〜60を描画）。モデルの評価に用いる指標はHeld-Out Likelihood（HOL）とExclusivity、Semantic Coherence（SC）の3指標である（表2）。

　図3はHOLとExclusivity、SCのそれぞれを折れ線グラフに示したものと、トピック数40の場合の各トピックのExclusivityとSCの関連を示した散布図である。まず3指標について確認すると、HOLはトピック数の増加に応じて値が上昇し、トピック数41で最大となる。Exclusivityは一貫して増加傾向にあるが、トピック数40を起点に増加が緩やかになり、再度53から増加に転じている。SEはトピック数11が最大でその後減少、トピック数24から46にかけて減少が緩やかになっている。本稿ではこれらの指標値と先行研究の文書量とトピックの割合、そしてトピックの解釈可能性に鑑みてトピック数40が適当である判断した。40トピックそれぞれの排他性、意味的一貫性を示した散布図を確認すると（右上に行くほどトピックとしてのまとまりがよい）、トピック18, 22, 35（以下、トピック番号にTを付して略記）については意味的一貫性が低

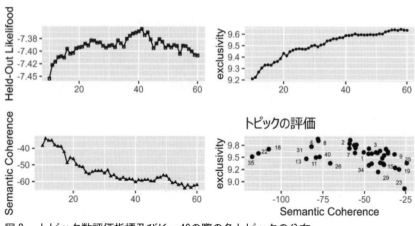

図3　トピック数評価指標及びK＝40の際の各トピックの分布

表3　T6に関連する単語と論文

| T6 に関連する単語 | 高頻度語：評価、目標、学校、政策評価、政策、実施、学校評価、成果、システム、制度 |
| | 特徴語：政策評価、学校評価、評価、自己評価、目標、マネジメント、第三者、手法、ガイドライン、成果 |

トピック	命名	著者	論文タイトル	トピック比率
T6	評価政策・制度	平塚眞樹	教育改革評価のあり方に関する一視点："正統性の回復"を、どのようにはかるのか（II<特集2>教育政策評価の試み）	99.65%
		福嶋尚子	中央政府における学校評価政策の展開と制度構想の特徴（IV 投稿論文）	99.58%
		佐々木織恵	OECD の学校評価研究：国際的視角から見た日本への示唆（V 教育政策フォーラム）	99.45%
		木岡一明	エビデンス・ベースの学校評価への転換の模索──英国の経験に学ぶ	99.14%
		清原正義	教員評価制度導入をめぐる問題（I<特集1>教育改革と学校の現在）	95.86%

く人間による解釈に難しさが生じる恐れがあるが、排他性が高いため抽出された語や分類された論文の内容に注意しながらトピック名を検討することとした。

　トピックの命名は、高頻度語、特徴語及びトピック比率 θ の高い論文を参照して決定した。以下では T6 を例として、トピック命名の手続きを解説する（表3）。T6 では高頻度語として「評価」「目標」「学校」「政策評価」「学校評価」「成果」といった語が抽出されており、特徴語に「政策評価」「学校評価」「自己評価」「第三者」といった政策評価や学校評価に関する語が抽出されてい

る。トピック比率の高かった論文について確認すると、いずれも評価政策・評価制度を主題に扱った研究であることがわかる。語群・分類された論文いずれの点からも内容の一貫性が担保できていることから、T6：評価政策・制度と命名した。なお、トピックの一覧は表4のとおりである。

（3）分析1：学会の関心か？会員の関心か？

図4は40トピックをトピック比率の降順に並べ、それぞれに対する論文種別の効果の程度を示したものである。横軸は推定値であり、正の値で大きいほど学会企画の影響が、負の値が大きいほど投稿の影響を強いことを示している（有意水準は5％とした）。概ね上位トピックは学会企画が分布しており、下位トピックは投稿であることがわかる。

有意差があったトピックは、上から順にT34：教育政策・行政と民意、T29：臨教審以降の教育改革、T19：子どもと教育政策、T24：資本主義社会と教育、T27：教育基本法改正・教育法、T31：欧州・成人教育、T20：内外の教員政策、T17：教育委員会制度、T16：政策分析：計量分析・政策過程分析、T8：私学・財政制度、T18：博物館・女子教育・少年団・国際理解教育、T4：戦前期教育政策史であった。最初の5つは学会企画の影響が大きいトピックであり、それ以降の7つは投稿の影響が大きいトピックとなっている。これに対して、論文種別間で有意な差があるとは言えなかったトピックは、何を意味するのだろうか。T36：保護者の選択と意識（トピック比率3.14％）は学校週5日制や学校選択制等を対象としながら、保護者や家庭による教育サービスの選択を扱ったトピックである。表5に比率70％以上の論文を列挙したが種別欄を見ると、学会企画（特集、大会課題、シンポジウム）が3件、投稿（投稿、フォーラム）4件となっており、ほぼ同数の記事が分類されている。つまり、学会・会員双方が寄与しているトピックである。この点に鑑みれば、有意差のなかったトピック、中でも上位トピックは、学会及び会員双方の研究関心と関連するトピックとみることができる。

（4）分析2：教育政策研究の関心はどのように変化したのか？

次に、トピック比率の変遷に基づいて、教育政策研究トピックがどのように移り変わったのかを見ることとする。この分析は学会企画の影響を強く受けることが予想されるが、『年報』が学会企画を中心に作成されている以上、そこから描画される教育政策研究のトレンドもその分布に従わざるを得ない。

図5は、全てのトピックについて1994年から2022年までのトピック比率の推

表4　トピック及び高頻度語、特徴語及びトピック比率一覧

トピック		単語	トピック比率
1 内外の高等教育政策	Prob	大学, 高等教育, 政策, 学生, 設置, 公立大学, 評価, 授業料, 改革, 研究	2.81%
	FREX	公立大学, 国立大学, 高等教育, 大学, 学修, 大学院, 授業料, 私立大学, 高等教育機関, 学生	
2 幼児教育・福祉政策	Prob	保育, 幼稚園, 子ども, 子育て, 保育所, 施設, 公立, 幼児教育, 家庭, 幼	2.26%
	FREX	保育所, 保育, 幼稚園, 保, 幼, 保育園, 子育て支援, 幼児教育, 幼保一体化, 子育て	
3 児童保護・家族政策	Prob	子ども, 虐待, 家族, 義務, 保護, 親権, 児童, 制度, 家庭, 国家	1.80%
	FREX	親権, 虐待行, 戸主, 民法, 児童虐待, 法典, 養育, 子殺し, 少年犯罪, 扶養	
4 戦前期教育政策史	Prob	小学, 設立, 経費, 女子, 地方, 団体, 青年	0.50%
	FREX	小学, 学堂, 中央部, 青年団, 書院, 天野, 婦人会	
5 教育条件整備	Prob	基準, 設置, 規定, 条例, 学校, 定める, 生徒, 高校, 連邦, 法律	1.43%
	FREX	条例, ロシア連邦, 基準, 法令, 連邦, 勤務条件, 暫定, 設備, 交渉, 条例制定権	
6 評価政策・制度	Prob	評価, 目標, 学校, 政策評価, 政策, 実施, 学校評価, 成果, システム, 制度	4.19%
	FREX	政策評価, 目標管理, 評価, 自己評価, 目標, マネジメント, 第三者, 手法, ガイドライン, 成果	
7 特別なニーズ（性自認・ルーツ・障がい・災害）	Prob	学校, 児童生徒, 対応, いじめ, 支援, 防災, 保護者, 教員, 地区, 調査	2.66%
	FREX	防災, 性同一性障害, 特別支援教育, 性的マイノリティ, いじめ, 児童生徒, 外国人, 地区, 外国, 性的指向	
8 私学・財政制度	Prob	制度, 文部省, 教育, 学校法人, 私学, 単価, 予算, 措置, 助成, 補助	1.24%
	FREX	単価, 学校法人, 私学, 私学助成, 経常, 国庫補助命, 助成, 評議員, 私立学校, 法人	
9 初期地方教育政策研究	Prob	教育政策, 政策, 課題, 沖縄, 国家, 国民, 形成, 日本	3.00%
	FREX	沖縄, 植民地, 同化, 台湾, 教育政策, 地方政府, 在日朝鮮人, 専斷, 提起	
10 国際学力調査	Prob	調査, 政策, 学力, 日本, 調整, PISA, 国際, 実施, 数学, 参加	1.69%
	FREX	PISA, 融資, SACMEQ, IEA, 数学, OECD, 若年層, 挑戦, 数学教育, 順位	
11 文部省・日教組・教育運動・勤評	Prob	日教組, 文部省, 教員, 教師, 国民, 闘争, 教育公務員特例法, 研修, 裁判, 政策	1.98%
	FREX	日教組, 公法, 教育公務員特例法, 闘争, 裁判, 免職, 変数, モデル, 入試, 年数, 配置	
12 55年体制と自民党の教育政策	Prob	教育政策, 政策, 体制, 構造, 政治, 社会, 自民党, 情報, 形成, 日本	2.31%
	FREX	君が代, 日の丸, 自民党, 対決, 保守, 経済成長, 情報化, 組織, イデオロギー, 冷戦	
13 学校・教育行政の改善	Prob	学校, 改善, 教師, 教育行政, 改革, 事故, ハックニー, 校長, 対応, 生徒	2.26%
	FREX	ハックニー, 遺族, 事故, トラスト, カウンシル, Ofsted, ラーニング, シカゴ, ロンドン, 査察	
14 子どもの権利・参加	Prob	子ども, 権利, 参加, 青少年, 市民, 委員会, 学校, 活動, 行政	2.72%
	FREX	条約, 子どもの権利条約, 権利, モニタリング, 青少年, 勧告, 国連, 参加, 子ども, オンブズパーソン	
15 学校と地域の連携・支援	Prob	地域, 学校, 活動, 連携, 学習, 住民, 支援, 小学校, 課題, 生徒	4.71%
	FREX	ESD, 避難, 熟議, 集落, ふるさと, 双葉郡, 再開, スペース, 協働, SDGs	
16 政策分析：計量分析・政策過程分析	Prob	学校, 政策, 指導主事, 規模, モデル, チャータースクール, 改革, 分析, 影響	1.58%
	FREX	チャータースクール, 指導主事, 学校, ロジック, 規模, 変数, モデル, 入試, 年数, 配置	
17 教育委員会制度	Prob	教育長, 教育委員, 教育委員会, 首長, 教育行政, 制度, 自治体, 移行, 委員, 推薦	2.01%
	FREX	教育長, 推薦, 公選, 教委, 選任, 候補者, 市長, クリーブランド, 首長, 任命	
18 博物館・女子・少年団・国際理解	Prob	博物館, 日本, 文部省, ユネスコ, 国際理解教育, 女子, 大学, 青少年, 国際	0.95%
	FREX	博物館, 国際理解教育, 女子大学, 大日本, 同志社, 商摂, 物品, 博覧会, ユネスコ, 海外	
19 子ども・学校・家庭・社会	Prob	子ども, 子供達, 社会, 学校, 生活, 家族, 地域, 自分, 日本	3.29%
	FREX	人権, 高齢化, 先生, 転落, 生産力, 大人, 高齢者, 思い, 出生, 聞く	
20 内外の教員政策	Prob	教員, 養成, 学校, 制度, 政策, 大学, 給与, 生徒, 国家, 分析	2.19%
	FREX	締核, NCLB, 更新, 分限, 免除, 講習, 教員, 農村部, 奨学金, 返還	
21 子どもの貧困対策・福祉	Prob	支援, 子ども, 福祉, 貧困, 学習, 子どもの貧困, 事業, 学校, 保障, 生徒	3.11%
	FREX	子どもの貧困, サポステ, 貧困, 困窮, 福祉, 高校中退, 支援, NPO, セミナー, 中退	
22 学校システムのオルタナティブ	Prob	学校, スクール, 子ども, ホーム, 政策, 義務教育, 学習, 不登校, 規則, GM	1.53%
	FREX	ホーム, GM, スクール, 性教育, リーシュ, 不登校, 中等教育学校, LEA, 規制, 行為	

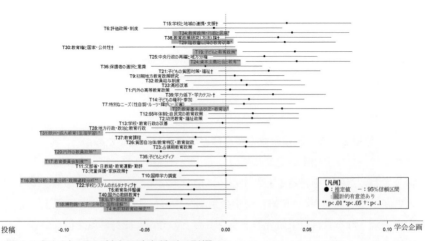

図4　各トピックに対する論文種別の影響

表5　T36における論文種別とタイトルの一覧

種別	著者	出版年	タイトル	比率
投稿	濱元伸彦	2020	大阪市各区の学校選択制の利用状況と地域的背景の関係——都心回帰による児童生徒数の変化に着目して	99.82%
投稿	浜野隆、牟田博光	1997	学校週5日制に関する保護者の意識と教育政策課題	99.54%
フォーラム	貞広斎子	2001	教育内容の特色に基づいた公立学校選択の展望：親の学校選択意識調査から	99.37%
シンポジウム	久冨善之	2001	東京・足立区3年間の「大幅弾力化」に関する調査から考える	99.18%
特集	貞広斎子	2013	学校外補習学習費の私的負担傾向からみた教育戦略と地域特性：教育費の公私のゆらぎを巡って	97.77%
フォーラム	前原健二	2004	学校の自律化・学校プログラム政策に対する校長の意識：ドイツ・ヘッセン州におけるアンケート調査の報告	91.07%
シンポジウム	本図愛実	2001	学校選択制の理論と実態：アメリカの事例を中心として	88.74%
大会課題	平塚眞樹	1998	学校・家庭・地域の関係を中心に：学校五日制の完全実施論を踏まえて	71.72%

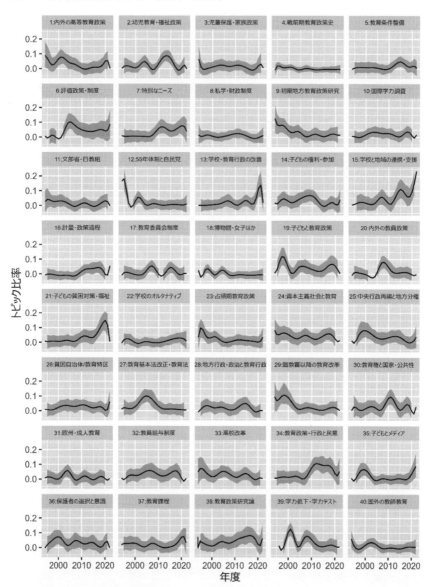

図5　トピック比率の経年変化

移を示したものである[6]。30年の間を通じてトピックが一律に分布していないことがわかる。ここでは、便宜的に全体を10年ごとに三つに区分し各期間の特徴を整理する。以下の分析ではトピック比率の10年間（第三期は9年）の算術平均を指標として、平均比率の上位5つで平均比率が5％を超えたものを取り上げて検討を行う。

① 第1期：1994～2003年

　学会設立からの10年間について見てみると、この間主要な地位にあったのは、T29：臨教審以降の教育改革（8.2％）、T9：初期地方教育政策研究[7]（6.6％）、T19：子どもと教育政策（6.5％）、T12：55年体制と自民党（6.1％）、T25：中央行政の再編と地方分権（5.9％）である。定例研究会や学会大会テーマに関連するものが多く、学会が教育政策研究の重要なテーマとして位置づけてきたと考えられる。

② 第二期：2004年～2013年

　第二期において高い比率を占めていたのはT6：評価政策・制度（6.6％）、T27：教育基本法改正・教育法（5.6％）、T14：子どもの権利・参加（5.3％）、T34：教育政策・行政と民意（5.0％）である。一連の評価制度の導入と展開（2000年代～）、教基法改正（2006年）、国連・子どもの権利委員会勧告（第2回：2004、第3回：2010）、民主党の地教行法改正案（2006～7年及び2009年～）などの影響が推察される。第一期は特定のトピック比率が高い値を示したのに対して、第二期は中心的な地位を占めるといえるトピックが少なく、むしろ教育政策研究の関心・対象が拡張した時期と捉えることができる。一方で第一期において中心的地位にあったT29やT12、T19は大幅に比率が低下している（T9も低下傾向）。

③ 第三期2014年～2022年

　第三期において高い比率を占めていたのはT15：学校と地域の連携・支援（10.0％）、T21：子どもの貧困対策・福祉（7.0％）、T34：教育政策・行政と民意（6.6％）、T38：教育政策研究（方法）論（5.4％）、T7：特別なニーズ（性自認・ルーツ・障がい・災害）（5.0％）であった。第三期のトピックは大きく二つに分類できる。一つは研究対象に関わるトピックでありT15、T21、T34、T7がこれに該当する。もう一つは研究方法に関わるトピックでありT38が該当する。T15はこの間の大会シンポジウムが、T21は大会課題研究が、T34は特集が、T7はシンポジウムと特集双方のテーマとなったことがそれぞ

れ強く影響している。T34は新教育委員会制度のかかわりで第二期から継続して高い比率を維持している。これまでの各期では対象に関わるトピック比率が高かったのに対して第三期では理論的・方法論に焦点が当てられたことは特筆すべきであろう。特に、2015年のシンポジウム「公共政策としての教育政策」や2018年の特集「教育政策研究の在り方」が影響していると考えられる。方法論に関わって言えば、第二期から第三期にかけてT16：政策分析：計量分析・政策過程分析の比率が増加している時期（0.6%→2.5%）でもあり、T9：初期地方教育政策研究は1.2%まで低下しており、研究方法や枠組みに一定の変化が生じたことが予想される。

４．考察とまとめ

　以上、教育政策研究のトピックの構成とその経年変化を分析することを通じて、この30年の教育政策研究の展開を整理してきた。最後に分析１と２の結果を統合しながら、「教育政策学」というものについて考察したい。分析１では、教育政策研究の対象として、学会が中心となって企画・展開するものと会員の自由投稿によって展開するものとがあり、比率の上位に位置するトピックは学会企画が中心となって構成されていることが確認できた。分析２においてこうした上位トピックの経年変化を見ていくと、多くのトピックが特定の時期に出現し、その後低調となっていく傾向が示された。「教育政策研究の外延は拡大している」（日本教育政策学会年報編集委員会2018：8）ものの、それは領域の拡張と同義ではなく、これまで中心としてきた領域の空洞化ともいえる現象を伴っていることが懸念される。矢継ぎ早に展開しかつ複雑化する教育政策への対応に追われ、グランド・セオリーの再構築が立ち後れたことも指摘されて久しい（広瀬2010）。現代的な教育政策を捉える新たなグランド・セオリーの再構築に向けた取組が重要である（その一例として特に2010年の特集以降の学会企画は示唆に富んでいる）。

　一方で、（かつての）グランド・セオリーとされるものが主に教育行政学を理論的背景として展開している点をどのように考えるかは改めて検討されてよい。教育行政学を背景とした教育政策研究であれば、それは教育行政学と同義であろう。であればこそ、学界の求心力となるような「教育政策学」の必要性が惹起するのであろうが、果たしてそれは可能なのだろうか。「教育政策学」の内部で共有される教育的価値を前提とした教育政策研究を構想するよりもむ

しろ、研究が有する学際性に活路を見出し、多様な「○○学としての教育政策研究」を交流、発展させていくようなアプローチこそ、総合領域である政策研究に求められるのではないだろうか。学際的協力を成功させるための重要になるのは、ディシプリン間の相互理解を深める作業である（祖父江1995）。参照や移入、あるいは親学問・社会科学への貢献（青木2019）の重要性を前提とした上で、『年報』や学会そのものがプラットフォームになるような枠組みを構築する必要がある。当然、そこには教育政策研究から提示された「政策規範」（貞広2015）を他領域と共有する取り組みが含まれ、それこそが「教育学としての教育政策研究」に固有の役割となり得るのではないか。

　最後に本稿は試論的な分析であり、分析精度の面でも妥当性の面でも改善が必要である。差し当たり、関連学会の年報・紀要を含めた比較が必要である。QTA という手法自体に異論もあろう。今後は QTA で解析した結果を改めて定性的に裏付けるような分析も求められる。

【謝辞】

本研究は JSPS 科研費18K13076、22K02344の助成を受けたものです。

参考文献

・Anglin, K. L. , (2019) "Gather-Narrow-Extract: A Framework for Studying Local Policy Variation Using Web-Scraping and Natural Language Processing", *Journal of Research on Educational Effectiveness*, No.12（4）, pp.685-706.

・秋吉貴雄・伊藤修一郎・北山俊哉（2020）『公共政策学の基礎［第3版］』有斐閣。

・青木栄一（2019）「教育行政学：比較研究の方法論からの棚卸し」『教育学年報11教育研究の新章』世織書房 , pp.223-248。

・広瀬裕子・荒井英治郎（2018）「教育政策研究の展開と今後の方向性 -- 学会の四半世紀の研究動向を踏まえて」『日本教育政策学会年報』(25)、pp.11-28。

・市川昭午（1994）「教育政策研究の課題」『日本教育政策学会年報』（1）、pp.8-22。

・岩田具治（2015）『トピックモデル』講談社。

・國府久嗣・山崎治子・野坂政司（2013）「内容推測に適したキーワード抽出のための日本語ストップワード」『日本感性工学会論文誌』Vol.12（4）, pp.511-518.

・三輪定宣（1996）「教育改革・教育政策と教育研究 -- 子どもから出発する「教

　　育政策学」試論」『教育学研究』63（3）、pp.263-269。
・村中誠司（2021）「質的データの解析」『心身医学』61（8）、pp.715-721。
・村中誠司・竹林由武（2021）「遠隔心理支援（Telepsychology）におけるこ
　　れまでの検討課題」『認知行動療法研究』47（2）、pp.127-138。
・李広微・金明哲（2021）「『明暗』と『続明暗』のトピック変化の計量分析」
　　『計量国語学』32（8）、pp.496-505。
・日本教育政策学会（2003）『日本教育政策学会の十年』。
・日本教育政策学会（2013）『日本教育政策学会の20年』。
・日本教育政策学会年報編集委員会（2018）「教育政策研究の展開と方向性　企
　　画趣旨」『日本教育政策学会年報』（25）、pp.8-10。
・Roberts, M., Stewart, B. and Airoldi, E. (2014) "A Model of Text for
　　Experimentation in the Social Science", *Journal of the American
　　Statistical Association*, vol.111（515）, pp.988-1003.
・Roberts, M., Stewart, B. and Tingley, D. (2019) "stm: An R Package
　　for Structural Topic Models", *Journal of Statistical Software*, 91（2）,
　　pp.1-40.
・Roberts, M., Stewart, B., Tingley, D. and Benoit, K. (2022) "Package
　　'stm'", CRAN Repository in https://cran.r-project.org/web/
　　packages/stm/stm.pdf, accessed 09 Feb 2023.
・阪本拓人（2021）「『アフリカ研究』1号～99号の動向－掲載論文・記事の内
　　容分析を中心に」『アフリカ研究』（100）, pp.3-16。
・貞広斎子（2015）「政策規範選択への貢献に向けた教育政策研究」『日本教育
　　政策学会年報』（22）, pp.78-86。
・佐藤敏紀・橋本泰一・奥村学（2017）「単語分かち書き辞書 mecab-ipadic-
　　NEologd の実装と情報検索における効果的な使用方法の検討」『言語処理
　　学会第23回年次大会（NLP2017）』NLP2017-B6-1。
・城丸章夫（1978）「やさしい教育学（上）」あゆみ出版。
・祖父江孝男（1995）「学際的学問の成立」『日本不動産学会誌』10（3）,
　　pp.41-46。
・高木英明（2004）「教育行政学は学問か？」『日本教育行政学会年報』30、
　　pp.286-295。
・瀧川裕貴（2019）「戦後日本社会学のトピックダイナミクス：『社会学評論』
　　の構造トピックモデル分析」数理社会学会編『理論と方法』Vol.34（2）,
　　pp.238-261。

注

（1）学会の設立に関わった城丸章夫や三輪定宣は「教育政策学」の必要性を提起した論者である（城丸1978：42-58；三輪1996）。城丸は設立検討会において「教育政策学会試案」を示すなどの関与が見られたが、「学会創立趣意書（案）」に「教育政策学」という語は見られない（日本教育政策学会2003）。なお、「教育政策学」という文言については、2022年改正の年報投稿・執筆要領 2 において確認できるがその定義については記載されていない。

（2）三上昭彦会長（当時）は「科学としての教育政策学の確立の重要性を説かれて」と、「教育政策学」の存在を示唆している（日本教育政策学会2013：1）。また、教育行政学会の河野和清会長（当時）は「教育学などあらゆる学問領域の知見を活用し、教育問題を解決するための処方箋（改善策）を示すことから、理論と実践の融合を図る学問（総合実践科学）」（前掲同書：5）としている。

（3）学会企画の分類については各号の「刊行にあたって」を参照した。

（4）なお、MeCab は外国語に対応していないため、本文に出現する英語については、スペースを削除してもなお自動で抽出されたもののみを使用している。

（5）Roberts et al.（2022）によれば、推定に用いる語彙は5,000以下が望ましく、それを上回ると分析が極度に遅くなることが指摘されている（p.53）。このような場合、出現文書数の下限を高く設定し分析対象を限定する方法がとられるが、他方で一般に QTA ではデータセットの規模が大きいほど「信頼度の高い推定結果が出てくる傾向がある」（阪本2021：4）ことから、本稿の分析では単語・文書頻度を確認しつつ、2 文書以上という基準を採用した。

（6）Roberts et al.（2022）によれば、推定されるトピック比率の期待値が 0 を下回る場合が存在するが、そういった場合、スプラインの自由度を高くする等の検討が必要である（pp.12-13）。ここでは初期値（10）のままとした。

（7）このトピックに分類された論文で80%以上の比率を有している論文はいずれも90年代に公表されたものであり、「国家」の存在を強調する点に特徴のある研究であることを反映して命名している。

（放送大学）

II

シンポジウム報告
子どもの権利と教育政策

シンポジウム報告：子どもの権利と教育政策

子どもを保護の客体ではなく
権利の主体とする子どもの権利条約

山下 敏雅

1．子どもを保護の客体ではなく権利の主体とする子どもの権利条約

　子どもの権利条約は1989（平成元）年に採択され、日本は1994（平成6）年に批准した。

　この条約の一番の肝は、子どもを"保護の客体"ではなく、一人の人間として"権利の主体"とみるところにある。

　第一次世界大戦後の子どもの権利宣言は、各条文の文末が全て「援助／保護されなければならない」、すなわち"保護の対象"の表現になっている。第二次世界大戦後に新たに作られた子どもの権利宣言は「権利を有する」との表現も若干現れるが、「保護されなければならない」という表現と混在している。これを全て子どもを"権利の主体"とする視点で統一し、かつ法的拘束力持たせたのが、子どもの権利条約である。

　同条約の中でもとりわけ重要な条文が、12条の意見表明権である。自分に影響を及ぼすことについて意見をきちんと聞いてもらえる、司法上・行政上の手続でサポートを受けられると書かれている。"保護の客体"として子どもの意見を聞ずに、「あなたのためだから大人が言った通りにしなさい」とするのではなく、"権利の主体"である子どもの意見をきちんと尊重することが、条約の理念である。

　この子どもの権利条約がこの28年間、日本でどのように扱われてきたのかを見ていくにあたり、子どもに関する各領域で温度差が異なることから、まず福祉・司法の分野について外観し、次に学校現場と比較して見ていくこととしたい。

2．福祉分野

　当時17歳だったＡ君は、幼い頃から父親に躾と称して継続的に虐待を受けて

いた。その虐待を原因として、中学生の時にはＡ君が家庭内暴力を起こすように
なり、児童相談所や警察等の関係機関はお手上げ状態となった。唯一、Ａ君
に寄り添い続けていた精神保健福祉センターの職員が、弁護士らが子どものた
めのシェルターを立ち上げたことを知り、Ａ君に勧めて、入所となった。この
シェルターは、入所する一人一人の子ども達にそれぞれ担当弁護士が付き、入
所から退所までの間、一緒に考えて動く、という点に特色がある。そして、17
歳までの児童については、シェルターが児童相談所からの一時保護委託を受け
るという形式を取り、法的権限がある状態で保護できるようになっている。

　Ａ君の担当となった私は、Ａ君と関係を築きながら、退所後の生活を共に考
えていった。高校を退学しているため児童養護施設には入居できず、自立援助
ホームをＡ君と共に見学して回るものの、Ａ君はホームには消極的であった。
２ヶ月が経った頃、Ａ君は「里親があるならそこに行きたい。それがどうして
もだめならば自立援助ホームに行く」と意見を固めた。私が児相の担当福祉司
にＡ君の意向を伝えたところ、福祉司は「里親なんてありえない。そもそも里
親が少ない上に、こんな大変な子を引き受ける里親はいない」と衝突した。し
かし、協議・調整を重ねた結果、さらに２ヶ月後、奇跡的に里親が一件見つか
り、そこへ移っていくことができた。児相に保護される子ども達は、その先の
情報も選択肢も与えられず、「あなたはどこどこに行きなさい」と言われれば
拒否することもできない、すなわち"保護の客体"であった。Ａ君のケースは、
共に動いて考え、自分の意見を大人の言葉で伝えてくれる存在がいること、
"権利の主体"として扱われることの重要性が実感されるケースであった。

　もっとも、Ａ君のケースはそれで終わらなかった。里親のもとで生活を始め
たＡ君は、「父親に過去の虐待を謝罪してほしい。自分がこうしてシェルター
や里親のもとで頑張っていることを知ってほしい。将来福祉を学びたいと思っ
たときに学費を出して欲しい」との強い思いを持つようになった。Ａ君と関係
者とで協議した結果、裁判所で父親を相手とする調停を行うこととなった。調
停は結果として不成立で終了し、法律的にはＡ君が得られたものはゼロであっ
た。しかし、一度だけ期日に出頭した父親に対し、調停委員を通して自分の意
見を伝えられたことが、Ａ君にとっては大きな糧となった。

　子どもの権利条約は、意見表明権が「あらゆる司法手続及び行政上の手続」
において機会が与えられる、と定めている。Ａ君のケースは、児相の保護・措
置という行政上の手続と、調停という司法上の手続で、子どもの意見が尊重さ

れることがいかに人生にとって重要であるかが明確なケースであった。

　現在、児童福祉の分野では、児童養護施設や一時保護所など、様々な場所で子どもの意見をきちんと聞こうという動きが加速している。2016（平成28）年に児童福祉法の第1条が改正され、従前の「児童は愛されなければならない」との表現が、「全て児童は…愛される権利を有する」と改められた。子どもが愛されるという自体は変わらないが、視点が180度転換されている。子どもは大人が愛してあげる"客体"ではなく、子どもが愛される権利を持つ"主体"であり、大人はそれをサポートするのである。そして、それは子どもの権利条約の精神に則ったものだとも明記されている。現在、国や自治体、様々なレベルにおいて、子どもの権利保障のあり方の議論がますます広がっている。

3．司法

　少年事件において、以前は国選による弁護人・付添人制度はなかった。国選弁護といえば、成人の刑事事件で、かつ、起訴後（裁判になった後）に国が弁護人を付けるというものであった。しかし、弁護人による権利保障が必要なのは裁判段階ではなくむしろ捜査段階であるし、捜査機関や裁判所に対して自分の意見を言うために弁護士のサポートが必要なのは、大人だけでなく子どもも同じであるし、むしろ子どものほうが必要といえる。また、成人の刑事事件では弁護人がいなければ法廷自体開けないのが原則であるが、少年事件では審判に弁護士不在のまま多数の少年が少年院送致となっていた。このような事態に対して弁護士たちが当番弁護士・付添人制度を立ち上げて取り組んだ結果、現在は、裁判前の捜査段階でも、そして少年事件の審判でも、殆どの事件で国選弁護が付くようになっている。子どもの権利条約は40条で弁護人選任権を規定しており、こうした弁護人・付添人の存在は、適正手続の保障とともに、自分の意見をきちんと捜査機関や裁判所、親や被害者に対して伝える権利の保障に繋がっている。

　また、家事事件では、子どもの手続代理人制度が開始している。高校2年生のB君は、「今、両親が裁判所で離婚調停をしているようだがどうなっているのかわからない。もし離婚するのならば母親のところに行きたい」と悩んでいた。私がB君から相談を受けたのは2013（平成25）年4月だったが、ちょうどその年の1月から新制度が始まっていた。離婚調停が行われている場合に、子どもが当事者としてその調停に加わることができ、さらに、その子どもに独自

の手続代理人が付けられるようになったのである。裁判所と調整の上、B君の意見を提示し、納得のいく解決につながった。このように家事事件においても子どもの意見を尊重する仕組みが徐々に広がっている。もっとも、裁判所は子どもの調停への参加に消極的な姿勢を示すことも多い。審判や判決の中で子どもの権利条約に触れた判示をしたケースは限られており、個々の裁判官の条約に対する理解が乏しいと実感することも多い。

4．学校
（1）いじめ

　私が豊島区の子どもの権利条例に基づく子どもの権利擁護委員として出会った中学2年生のC君は、いじめのため不登校となっていた。クラスのほぼ全員が入っているLINEグループに、いじめっ子がC君を揶揄する書き込みをし、それにクラスの生徒ほぼ全員がいいねのスタンプを押した出来事が、不登校のきっかけであった。C君の母は連日学校に長電話をしたり突然訪問するなどし、いじめっ子の転校やクラス替えを要求した。C君自身は、クラスには戻れないものの、部活が生き甲斐であり、部にはいじめっ子もいないので、せめて部活だけでも学校に行きたいと望んでいた。しかし、母は「そんな危険な学校には部活ですら行かせられない」と述べ、担任は「学校は勉強する場なのに授業に出ないで部活だけ出るとはどういうことなのか」と述べて、どちらもC君の希望を認めない状態であった。子どもの権利擁護委員の私が母と学校の間に入り、「C君自身の気持ちから出発するべき」と双方を説得して、校長室でC君自身が校長や担任らに自分の気持ちを自分の言葉で伝えることをサポートし、部活から復帰できることとなった（その後新学年でクラス替えがあり、授業にも戻れるようになった）。いじめ防止対策推進法ができ、学校のいじめ対応は進んでいるものの、子ども自身の意見から出発するという意識が抜け落ち、大人同士の対立に陥っていることが多い。

（2）制服・頭髪

　中野区は、中学校で女子の制服をスカートだけでなくズボンも選べるよう、区長が自由化宣言をしたと、2019（令和元）年の冬に報道された。その区長の宣言は、当時小学校6年生の女子が中学入学前に区長に直談判したことが契機であった。その子は、クラスでアンケートを実施したうえ、自分自身はスポーツが好きでスカートは動きづらい、冬にスカートでは寒いと思ってる子にとっ

ても、また、トランスジェンダーの子にとっても、ズボンが選べるのはプラスだと思う、等の意見をまとめた意見書を区長に提出したのである。このように子どもが声を上げ、それによって学校制度が良い方向に変化することは重要であり、逆にこれがニュースになるということは、それだけ社会一般で子どもが声を上げることがまだ少ないという現状を示している。

　頭髪に関しては、2022（令和4）年5月に大阪の高校の髪染めの事例で最高裁が生徒の訴えを退けた。最高裁は、学校側が頭髪指導するのは学校の裁量であると判断するが、頭髪は幸福追求権（憲法13条）や表現の自由（日本国憲法21条、子どもの権利条約13条）で保障されており、さらに子どもの権利条約28条が、学校のルールは子どもの人格や人間の尊厳に適合する方法でなければならないとしていることからして、最高裁の判断は問題であると言わざるを得ない。この事案は、裁判で敗訴になってはいるものの、大きな社会的影響を及ぼし、東京都では2022年度から、頭髪のおかしな規制について改善する取り組みが進められている。

（3）条約批准時の文部省通知と今年の生徒指導提要の改訂

　福祉の現場では子どもの権利条約の理念を実現するための議論と実践を重ねているが、それに比べて、学校現場の取組みは非常に遅い。

　日本が同条約を批准した1994（平成6）年、文部事務次官通知は、子どもの権利条約で意見表明権等が規定されているけれども学校が指導や校則制定をできるのだ、子どもに意見表明権はあっても必ず反映するということではない、という書き方がなされている。確かにそれ自体は内容として誤りではないものの、このような書き方は、学校現場に対し、子どもが“権利の主体”であることよりも、学校が引き続き現状維持のまま指導していくことのほうを重視して伝えるものであると言わざるをえず、実際にも条約の精神が学校現場に広まらないまま28年が経過してきた。

　社会一般にも、「権利と義務はセットであり、義務を果たさなければ権利は保障されない」との誤解があるが、上記通知にも「学校において児童生徒に権利及び義務を共に正しく理解させ」と記載されている。しかし、「義務」は子どもが負うのではなく、子どもの権利を保障するための大人の義務である。通知のこの記載自体、文科省が条約を「正しく理解」してないことを示している。

　2022（令和4）年の今年、生徒指導提要の改訂作業が進んでおり、3月末頃に、生徒指導提要の中に条約の理念を生徒指導に活かすことがようやく入る見

込みとなっていることが報じられた。もっとも、条約の概要を説明するのみで、具体的な活用法が記載されておらず、結局、1994（平成6）年の通知と同じように、書いたは良いが現場に伝わらない結果となることが危惧される（なお、本学会後の同年12月に改訂版が公表された）。

（4）ルールがなぜあるのかについての子どもと教師の理解

学校、家庭、施設、国等、様々な場所でのルールについて、子どもが「なぜそのルールがあるのか」と聞いた際に、大人が説明に窮して「そういう決まりだからだ」と回答する場面を見かける。

子どもたちは、法律や規則やルールは、上の者が一方的に決めるもの、自分たちを縛るもの、そして、違反するとペナルティがあるもの、と捉えている。私が「そうではない。ルールは上の人が決めるのではなく、みんなで決めるもの。縛るものではなく、守るもの。そして、ルールには必ず理由があり、その理由に照らしてルールのほうがおかしいときは、おかしいと声上げて変えて行くものだ」と伝えると、子どもたちは一様に驚いた表情を見せる。子どもたちが、おかしいルールにおかしいと声を挙げて変えて良いと思えない背景には、子どもたちの近くにいる大人たち（親や先生）が、おかしなルールに対しておかしいと声をあげていないからである。

学校の先生自身が「ルールがなぜあるのか」をきちんと理解していないことも多い。弁護士が学校の先生向けの研修を担当すると、研修を受けた先生から、「子どもの権利については理解できたが、よく考えれば、自分たち教員自身の人権について理解できていなかった。自分たちが守られているという実感がなければ、子どもたちに権利を伝えられない」との気付きを得たという感想を頂くこともある。私は教員の過労死・過労自殺の労災・公務災害申請事件も多く担当しているが、何年も、時には10年以上もかけて労災・公務災害として認定され、遺族に補償がなされたとしても、先生の命は帰ってこない。私は、そのような最悪の事態が起きる前に、学校の先生たちを支援したい、先生たちへの支援が子どもの権利保障にもつながっていく、との信念のもと、学校・先生のサポートを行っている。

5．日本の法律の課題

子どもの権利条約を批准すると、締約国は、国連の子どもの権利委員会に定期的に報告を行い、国連の委員会からフィードバックを受ける。日本は直近で

は2019（令和元）年に委員会から勧告がなされており、差別、子どもの意見の尊重等、緊急項目として6つが列挙されているほか、教育に関しては、いじめの防止、子どもたちのストレスからの解放、朝鮮学校の問題等に関する勧告がなされている。また、子どもの最善の利益や子どもの意見の尊重に関して、教育現場で十分に取り組まれていないことが指摘されている。

　日本は条約を28年前に批准しながら、長らく条約に基づく国内法の制定がなかったが、ようやく2022（令和4）年6月になって（※本学会の前月）、こども基本法が成立した。上述した頭髪に関する最高裁の報道とほぼ同時期である。今後、こども基本法・こども家庭庁がどのように運用されていくかは注視していく必要があるが、子どもの権利条約を基本に据えた国内法が成立したことは非常に重要である。児童福祉法のように条約を明記した条文が教育基本法にはなく、文部省通知で条約の精神を薄めようとしてきた学校現場に、今後条約の精神を広めていくことが強く期待される。

　もっとも、こども基本法は、子どもにどのような権利があるかが、子ども自身が読んでわかるような条文の表現になっていない。政策を作るにあたって配慮するという規定の中に子どもの権利が書かれる体裁であり、憲法のように端的に「何々の権利を有する」と明確に記載されていない（なお、私が子どもの権利擁護委員を務める豊島区の条例では、子どもにはこういう権利があります、と、子ども自身が読んでわかる形式となっている）。また、こども基本法は、権利擁護に実効性を持たせるために独立した組織・委員の制度がないという問題点も存する。

6．子どもに関するルールの制定・改正

　2022（令和4）年4月に成人年齢が引き下げられた。しかし、当の18歳・19歳の当事者たちが「4月1日に一斉に成人する」ということを直前まで知らないままであり、当事者である子どもたちを置き去りにして法律が制定・改正されている現実がある。

　少年法についても同様である。少年法は成人年齢の引下げと同時に改正され、それ以前も幾度も「改正」されてきたが、まさに子どもたちの法律であるにもかかわらず、肝心の子どもたち自身に少年法の中身が伝えられていない（この問題意識から、子どもたち向けの少年法の本も出版した。旬報社「少年のための少年法入門」）。

　子どもに関するルールを制定したり改正したりする際に、きちんと子どもたちの意見を聞くことが必要であるにもかかわらず、そのステップが飛ばされていることがほとんどである。子どもの権利条約12条の意見表明権は、個々の子どもの具体的なケースに関することはもちろん、それのみならず、子どもに関わるルールや政策についてもきちんと子どもたちの意見を聞くべきことを含む。それは、法律に限らず、学校における校則・ルールも同様である。

　私は、子どもたちに関する法律が子どもたち自身にきちんと知らされていないという問題意識のもと、2013（平成25）年から子どもの法律ブログを運営している（http://ymlaw.txt-nifty.com/）。また、ツイッターでは、ブログの内容を紹介しながら、時に子どもと法律に関する話題をツイートしている（アカウント：@children_ymlaw）。ところが、私のあるツイートが1年半前に炎上したことがあった。日本の刑法上の性交同意年齢13歳が世界的に低く、これを引き上げるべきとの議論がツイッターでなされていた（私自身も引き上げるべきとの立場である）。私が「大人たちだけで議論していないで、当の10代の子どもたちときちんと話をしましょう」とツイートしたところ、批判が殺到した。大学教授らを含む批判者は皆、子どもを守りたいと考えるが故に——つまり、子どもを“権利の主体”ではなく“保護の客体”として捉えるが故に——「子どもに聞く必要はない／聞くべきでない」との意見であった。条約批准から30年近く経とうとするこの間に、条約の精神を広めてこなかった、日本社会の全体の問題がこの背景にあった。

7．人権

　弁護士は人権擁護を使命とする（弁護士法1条1項）。人権は「生まれながらにして持っている権利」と説明されることも多いが、私は子ども達に常に、人権の言葉を分かりやすく次のように説明している。

　「人権は、どんな人でも一人ひとりが大切な存在として扱われる、尊重されるということ。誰かの物や人形や奴隷として扱われるのではない。一人ひとりが大切な人間として扱われる、尊重されるということ。それは、大人でも子どもでも、病気や障害を持っている人も持ってない人も、国籍が日本の人も外国の人も、お金を持っている人も持っていない人も、勉強が得意な人も苦手な人も外の見た目がどんな人でも、頭の中の考え方、心の中の感じ方、外の見た目がどんな人でも。そして、男でも女でもセクシュアルマイノリティでも。どん

な人でも一人ひとりが大切な存在として扱われる、尊重されるということ。そして、一人ぼっちではない、『ここにいていいんだ』と思えるしっかりとした居場所があること。自分の人生を誰かに指図や支配をされるのではなく、自分で選んで生きて行くことができること。そして、毎日の暮らしを安心して過ごすことができるし、幸せな人生を送ることができること。」

　これらを全てをひっくるめて法律の世界では「人権」という2文字で表現しています、と子ども達に説明する。そして、我々弁護士は、時には法律や裁判をも使いながら人権擁護をするのが使命であるが、他方で今の私の人権の説明からすれば、人権を守れるのは弁護士だけではない、むしろ日常の生活の中で互いに人権を尊重し合うことこそが大切だと、合わせて説明している。そして、子どものすぐ近くにいる大人が、その子どもと互いの人権を尊重し合うことが重要である。多くの子どもたちが、多くの時間を、学校という場で過ごしている。その学校の中で、人権が守られていると実感できること、そのための重要なツールとしての子どもの権利条約の精神を、一層広めていく必要がある。

　　　　　　　　　　　　　　（弁護士、永野・山下・平本法律事務所）

シンポジウム報告：子どもの権利と教育政策

戦後日本教育政策の中の外国人
―外国人学校における学校保健活動と就学義務制を事例に―

呉　永鎬

はじめに

　近年、日本においても外国人の子どもの教育に関する社会的関心は高まりつつある。日本で生活する外国籍者は280万を超え（OECD 上位国の移民率約10％に対し日本は 2 ％程度）、厚生労働省『人口動態統計』によれば、2019年に出生した子どものうち、父母のいずれかまたは両方が外国籍の割合は4.04%にのぼる。すなわち生まれてくる子どもの25人に 1 人は親が外国籍である[1]。

　日本政府は移民政策をとらないと明言しており、とりわけ安価で一時的な労働力として来日した外国人は、労働のみならず、居住、教育、医療、福祉、地域社会との関係等、生活の様々な局面で困難に直面してきた。そうであるから、外国人の量的な拡大、質的な多様化、地域的な偏在、そしてそうした困難に最も身近な地方自治体や市民団体、NPO 等が外国人の支援を担ってきた。先に社会的関心が高まりつつあると述べたのは、2019年に文科省が初となる外国籍の子どもの不就学に関する全国調査を実施したこと、2021年に文科省が「外国人学校の保健衛生環境に係る有識者会議」を開催したことをはじめ、地方レベルのみならず、国レベルでの対応が見られるようになったためである。その意図やねらいや欲望をひとまず考慮しないで良いとするならば、外国人の子どもの学びや育ちを保障するための制度や社会的な取り組みが、少しずつではあるが整えられていっていると言える。

　ただし、こうした今日の動向を手放しで歓待することはできない。むしろ1945年以来継続している在日外国人教育政策の性格をこそ剔抉せねばならないというのが、筆者の問題意識である。本稿で戦後日本の外国人政策全体に貫徹する性格を論じることはできないため[2]、ここでは迂遠なようではあるが、第一に外国人学校における学校保健活動を、第二に外国人の子どもの就学義務制を事例に、戦後日本教育政策に通底する植民地主義の問題を指摘したい。

　ここで植民地主義とは、文明－野蛮、進歩－停滞、成熟－幼稚、清潔－不潔、勤勉－怠惰、近代的－未開といったように、遅れた存在として支配される側を規定し、それを是正・改善する存在と自らを位置づけ、侵略や支配、暴力を正当化する思想を指す[3]。それはレイシズムと表裏一体となって、生きる者と殺す者とを分かつ権力である。

1．外国人学校における学校保健活動

　2021年6月～12月、文科省は「外国人学校の保健衛生環境に係る有識者会議」を開いた。計8回開かれた同会議は「新型コロナウイルス感染症に対する対応を含め、我が国に在留する全ての子供の健康を確保するという観点から、子供の集団生活を前提とした外国人学校における保健衛生の確保の在り方について検討を行う」ことを目的としており、ブラジル学校、インターナショナルスクール、青少年支援を行うNPOの関係者、全国養護教諭連絡協議会会長、外国人多住地域の行政官、大学教員らが委員となった。文科省としては今般のコロナ禍を背景に、あくまでも公衆衛生の観点から同会議を組織したと推察されるが、委員からは非常時の問題としてのみならず、恒常的な学校保健活動を保障することの重要性が繰り返し指摘された。

　文科省は「最終とりまとめ」において、保健衛生に係る相談機能と情報発信機能を併せ持つ全国的な窓口の設置（予算3千万円）と、調査研究事業（予算8千万円）を示した。これらが実現されるのか、また実際の運用においてどのような効果をもたらすのかは引き続き注視せねばならないが、有識者会議の開催とその報道をとおして、今日においても多くの外国人学校に保健室がなかったり、定期的な学校健診を行えていなかったりする実態が明るみになってきたことは重要である（『毎日新聞』2021年6月23日付ほか）。

　保健室がない。そこに常駐する教員もいない――。多くの外国人学校が置かれたこうした現状は、日本の学校教育制度上の外国人学校の法的地位と日本における外国人の人権保障状況とをよく表している。学校教育法第1条に示される学校（1条校）は、そこに通う子どもたちの保健と福祉を担ってきた。学校における子どもと教職員の健康の保持増進を目的に、環境衛生の維持と改善、健康診断の実施、保健室の設置などを義務付けた学校保健法（1958年施行、2009年に学校保健安全法に改訂）が制度的にこれを保障してきた。近年ではスクールカウンセラー、スクールソーシャルワーカーが学校に導入され、子ども

の貧困や虐待対策として「学校プラットフォーム」構想が示されるなど、学校の保健福祉機能への期待は益々高まっている。子どもの健康と命を保障していくうえで、今や学校は欠かせない社会的役割を担っていると言える。

普通教育が行われている外国人学校は、保護者にとっても子どもにとっても紛れもなく学校である[4]。しかし外国人学校は広義の学校ではあっても、学校教育法第1条に示された「学校」ではない。現在の日本の学校制度には、1条校、専修学校、各種学校という3つの教育機関が規定されており、税制上の優遇措置や学校給食法といった各種の公的保障制度の適用も種別によって異なる。外国人学校が独自の教育活動を行いながら得られる最高の法的地位は、自動車学校や語学学校と同じ各種学校となる。そしてこの各種学校には学校保健安全法が適用されない。そのため、健康診断の実施や保健室の設置・管理・運営、それらを担う専門家の雇用等は、基本的には独力で賄わなければならい。したがって、こうした取り組みの有無は、外国人学校やそれを設置する学校法人の財政状況等の個別事情に左右されることになる。

1994年に日本が批准した子どもの権利条約は、その第2条にて「差別の禁止」を掲げ、「人種、皮膚の色、性、言語、宗教、政治的意見その他の意見、国民的、種族的若しくは社会的出身、財産、心身障害、出生又は他の地位にかかわらず、いかなる差別もなしに」管轄下にあるすべての子どもの権利を保障する義務を国に課している。そしてその権利には、生命に関する権利、健康および医療についての権利、障害のある児童の権利が含まれ、「児童の生存及び発達を可能な最大限の範囲において確保する」（6条）こと、「いかなる児童も…保健サービスを利用する権利が奪われないことを確保するために努力する」（24条）ことが求められている。つまり、1条校でない外国人学校に通っている場合も、これらの権利が保障されないということはあってはならない。

外国人学校に通う子どもたちの命と健康を、教育機関を介して保障する仕組みが十全に整えられていないことは、基本的人権の柱たる生存権に関わる深刻な問題である。だが2021年に至るまで、この問題が公的に取り上げられたことは一度もなかった。それら子どもたちの命と健康は、眼中になかったのである。そうした不作為に潜む認識に、私たちは自覚的でなければならない。そうでなければ、国際情勢や国民感情といった漠としたものに後押しされ、保障されるべき人権が影を潜める代わりに、生きる者と殺す者を分かつ植民地主義が容易にそこに顕現しうる。例えば2020年3月、さいたま市は新型コロナウイルス感

染防止のため保育所、幼稚園、放課後等デイサービス事業所といった子ども関連施設にマスクを配布したが、「市の指導監督施設に該当しない」、「マスクが不適切に使用された場合、指導できない」といったことを理由に、埼玉朝鮮幼稚園には配布しなかった。

　どのような教育機関に通っていようとも（あるいはまた通っていなくても）、子どもたちの命と健康が平等に支えられる社会的な仕組みを築いていくうえで、支障となっている認識や前提となっている枠組みは何なのか。これらは歴史的に検証され、継続して問い直されなければならない。

2．外国籍者と就学義務制

　次に、外国籍者が就学義務制から除外されてきた歴史を確認しよう。この事実は法律と実践によって形作られてきた。義務教育に関して定めた憲法第26条第2項は「すべて国民は、法律の定めるところにより、その保護する子女に普通教育を受けさせる義務を負う」となっており、主語は「国民」である。また、教育の憲法とも言われる教育基本法（1947年3月31日施行）においても、その第4条において「国民は、その保護する子女に、九年の普通教育を受けさせる義務を負う」とされ、国民の義務として課されている（2006年に「改正」された教育基本法では第5条第1項）。日本において就学義務制の対象となるのは、「国民」、すなわち日本国籍保有者であり、外国籍者はそこから除かれているのである。

　日本国籍者であるならば、その子どもを1条校に就学させ、9年間の普通教育を受けさせなければならない。植民地支配からの解放後も講和条約発効までは引き続き日本国籍を有するとされた在日朝鮮人は、憲法施行前日に公布・施行された外国人登録令によって、日本国籍を持つものの「外国人とみなす」と規定された。だが、教育に関しては日本の法令に服さなければならないとされた。1948年に朝鮮学校閉鎖措置が下され、占領期唯一の非常事態宣言が発出された阪神教育闘争のきっかけも、在日朝鮮人にも日本人と同様に就学義務があるため、その子女の教育を各種学校や無認可の朝鮮学校で受けさせることは認められない（＝日本の一般の学校に就学させるか、私立一条校としての認可を得ろ――ただし民族教育としての教育内容には大きな制限を課す）という通達であった[5]。また、1949年の全国一斉の朝鮮学校閉鎖措置に際し、1都1府5県と限られた地域ではあるものの、地方自治体が一部の朝鮮学校を公立学校

または公立分校として開設した背景にも、日本国籍である在日朝鮮人には就学義務があるという判断があった[6]。朝鮮学校の閉鎖措置や公立化、またその廃止や私立への移管など、政治的な意図が在日朝鮮人の教育問題として顕現・処理される際、この就学義務制の性質が利用されてきたのである。

　1952年のサンフランシスコ講和条約の発効に伴う在日朝鮮人の選択の余地なき日本国籍喪失は、在日朝鮮人の子どもに就学義務はあるのかという学校現場での「疑義」を生じさせていた。文部省は1953年2月11日、「朝鮮人の義務教育学校への就学について」と題した通達を各都道府県教育委員会に対し発出し、この問題に対する国の立場を明確にしている[7]。通達では「このことについては、取扱上疑義を生じているむきもあるように聞いているので、念のために、下記のとおり当局の見解をお知らせします」として、「在日朝鮮人は日本の国籍を有しないこととなり、法令の適用については一般の外国人と同様に取り扱」うことを確認したうえで、「就学年令に達した外国人を学令簿に登載する必要はないし、就学義務履行の督促という問題も生じない。なお、外国人を好意的に公立の義務教育学校に入学させた場合には、義務教育無償の原則は適用されない」と、今後の朝鮮人子弟の取り扱いを示した。さらに、「朝鮮人については、従来からの特別の事情もあるので」「なるべく便宜を供与すること」としながらも、「教育委員会は、朝鮮人の保護者からその子女を義務教育学校に就学させたい旨の申出があった場合には、日本の法令を厳守することを条件として、就学させるべき学校の校長の意見を徴した上で、事情の許す限りなお従前通り入学を許可すること」とした。

　学齢期に達した子どもたちの教育を受ける権利を保障するために設けられた様々な仕組みから朝鮮人の子どもを除き、その教育に国として何らの責任を負わないことが示されている。まがりなりにも権利として保障されてきた公立学校への入学は、「条件」を課したうえで「事情の許す限り」「好意的に」「許可」されるものとなった。ここには外国人の教育の権利を保障するという観点は秋毫も読み取ることができない。日本において、外国人の義務教育諸学校への就学が権利として保障されているのではなく、恩恵として与えられていると言われるゆえんである。

　文部省の通達を受け、学校現場では朝鮮人の子どもと保護者に誓約書を書かせたうえで入学を許可するという前例が積み上げられていった。その内容は、「日本国の法令や学校の規則に従います」、「他の児童に乱暴したり、迷惑をか

けるような行為はいたしません」、「教科書、その他の学用品は必ず持たせます」、「給食費、その他学校で徴収される費用は完納いたします」、「学校に収容力の余裕がなくなったとき、在学をうち切られても異存を申しません」など複数の条件を課すものであった[8]。法律を守らず、乱暴で、他の子どもに迷惑をかけ、怠惰で貧困といった朝鮮人観が露呈したこうした誓約書は、朝鮮人の子どもとその教育をめぐって人権という守護壁が機能していないゆえに、植民地主義が直截的に流れ込んだ結果、生み出されたものであったと言える。1958年4月に大阪市の公立小学校に入学した金相文さんは、入学にあたり誓約書を書かされており、子どもながら「いつでも退学させられる」と意識していたという。

　1980年代半ばまで、在日外国人のおよそ8〜9割は朝鮮・韓国籍者であったため、戦後日本の外国人教育政策は事実上朝鮮人教育政策として展開してきた。外国人の子どもの義務教育諸学校への就学が権利として保障されない実践は蓄積されていき、いわゆるニューカマーの子どもの教育が問題化される90年代以降も続き、今日に至る。

　1965年には、日韓条約および日韓法的地位協定の締結に基づき、韓国・朝鮮籍者に関しては、小学校・中学校等への入学、上級学校への進学、授業料の徴収、教用用図書の無償措置、就学援助措置等に関して、日本人と同様に扱うことが[9]、また1991年1月には、「日韓法的地位協定に基づく協議の結果に関する覚書」に基づき、在日朝鮮人の保護者に対し就学案内を発給すること、また在日朝鮮人以外の外国人に対しても同様に取り扱うことが求められた[10]。

　とは言え、今日においても就学案内の多言語化が進んでいない自治体や、就学案内ではなく、日本国籍者と同様の就学通知が送られるケースがある等、問題は継続している。先述のように2019年には文科省が、外国籍の子どもたちの就学状況に関する初となる全国調査を行っており、およそ2万人の子どもが不就学（どの教育機関にも通っていない状態）である可能性が明らかとなった。20年7月には、外国籍の子どもも学齢簿に載せ、就学案内を徹底することが文科省より求められている[11]。

3．外国人教育政策に潜む植民地主義の検証と克服

　以上、極めて限定的な事例に止まったが、戦後日本の外国人政策に流れる植民地主義的性格について概観した。今日、とりわけ外国人多重地域の公立学校

においては、画一的な国民教育の枠に収まらない、様々な教育実践が取り組まれている（例えば、愛知県豊田市立保見中学校などを挙げられよう）。それらは、単に教育の多文化化が進んでいるというよりも、地域を生きる人々の現実に即しながら、公教育の「公」それ自体を再編していく取り組みとして評価されるべきである。

　だがそうした取り組みも、連綿と続く植民地主義へ向き合うことなく、歴史を軽視ないし等閑視しながら行われているのだとすれば、外国人の子どもの権利を保障しうるものではないと厳しく指摘しなければならない。植民地主義の自覚・検証・克服が試みられない限り、例えば外国人学校も適用対象となるいわゆる高校無償化制度から朝鮮学校のみが除かれていること、あるいは幼保無償化制度から各種学校の認可を得た外国人幼稚園が除かれていること（すべての朝鮮幼稚園は各種学校既認可）をはじめ、外国人の中でも生きる者と殺す者を分かつ実践が、今後も何度でも繰り返されるだろう。言うまでもなくそれは、子どもの権利の保障という理念とは正面から対立する事態である。

（鳥取大学）

注
（1）日本では国籍別の統計しかとられないため、こうした統計には日本国籍を取得した外国出身者の実態が反映されていないことには注意を要する。本稿では外国籍者および外国にルーツをもつ者を「外国人」と総称するが、外国籍者を想定してつくられた政策を主たる対象とするため、多くの議論が外国籍者に限定されていることをご了承いただきたい。無論そのことは、例えば、日本生まれ日本育ちで日本国籍ではあるが、外国にルーツのある子どもの教育や人間形成をめぐる問題が重要でないことを意味しない。また、地域での学習支援や居場所活動、教会等の宗教施設で紡がれる関係等、公立学校や外国人学校といった学校教育機関以外の場や関係が、外国人の子どもの人間形成において枢要な役割を演じていることも指摘しておきたい。
（2）戦後日本の外国人政策に関しては田中宏（2013）『在日外国人　第三版』岩波書店を、またそれらに潜むレイシズムを分析した梁英聖（2020）『レイシズムとは何か』筑摩書房を参照されたい。
（3）中野敏男は、以下のように述べる。「植民地主義というのは、単に領土的・主権簒奪的な支配だけをさすのではないし（それゆえ政治的に「分離」していても植民地ではありうる）、また単純な収奪や搾取だけのことなのでも決してなく、むしろ人間のカテゴリー化を本質属性としながら、それによ

って差別的な秩序を構成して支配しようとする統治形式であり、この統治はそれゆえにこそ諸個人の社会意識や自己認識（アイデンティティ）にまで深く食い込んで支配関係をそこに刻印するものなのである」。中野敏男ほか編（2006）『沖縄の占領と日本の復興——植民地主義はいかに継続したか』厚徳社。

（4）志水宏吉・中島智子・鍛冶致編（2014）『日本の外国人学校——トランスナショナリティをめぐる教育政策の課題』明石書店。

（5）学校教育局長発、文部省大阪出張所長・都道府県知事宛「朝鮮人設立学校の取扱いについて」（管学5号、1948年1月24日）。

（6）松下佳弘（2020）『朝鮮人学校の子どもたち——戦後在日朝鮮人教育行政の展開』六花出版。

（7）文部省初等中等教育局長田中義男発、各都道府県教育委員会宛「朝鮮人の義務教育学校への就学について」（文初財第74号、1953年2月11日）。

（8）李興烈（1953）「朝鮮人子弟の「義務教育権剥奪」について」『平和と教育』1953年9月号、中山秀雄編（1995）『在日朝鮮人教育関係資料集』明石書店など。

（9）文部事務次官発、各都道府県教育委員会・各都道府県知事宛「日本国に居住する大韓民国国民の法的地位及び待遇に関する日本国と大韓民国との間の協定における教育関係事項の実施について」（文初財第464号、1965年12月28日）。

（10）文部省初等中等教育局長発、各都道府県教育委員会・教育長宛「日本国に居住する大韓民国国民の法的地位及び待遇に関する協議における教育関係事項の実施について（通知）」（文初高第69号、1991年1月30日）。

（11）文部科学省総合教育政策局長・文部科学省初等中等教育局長発、各都道府県知事・各指定都市市長および教育委員会教育長宛「外国人の子供の就学促進及び就学状況の把握等に関する指針の策定について（通知）」（2文科教第294号、2020年7月1日）。

シンポジウム報告：子どもの権利と教育政策
子ども参加の学校づくりの動向

笹田　茂樹

1．はじめに

　子ども参加の学校づくりの取組について検討する前に、「開かれた学校づくり」の動向について確認しておきたい。

　「開かれた学校づくり」に関しては、文部科学省がさまざまな施策を打ち出しているが、トップダウン式に行政主導で導入される事例が多い。2000年からはじまった学校評議員の制度や、コミュニティスクール、地域学校協働本部（学校支援地域本部）事業などが全国展開されているが、制度が普及するにつれ、形骸化が進んでいくような傾向も見られる。例えばコミュニティスクールに関しては、2021年度に11,856校が指定され、全公立学校の3分の1を占めるようになったが、佐藤が2013年に行った文部科学省の委託調査によると、「学校運営方針に関する学校運営協議会からの修正意見の申し出」について「なかった」とするコミュニティスクールの割合は84.5％を占め、法律で定められた権限がほとんど活かされていない実態が明らかになっている[1]。

　こうした動きに対して、ボトムアップで各地に発生した、子どもや保護者の参加による「開かれた学校づくり」の事例も散見される。その代表例が「学校協議会」で、校長等管理職、教職員、子ども、保護者、地域住民等が協働して「より良い学校づくり」に取り組む合議体を組織している。トップダウンで導入されている学校評議員やコミュニティスクールにおける学校運営協議会との違いは、「子どもの学校参加」が模索されている点にある[2]。また、浦野東洋一は「学校協議会」の特徴として、「『教職員、子ども、保護者、地域住民は、役割や立場は違うが、人間として原理的に対等・平等である』という精神で運営され」、「実際になにをしゃべってもよいという自由な雰囲気のなかで」、「子どもの意見表明権（子どもの権利条約第12条）を保障」し、かつ「子どもの意見表明能力をトレーニングする機会となっている」ことを指摘している[3]。

　この「学校協議会」は、教職員主導で導入された事例が多く、まれにPTA主導で導入されたものも見受けられる。また、校種別に見ると高等学校が大半を占め、中学校と小学校は全国的に見ても数例しか存在しない。

　本報告では、高等学校・中学校・小学校の事例を1校ずつ取り上げ、子ども参加の学校づくりの動向について、3つの校種でどんな違いが見受けられるのかについても考察していきたい。

2．長野県辰野高等学校の「三者協議会」

　辰野高等学校はかつて地域の人材を輩出するような学校だったが、1990年代半ばには地域からの評価が低下して入学者が減少していた。こうした状況を立て直すため、1997年に宮下与兵衛教諭（当時）を中心に「学校憲法宣言」制定の検討に入った。この宣言は、日本国憲法や教育基本法に基づいて学校を改善する取組を行うためのもので、子ども達とともにどんな学校をつくっていくのかを検討していく過程で、生徒・保護者・教職員の三者が対等な立場で協力して学校づくりを行う組織として1997年に「三者協議会」が発足した[4]。

　「三者協議会」は当初、生徒代表は生徒会総務（生徒会執行部）の中から9名、保護者代表はPTAの役員から5名、教職員代表は教頭・生徒指導主事・教務主任の3名で構成され、生徒代表の数が保護者や教職員代表の合計数を上回っていることから、生徒ができるだけいろんな意見を出して、それが認められやすいような仕組みになってる。また、これらの代表以外にも、各クラスの代表、5名の代表以外の保護者、一般の教職員も参加可能になっている。当初、開催は1学期に1度の定例会のほか、臨時会も開催されることがあったが、数年前に年2回に変更となり、現在に至っている。

　同協議会では三者それぞれが提案でき、協議会で検討した後、三者それぞれが持ち帰って各機関で話し合う。教職員なら職員会議、保護者はPTA総会、生徒は生徒総会等で話し合って、次の協議会で回答するという形をとっている。年に3回しか開催されないので、結論まで非常に時間がかかるという弱点もあった。近年、年に2回になったのは決定までのスピードを早める意味があり、1回目の協議会で三者から提案し、年度末に行われる2回目の協議会で、それぞれ話し合った結果を出し合って結論を出す形に変更された。

　同協議会は、学校運営上の決定権は持たないことになっているが、これは1997年の創設に当たって、決定権を持つような形にすると校長の権限を侵害す

表1　三者協議会における議事の分類と頻度[6]

生活・部活動に関する内容 （校則見直しを含む）	計58.5回（37.5%）
授業・学習に関する内容	計32回（20.5%）
施設・設備に関する内容	計30回（19.2%）
行事・校外活動に関する内容	計17回（10.9%）
協議会自体に関する内容	計6回（12.5%）
学校運営全般に関する内容	計12.5回（8.0%）

※三者協議会がはじまって最初の10年間、計32回156の議事
　を分析。
　2つの分野にまたがる場合は、0.5でカウント

ることになりかねず、設置者の長野県教育委員会が難色を示す可能性があったためである[5]。しかし、三者で話し合い決定した内容を校長が認めないわけには行かないため、同協議会は実質的に学校運営へ大きな影響を及ぼしている。

　協議会における議事の内容は、最初の10年間の統計を取ると、表1からわかるように、校則見直しを含む生活・部活動に関連するものが最多で、議事全体の3分の1以上を占める。2番目に多いのが授業・学習に関するもの、3番目に多いのが施設・設備の改善要望に関するもので、ともに2割前後を占める。

　興味深いのは、生活・部活動に関する議事が2002年度以降は減少傾向にあり、逆にその頃から授業・学習に関するものが増加傾向にある。これは、協議会の設置当初は校則の見直しなどについて盛んに議論が行われたが、5年ぐらい経つと校則関係は大体出尽くし、議論の中心は授業や学習に関する事項に移っていったことが推測できる。

　生活・部活動に関する内容の中で、一番大きな動きはアルバイト原則禁止の見直しだった。公立高校ではアルバイトを原則禁止にしている所が多いが、辰野高等学校では三者協議会設立当初より生徒の間でアルバイトを認めて欲しいという強い要望があった。1998年度第一回「三者協議会」で生徒側が、平日のアルバイト原則禁止の見直しについて要望を出した。その後、三者代表による「アルバイト問題小委員会」がつくられ、生徒は「週三日以内の許可」、保護者は「土・日許可」、教職員は「今まで通り」原則禁止を主張したが、許可を得るために生徒が保護者の主張に歩み寄り「土・日・祝祭日の許可」へと方針転換したため、三者で新たに作成したアルバイト規定を守ることを条件に、2000年6月、臨時の「三者協議会」を開いて長期休業中と土日祝日についてはアルバイトが認められることになった。このように、生徒たちは自分たちの意見をまとめ、許可を得るための様々な努力を積み重ねたことで、生徒会三代にわたり2年間の歳月を経てアルバイト原則禁止の見直しを実現したのである[7]。

　このほかにも、PTA 提案による標準服の導入や、生徒会による授業アンケート調査の結果等に基づく授業やカリキュラムの改善、三者の協力による施設の改善など、生徒にとって身近な問題を三者協議会で取り上げ、それらの要望を教職員や保護者が受け止めて改善に結びつけることが [8]、25年間継続して行われている。

3．奈半利中学校の「三者会」

　1997年から橋本大二郎知事（当時）の主導で「土佐の教育改革」が断行された。これは、地域との連携による「開かれた学校づくり」によって高知県の教育を活性化していこうというものである。この改革では特色ある学校づくりが求められたため、その流れの中で奈半利中学校では、1999年に全国でも珍しい議決機能を持つ「三者会」が発足した [9]。

　奈半利中学校では当時、学校が荒れていたことと、過疎化と少子化が進んでいたため、なんとか立て直して子ども達に生き生きとした学校生活を送ってもらおうと、生徒と保護者が学校運営に参加する「共和制」を掲げて学校改革を進めた。この「共和制」は、生徒や保護者に「自分たちで学校を良くしていく」という自覚を促すとともに、生徒や保護者の要望を受け止めることで教職員の意識も高めようと、校長主導で導入されたものである。この「共和制」を実現し、学校を活性化する目的で生徒・保護者・教職員による「三者会」が設置された。議決機能についても、要望を認めて決定事項とすることで生徒の意欲を引き出そうという当時の校長の意向があった [10]。

　「三者会」の構成員は、第1回では教職員3名、PTA5名、生徒代表17名であったが、第2回以降は生徒が全員参加する形になった。年に1回、年度末に開催され（6月に開催された年度もあったが、現在は年度末に戻る）、協議内容は1年間の総括と、次年度の学校の方針を決めることになっている。

　議事の内容としては、授業・学習に関するものが一番多く、次いで生活・部活動に関するもの、行事・校外活動に関するものと続く。

　授業・学習については保護者の関心も非常に高く、保護者が授業態度や学習時間について生徒へ要望を出すこともある。1999年の第1回「三者会」では、教職員側が授業時間5分ずつを短縮して最後残った時間を「帰り学活の教え合い学習」にしようという提案を行ったが、生徒の方から「新しい勉強時間が増えるのが嫌」など反対意見が相次ぎ、教員側が提案を撤回したこともあった [11]。

　生活・部活動に関するもののうち校則については、同じく第1回「三者会」で、教職員側が生徒の服装規定について「1）原則として生徒、保護者が合意すれば学校としては認めていく」、「2）今迄無かったことや細かい事はそのつど各学級から要望として代表委員会に出して解決をする、保護者との関係はその都度考える」と生徒・保護者に提案したことで、それまで禁止されていた服装規定のうち、生徒から要望があった内容はほとんど許可されるという劇的な変化がおこった[12]。

　大幅な服装規定の見直しを勝ち取ったことは、生徒の意識変革を呼び起こし、1999年4月に開かれた生徒総会では、生徒会役員の生徒が「自由ということは、私たちを信用してくれていることだと思います。また、私たち自身に責任があることだと思います」と発言している。また、第2回以降、生徒全員が「三者会」に参加するようになり、生徒一人ひとりの当事者意識が高まった。各回の三者会において、重要案件については生徒に話し合いの時間が与えられ、学年ごとに賛否を判断して生徒側の意見を決定するシステムが取られており、すべての生徒が議論に参加せざるを得ない状況がつくり出された[13]。

　行事・校外活動に関するものでは、「三者会」で生徒が提案したことをきっかけに、新しい行事として2002年に夏休み中の学園祭「夏の陣」がはじまった。こうした新たな取り組みを目にしてきた教職員の中には、生徒が活発に動くことに対してやりがいを感じている者も多い[14]。

　ただ、中学生が積極的に発言・行動するためには教職員側の働きかけが必要な場合もあり、2006年の第9回「三者会」では1年生が3年生の反対で取り下げようとした服装に関する提案を、教職員側が「1年生にもっと意見言わした方がいいんじゃないか」ということで、意図的に再提案させ、その提案が同会で承認されたこともあった[15]。

　こうした話し合いを活性化させるための工夫も取り入れながら、教職員は「三者会」で提案された生徒からの要望を前向きに受け入れるとともに、自身の教育活動を省察しようという意識が共有されている。

4．奥田小学校の「学校づくり会議」

　富山市立奥田北小学校では6年生のクラス運営がうまくいかない時期があったため、子どもたちの声を聞くことで学校を立て直す取組がはじまった。具体的には、その取組の中心となったA教諭が学校評価アンケートに自由記述欄を

導入し、「どんな学校にしたい？」ということを子どもや保護者に尋ねたことをきっかけに、2006年度から児童総会が開かれるようになり、さらにアンケートや総会で出た意見を学校運営に反映させるための組織として2007年度に「学校づくり会議」が創設された(16)。

　この会議では、教職員間の申し合わせで「子どもからの提案は認める」こと、現実不可能だと思われる提案に関しても「実現に向けた指導・援助を行う」ことを原則とした(17)。

　初期の構成員は児童会役員14名、PTA5名、教職員6名で、やはり児童代表の数が多いのが特徴である。また、初回は学校評議員のうち2名がオブザーバー参加していたが、第2回目からは常に全員（5名）が参加するようになった。これは、「子どもの意見を直接聴けるまたとない機会なので、是非参加したい」という学校評議員からの要望によるものである。また、当初は児童会役員の高学年児童だけの参加だったのが、現在は児童会役員だけでなく、全学年のクラス代表が参加する形となっている。開催頻度は、当初は年2回、その後に年3回となり、現在は年2回（9月と1月）に戻っている。

　協議内容は、主として児童会の活動報告や、その活動に関する意見交換、あるいは児童を対象に行った「子どもアンケート」で出てきた要望を取り上げることが多かった。特に行事や校外活動に関する要望が多く、「子どもフェスティバル」という児童参加の文化祭に関すること、「PTA祭り」への児童の参加、通学路に配置される「見守り隊」の下校時の時間延長など、児童にとって身近な事柄が取り上げられた。生活面に関しては、中学校や高等学校で見られた校則に関する要望はほとんど無く、児童会が行っている「あいさつ運動」についての悩み事などを相談することもあった。

　2019年には高学年児童を中心に「ひまわり憲法」という学校生活を安心して送るためのルールが作られ、その「憲法」が守られているか、守っていくためにはどうすればよいか、などについての検討が、最近の「学校づくり会議」における主な協議内容となっている。

　同会議の特徴は、保護者や地域の代表である学校評議員（同校がコミュニティスクールの指定を受けた2017年度からは、学校運営協議会委員）が出席しており、保護者や地域住民が児童の意見を直接受け止め、「学校づくり会議」のあと同日に開催される学校評議員会（コミュニティスクール指定後は、学校運営協議会）で即決できる点にある。

　もちろん小学生が大人の前で意見や要望を主張するためには、同会議担当の教職員によるサポートに負うところが大きいが、実際の会議では児童会役員の高学年児童が教職員の助言を得ながら司会を担当し、低学年の児童が積極的に発言することもしばしば見受けられる。こうした子どもたちの成長していく姿を目の当たりにし、子どもへの理解を深め、支援方法を身に付けることで、負担感はあっても、教職員たちの意欲や資質能力の向上につながっている。

　また、「1．はじめに」で「学校協議会」は「子どもの意見表明能力をトレーニングする機会となっている」という浦野の指摘を紹介したが、「見守り隊」の時間延長などを「学校づくり会議」で実現させた、当時の児童会長だった女子は、中学校でも「小学校のときやってきたようなことをぜひ実現させたい」と生徒会長になり、周りの協力を得て同様の会議を創設した。このように、小学校段階の「学校協議会」でも、子どもの育ちが顕著にみられる事例が存在する。

5．おわりに

　3つの事例の共通点としては、学校を建て直そうという教職員の危機意識から取組がはじまったこと、管理職を含む教職員が主導して導入したことなどが挙げられる。また、個々の事例では言及しなかったが、どの事例も子どもへの許容的な雰囲気が醸成され、子どもたちが発言しやすい状態が整えられている。これは教職員と児童生徒という二者による上下の関係性ではなかなか難しく、保護者が加わったことにより、三者が相互に意識しながら、それぞれの存在を尊重することで許容的な空間がつくられるのではないかと考える。子どもの参加を前提とした「学校協議会」では、いかに子どもたちの意見を引き出すかが生命線となる。

　議事の内容に関しては、中学校と高等学校に共通点が多く、子ども達にとっての困りごとについて協議されることが多い。また、校種を問わず子どもの育ちがみられることも共通点として挙げられる。大人から承認される成功体験によって、子どもたちが自己肯定感や市民性を身に付けることが可能になる。

　相違点としては、校種が下がるほど教員の関与の度合いが強くなる傾向にある。また、辰野高等学校ではアルバイト原則禁止を見直すまで2年間かかったのに対し、奥田北小学校ではその場で即決することも可能なことから、校種が上がるにつれ、決定までの時間がかかる傾向にある。これらは、子どもたちの

発達段階を考慮している部分もあると言えよう。

　さらに「学校協議会」は子どもたちの成長をもたらすだけでなく、子どもたちの育ちを実感することで教職員の意欲を引き出す効果をもたらす。また、保護者が参加して発言することで、学校運営の当事者としての意識を高めることにもつながる。

　今回取り上げた3つの事例が形を変化させながらも現在まで存続していることは、「学校協議会」が三者それぞれを変容させて学校の活性化に結びついていることの証左となろう。現時点で「学校協議会」の導入校数はそれほど多くないが、その趣旨を損なわない範囲で、可能な限り労力を省いて成果に結びつける方法を考え出すことが、今後この取組を広げていく鍵となる。ただし、「学校協議会」を導入する場合、各学校の実態に合わせた仕組みや工夫が必要となることは、論をまたない。

注
（1）研究代表佐藤晴雄「文部科学省委託調査研究　コミュニティ・スクール指定の促進要因と阻害要因に関する調査研究」2014年3月、262頁。
（2）平田淳『「学校協議会」の教育効果に関する研究』東信堂、2007年、3～4頁。
（3）浦野東洋一『学校改革に挑む』つなん出版、2006年、13～14頁。
（4）宮下与兵衛『学校を変える生徒たち－三者協議会が根づく長野県辰野高校－』かもがわ出版、2004年、57～84頁。
（5）浦野東洋一『学校改革と教師』同時代者、1999年、49～78頁。
（6）笹田茂樹「『学校協議会』における議事の分析－長野県辰野高等学校の事例から－」神戸大学教育学会『研究論叢』第16号、2009年11月により作成。
（7）前掲書（4）、90～105頁。
（8）前掲書（4）、113～116、117～147、148～176頁。
（9）笹田茂樹「高知県奈半利中学校の『三者会』に関する一考察－議決機関としての機能に着目して－」日本学校教育学会『学校教育研究』第25号、2010年7月、96～100頁。
（10）同前、96～100頁。
（11）笹田茂樹『学校評価と教員評価－学校評価活動と公共性に関する研究－』神戸大学学位論文、2007年、76～77頁。
（12）同前、76頁。
（13）同前、79頁。
（14）同前、79～80頁。
（15）同前、81～83頁。

(16) 中村弘之「子どもたちを真ん中にした学校づくり」富山県教育研究所編
『研究所報』第19号、2013年3月、2～7頁。
(17) 同前、5頁。

（富山大学）

シンポジウム報告：子どもの権利と教育政策

議論のまとめ

篠原　岳司

　今大会のシンポジウムのテーマは「子どもの権利と教育政策」である。本企画の背景には、子どもの権利条約から30年以上、日本が批准してから25年以上が経過し、わが国において子どもの権利はいかほど浸透してきたのか、その問い直しが根源的に求められている現状がある。加えて、文教政策として、さらには学校や子育ての現場において、子どもの権利保障がいかに実現してきたのかも問わなければならない。本シンポジウムはこれらの背景から近年の子どもをとりまく状況変化を射程に入れ、現代社会における子どもの権利条約の意義を再考することを課題としている。

　今日の子どもをとりまく状況変化は、本シンポジウムでは次の三点で捉えている。第一に、1990年代以降の日本社会の構造変容に伴う子ども期の変化である。国連子どもの権利委員会でも再三指摘されるように、わが国の子どもたちが果たして本当に豊かな子ども期を過ごせているのか、そのあり方が問われ続けている。学習塾や習い事に多くの時間を占められ自由で自治的な世界の衰退が懸念されてきたことに加え、今日では文字通りの「子どもの貧困」も深刻であり続けている。第二は、子どもの権利条約に基づく国内立法制定に向けた議論が低調であり続けたこと、それすなわち、社会的に子どもの権利への誤解や理解不足が続いていることである。そこにはパターナリズムに基づく根強い保護の観念があり、それは子ども自身が権利主体としての自己を捉え、自己をつくることへの阻害を生みだしてきたことにも結びついている。第三は、その一方で、子どもの声に根ざす改革について近年は幾ばくかの進展が見られてきたことである。こども基本法の制定に至る過程も含め、その進展を捉えるにあたり、これまでの実践や運動、また研究において、特にマイノリティの視点からの問い直しの視点も必要である。これまでの子どもの権利保障のアップデートも検討されてよいだろう。

　こうした状況も踏まえて、シンポジウムでは３名のパネリストから報告があった。

　山下敏雅氏からは、子どもの権利の中心である条約12条「子どもの意見表明権」について、自身が取り組まれる社会的養護を受ける子ども支援活動に基づきながら課題状況が報告され、その実質的な保障に向けた提起が行われた。その中心はなによりも子どもの声を聴くこと、子どもの意見を聴き共に最善の利益を追求することにある。そのために「保護の客体から権利の主体へ」と子どもに対する大人の意識を転換することの重要性が確認された。

　呉永鎬氏からは、日本社会における外国人の子どもの権利の未保障の経過を描き出すと共に、その背景に「話を聴かなくてよい存在」としてマイノリティが位置づけられてきたことについて問題提起がなされた。その上で、京都の朝鮮学校において保健室の開設と運営が実現した例から、子どもの生活と学びの環境における「当たり前」について問い直されることが必要であること、加えてその「当たり前」を自覚的に支え、時にその問い直しの阻害要因にもなってきたマジョリティの社会的責任について指摘がなされた。

　笹田茂樹会員からは、小中高の「開かれた学校づくり」の実践例に基づき、子どもへの許容的な雰囲気を育み支える学校での四者（子ども、教師、保護者、住民）による対話的で承認的な関係のあり方について報告が行われた。一つ一つの事例から子どもの参画が実現されることの可能性を見出せた一方で、そのような子どもの権利を保障する学校の持続的発展や面的拡大には課題も指摘され、特に教員の中に子どもの声を聴きその参加を押し進める上での内なる心の壁があることにも触れられた。

　以下では、その後の全体協議での議論を紹介していきたい。まず報告された三者間での意見交換では、次のような意見が交わされた。口火を切った山下氏からは、呉氏によるマジョリティ・マイノリティの定義に共感が示された上で、子どもが他のマイノリティと違うのは、その後大人になり「マジョリティ」に移行する点であり、子ども（マイノリティ）の時代にきちんと話を受け止めてもらえれば、大人（マジョリティ）としてのあり方が変化するとして、笹田報告にもあった子どもの参画や承認の取り組みに期待が寄せられた。加えて、子どもの意見表明権について、意見を言えない子どもはどうするか、意見表明が子どもの利益に抵触する場合にどうするのかという質問がでてくることが多いことについて触れ、その質問が出てくるだけで充分であり、子どもからのどん

な意見もまずは聞くことが大切であることが示された。その上で、最終的には子どもにとっての最良の選択を考えることにつなげることの重要性が再度確認されたところである。呉氏からは笹田報告の事例にあった子どもアンケートの実態について確認が行われた。子どもアンケートという手法が多数派の意見集約へとつながりかねないとの危惧からである。これに対し笹田氏から応答があり、子どもアンケートの目的は学校づくりのために子どもの意見を聴くことにあり、記述が重視されていることが補足された。また、学校協議会事例の要点として、教師を含めた大人が子どもを権利の主体として尊重することを徹底し、そのための場を築くことによって、小学生年代や緘黙傾向を持つ子どもも協議会の場で自分の意見を言うことができることが強調された。この点に関して山下氏からも追加発言があり、「子どもが意見を言えない」と勝手に決めつけてはならず、社会としてそのような誤認識があってはならないことが再確認された。

　その後、オンラインで参加する会員から質問と意見が出された。谷川至孝会員からは、例えば一時保護された子どもが社会的養護を受けたり、里親にいく等する際に子どもの声が聞かれない問題の裏側に、子どもの意見を聴くときの難しさや葛藤がありうる点について、そのリアリティをつかみたいという質問が出された。山下氏がこれに応答し、児童養護施設における子どもの一時保護場面での事例について、子どもの表側の声と本音の違いが存在するが故の難しさがあることが具体的な事例に基づき紹介された。また、児童養護施設にいるスパルタ指導員は子どもの権利に対する疑念を正直に表出してくれるが、実は教師がそれを表に出してくれない、出しにくい、という話がなされた。しかしながら、そうした疑念や課題感が表に出ないことには子どもの権利保障を前進させるため議論が生まれにくいという悩みも表出された。

　中嶋哲彦会員からは、条約12条に「子どもの意見表明権」があるのだから子ども基本法の内容如何に関わらず条約に基づく主張が展開されるべきであること、そして「こども基本法」がこの条約12条の視点において機能しうるのかを批判的に検討する必要性について意見が出された。

　これらの質疑および議論を踏まえ、最後に各報告者から次のような総括が行われた。笹田会員からは、呉氏が述べたマイノリティの視点は重要であり、子どもたちの中にもあるマイノリティをどうくみ取っていくのかが課題であること。それはつまり、協議会で発言する機会だけではなく、さまざまな装置をつ

かって子どもたちの声を聴ける条件をつくる必要があることが示された。呉氏もこの意見に重ねる形で、子どもの意見表明には様々な形があり、多様な表現の仕方がある事を理解しなければならず、無言であることも表現である場合があることを想定しておかなければならないと発言があった。山下氏は、教師からすると法律は面倒くさいものかもしれないが、子どもの権利条約がしんどい課題だと思われていたら切なく、この条約が子どもだけでなく、社会、大人にとってもプラスになるものだという理解を共有していきたいと語られた。

　最後に、本シンポジウムの議論のコーディネーターを務めた筆者からは、子どもの権利は関係的権利であり、子どもの権利保障とは子どもを孤独にさせないという点、そして子どもの声なき声を含めその意思をくみ取る関係性が何より大切である点が、本シンポジウムの各報告及び議論において再確認されたとまとめがあった。その上で、中嶋会員からも示されたとおり、国際条約としてわが国が批准してきた子どもの権利条約とその権利内容が国内法によっていかなるものとして制度化されていくのかを批判的に捉える視点が必要であり、子ども基本法の詳細の検討も含め、子どもの権利に係る政策研究を進めることが本学会の今後の課題として確認された。

　以上が、本シンポジウムにおける当日の報告及び議論のまとめである。以下はあとがきになるが、このシンポジウムと軌を一にして2022年6月15日に国会でこども家庭庁設置法およびこども基本法が可決、成立し23年4月から施行された。22年12月には生徒指導提要の改訂も12年ぶりに行われ、国内における子ども関連政策が急激に進展している。実践的には、経済産業省と認定NPO法人カタリバによる生徒の主体的参画による校則改定の取り組み、いわゆる「ルールメイキング」実践も各所で聞かれるようになっている。このように、子どもの権利保障、とりわけ子どもの意見表明権の尊重に関わる今日的動向をあげれば枚挙に暇がない。

　こうした動向を見渡した上で、本シンポジウムにおいて確認された成果は、子どもの権利保障の制度的および実践的保障において、弱者やマイノリティの視点を中核に据えることの必要性である。また、このような弱者、マイノリティの声なき声を聴けること、声を出したら聴いてくれる関係性があることが必要であり、その関係性そのものを保障する視点もまた重要である。一見意義深く見える政策や実践の影でこれらの視点が無意識にも忘れられた時、それは子どもの権利保障を装った権利侵害にもつながりかねない。だからこそ、子ども

の意見を聴くことから始めるという原理原則が再確認された本シンポジウムの意義は重要である。今後ともこの成果に立脚し、政策および実践研究が重ねられることを期待したい。

（北海道大学）

III

課題研究報告
With/After コロナ時代の
教育と教育政策／統治

課題研究報告：With/After コロナ時代の教育と教育政策／統治

第4次産業革命と教育の未来
―ポストコロナ時代の学校改革―

佐藤　学

はじめに

　パンデミックの最大の犠牲者は子どもたちであった。新型コロナの勃発以来、3年余りのさまざまな制約の下で子どもたちの学びの権利が奪われ、学び遊び発達する自由が奪われ、子どもたちの未来の幸福が奪われてきた。パンデミックは平等に人々を襲っているが、そのダメージは社会的経済的文化的な格差によって不平等に作用してきた。ユニセフの報告書は、貧困層の子どものダメージは平均的な子どもの5倍に達していると報告している。ユネスコ、ユニセフ、世界銀行の共同報告書（2021年12月）によれば、パンデミックによる子どもの学びの損失（learning loss）は途上国と中位国で30%、先進国でも17%から20%に達し、失われた子どもたちの生涯賃金の総額は2,000兆円（世界 GDP の14%）に達するという。

1．新型コロナ下で加速する第4次産業革命

　パンデミック下において、第4次産業革命は加速度的に進行した。世界経済フォーラムの報告書「未来の仕事2020年」によれば、2020年時点で世界の労働の29%が人工知能とロボットに置き換わり、2025年までに世界の労働の52%が機械化されるという。第1次、第2次、第3次産業革命と同様、第4次産業革命も多数の失業者と同時に新しい雇用を生み出すが、これまでの産業革命と異なり、第4次産業革命は肉体労働はもちろん頭脳労働まで機械化するので、新しく創出される労働のほとんどは、現在より知的に高度な仕事になる。現在12歳の子どもが将来就く仕事の65%は今存在しない仕事、つまり現在の労働よりも知的に高度な仕事である。この急激な労働市場の変化に教育は対応しなければならない。

　他方、日本の経済と産業と教育は、過去30年間にわたって凋落し続けてきた。

世界各国の GDP は30年間で平均4.0倍に成長したが、日本は1.6倍しか成長せず、新型コロナ直前の2019年の GDP 成長率は、世界170位まで転落していた（2022年現在も世界157位）。30年間、政治も経済も産業も教育もイノベーションを怠った結果である。この凋落傾向は、新型コロナとロシアのウクライナ侵攻に伴う世界的な経済停滞と第4次産業革命の下で深刻化している。

2．ICT 教育の普及とその現実

　第4次産業革命への対応として推進されているのが、ICT 教育である。2018年、経済産業省は「未来の教室」と「EdTech 研究会」を立ち上げ、ICT 教育による「個別最適化」を「未来の教育」として掲げてきた。文部科学省も、経済産業省の動きに便乗し、新型コロナへ対応として「GIGA スクール構想」を打ち出し、2021年にはすべての小中学校で「一人一台端末」の ICT 教育環境を整備した。2019年まで日本の ICT 教育環境は世界で最も遅れをとっていたが、2021年には一挙に世界トップレベルに躍り出ている。

　しかし、日本の ICT 教育は、世界各国と比較すると、奇妙な展開を示している。どの国も学校閉鎖の間 ICT 教育はかつてないほど積極的に推進されて、ICT をフルに活用したオンライン授業が実施された。しかし、日本では学校閉鎖の期間にオンライン授業を行った小中学校は、わずか5％しか存在しなかった。さらに世界各国において学校が開校し、学校からコンピュータとタブレットが消えて通常の授業に戻った時、日本ではかつてないほど ICT 教育が蔓延し、どの授業でもコンピュータとタブレットが積極的に使用されている。この特異な現象をどう理解すればいいのだろうか。

　ICT 教育の教育効果については、信頼に足る二つの重要な調査報告がある。一つは PISA 調査委員会が、OECD 加盟20か国と29か国を対象に行った調査報告（2015年）であり、もう一つは McKinsey が2020年に発表した調査報告である。いずれも教室におけるコンピュータ活用は、教育効果としてダメージが大きいという結果を示している。

　PISA 調査委員会の報告は、「読解リテラシー」においても「数学リテラシー」においても「科学リテラシー」においても、学校でのコンピュータ活用の時間が長ければ長いほど、学力が低下すると結論づけている。他方、McKinsey の調査委員会は2020年、教室におけるコンピュータの使用形態と教育効果との関係を調査し、コンピュータは生徒が「一人一台端末」で使用し

たとき最もダメージが大きく、教師と生徒が共に使ったときもダメージが生じ、教師一人が使ったときのみ、わずかな教育効果が得られると報告している。

　なぜ、教室におけるコンピュータの活用は、学びにダメージを与えるのだろうか。その要因は三つ指摘できる。

　第一は、現在のコンピュータの活用の仕方が間違っているという指摘である。1970年代以来、コンピュータの教育は「教える道具」としての活用（Computer Assisted Instruction, CAI）と「学びの道具」としての活用（Computer Assisted Learning, CAL）の二つに分岐して展開してきた。前者は、B.F. スキナーが開発したティーチング・マシンを起点とする系譜であり、後者はピアジェ、ヴィゴツキーの研究にもとづくシーモア・パパート、アラン・ケイ、ミッチェル・レズニックらの研究の系譜である。現在の ICT 企業が提供する教育ソフトの大半は、前者の「教える道具」としてのコンピュータ活用であり、後者の「学びの道具」（思考と表現の道具・探究と協同の道具）としてのコンピュータ活用は、今なお限定的である。今後は「学びの道具」としての活用が求められている。パパート、ケイ、レズニックらは、コンピュータは「文房具の一つ」になる時が最も効果的であるという。

　第二は、前述の PISA 調査委員会の解釈であり、コンピュータは情報の検索や知識の意味の理解などの浅い思考の学びには有効だが、その情報や知識を活用して行う深い思考や探究的学びには適していないという説明である。深い思考、探究的な学びは少人数による対面の協働的学びでしか実現できない。

　第三は、コンピュータは一人一台端末で活用されると、学びを個人化し協同の探究を妨げがちであるため、学力の低下をもたらすという見解である。

　この三つのどの解釈を選択するにせよ、教室における現在のコンピュータ活用は、質の高い学びとしての探究と協動に対して効果を発揮しているとは言えず、学力を低下させる結果をもたらしていることは留意しておく必要がある。

3．巨大化する ICT 教育市場と公教育の危機

　第４次産業革命によって ICT 教育市場は爆発的に膨張し、その成長率は新型コロナ下で加速した（それまで14.7％だった ICT 教育市場の成長率は。新型コロナ下で34〜37％も高まった）。パンデミック勃発直前の2019年、ICT 教育市場はすでに600兆円（グローバル自動車市場の３倍）に達していた。2022年現在、ICT 教育市場は1,000兆円を超えたと言われ、教育はあらゆる領域を

凌駕する最大市場規模の「ビッグ・ビジネス」へと変貌している。

　ICT 教育市場の爆発的膨張の背景として、経済のグローバリゼーションに伴う国民国家の財政危機がある。経済のグローバリゼーションによってどの国も日本ほどではないが、債務国家に転落したため、公教育費が財政負担になり、公教育の民営化、民間委託が進行している。公教育費という巨大マーケットと私教育市場の膨張をターゲットにして、ICT 教育企業が急速な成長を遂げてきたのである。すでに、2019年段階で、インドの都市部の公立学校の50％以上が ICT 教育企業が経営する「安上がりの私立学校（Low Fee Private School, LFP スクール）」へと転身した（農村部でも30％の学校が LFP スクールへと移行）。先進国も同様であり、スウェーデンでも Academedia など ICT 教育企業が、20％以上の公立学校を民営化している。

　しかも、ICT 教育企業による公立学校の民営化は、貧困地域、移民地域の学校、低学力地域の学校を中心に進行している。今や、貧困な子ども、移民の子ども、マイノリティの子ども、低学力の子どもが「人的資本（human capital）」として教育市場で売られているのである。

　日本においても「人材」という言葉が経産省・文科省・内閣府の政策文書で頻繁に登場しているが、この「人材」概念は、かつての「人的能力（manpower）」ではなく、新自由主義の経済学者ゲーリー・ベッカーの「人的資本（human capital）」であり、人（子ども）を「商品」として市場で売買する「人材」概念であることに留意しておく必要がある。ICT 教育市場において、子どもはそれ自体で企業利益を産み出す「人的資本」なのである。

4．問われる ICT 教育の未来

　ICT 教育は現在、内閣府・経済産業省・文部科学省において「個別最適な学び」として推進されている。2021年３月に公表された中央教育審議会の答申では「令和の日本型教育」として「個別最適な学びと協働的な学びの実現」を掲げている。審議の記録を見ると、「協働的な学び」と対立する「個別最適な学び」を主張したのは、経済産業省と内閣府と ICT 企業であった。その結果、相対立する二つの学びが答申では並列して記されることとなった。

　この「個別最適な学び」は経済産業省が2018年以来推進してきた「個別最適化」を意味している。「個別最適な学び」は日本中の学校を席巻しているが、国際的にみると、奇妙な現象である。国際機関や各国の教育政策のどの主要な

文書にも、この用語を確認することはできない。「個別最適な学び」を英語に翻訳すると、individual（ly）optimized learning, optimized individualization, optimized learning だが、これらの英語ワードをインターネットで検索すると、そのほとんどが1970年代の研究論文や政策文書がヒットする。その通りで、これらの概念は、私が大学院生時代の授業改革の中心的論題の一つであり、当時はこのテーマの論文を多数読んで検討した。すなわち「個別最適化（個別最適な学び）」は、「未来の教室」どころか50年前の授業改革の課題である。

　それでは、なぜ「個別最適な学び」が中教審答申に盛り込まれることになり、日本中の学校を席巻しているのだろうか。

　ICT 教育市場の爆発的膨張は、日本においても公教育を危機にさらしている。日本ではパンデミック以前、文部科学省が公教育の民営化に対して消極的であったため、全国学力テストの民間委託以外は、教育企業の公教育への介入は限定的であった。しかし、その防御壁は GIGA スクール構想によって崩された。GIGA スクール構想はその突破口となった。現在ではデジタル教科書がその一例である。2023年の ICT 教育市場予測の３分の１近くがデジタル教科書による収益で占められている。文部科学省は紙媒体の検定教科書をそのままデジタル教科書にすることで、公教育の教科書予算を ICT 教育企業に支出することに貢献しているのである。紙媒体の教科書をデジタル化することは、10年ほど前に韓国で実施されたが、すぐに廃止された。ほとんど効用がなかったからである。他の国で同様のデジタル教科書を作成した先例は存在しない。

　今後最も懸念されるのは、数年後に迫っている ICT 機材と ICT 環境の更新である。なぜ GIGA スクール構想は、通常予算で行わず特別予算で実施したのだろうか。なぜリースではなく買取で行ったのだろうか。

　数年後、ICT 機材と ICT 環境の更新において、一校当たり数千万円もの経費が想定されるが、この巨額の経費を負担できる市町村教育委員会は一つも存在しない。ICT 教育を持続させるためには、子どもたちにタブレットを購入させるか、ICT 教育を ICT 企業に委託するか、あるいは学校そのものを ICT 教育と教育企業に委託するしかない。

　公教育政策は ICT 教育によって大きな転換を迫られている。今後、公教育の学校を ICT 教育企業との連携なしに経営することは不可能である。問われているのは、ICT 教育市場の膨張下において公教育をどう擁護するかにあり、

学校の公共性と自律性、市町村教育委員会の公共性と自律性をどう確立して、ICT 教育企業との連携をどのように民主的に統制するかにある。

　しかし、残念なことに、数年後に公教育の危機が迫っているにもかかわらず、この論題について本格的に検討している研究論文も存在しなければ、政策対応を準備している教育委員会も学校も皆無に近い状況である。ICT 教育に対する政策において学校と市町村教育委員会が公共性と自律性を確立することは喫緊の課題である。日本教育政策学会においても、この論題への対応を早急に準備していただきたい。

5．ポストコロナ時代の学校改革—結びに変えて—

　パンデミックの人類史が示すように、パンデミックの収束によってもとの社会や世界に戻ることはありえない。パンデミックの後は、新しい社会、新しい世界、新しい学校、新しい教育を創出しなければならない。しかし、「自粛」でしか対応してこなかった日本においては、経済も社会も教育も「萎縮」した状態が続いており、新しい経済、社会、教育の創出は容易なことではない。

　本稿の最初に述べたように、新型コロナの最大の被害者は子どもたちであった。子どもたちの学びの損失を回復する学びのイノベーション（learning innovation）と新型コロナで拡大した教育格差を克服する平等公正な教育（equitable education）の実現の二つを教育の改革と政策の中心に位置づける必要がある。

　他方、新型コロナ下で加速した第4次産業革命のもとで、未来社会に対応できる子どもの教育が求められている。未来社会に対応する教育については、多様な議論が展開されているが、①子どもの現在から将来にわたる幸福（wellbeing）を中心目的とすることと、②創造性と探究と協動の学びによって質の高い学びを保障し、生涯学び続ける子どもを育てることの二つは、世界の教育関係者において共通の目標になっている。この二つの基準にそって日本の教育を検証し、政策化し、実践化しなければならない。

　本稿で中心的に論じたように、ICT 教育の今後の在り方は教育改革と教育政策の中心的な論題の一つである。GIGA スクール構想で実現した ICT 教育環境を今度どのように維持していくのか。膨張する ICT 教育市場に対処しつつ、教育の公共性と学校と教育委員会の自律性をどう確立していくのか。教室においてコンピュータを有効に活用するためには、どのようにすればいいのか。

これらすべては、喫緊の政策課題であり、実践課題である。

（本稿は、2022年7月10日に行われた日本教育政策学会・課題研究「With/After コロナ時代の教育と教育政策／統治」における報告の概要である。）

参考文献

・経済産業省（2018）「『未来の教室』と『EdTech 研究会』第 1 次提言」。
・経済産業省（2019）「『未来の教室』と『EdTech 研究会』第 2 次提言」。
・経済産業省（2020）「経済産業省『未来の教室』計画－教育イノベーション政策の現在」。
・佐藤学（1995）「コンピュータと教育」『教育方法学』岩波書店。
・佐藤学（2021）『第 4 次産業革命と教育の未来－ポストコロナ時代の ICT 教育』岩波書店。
・クラウス・シュワブ（2016）『第 4 次産業革命－ダボス会議が予測する未来』世界経済フォーラム訳、日本経済新聞社。
・中央教育審議会答申（2021）「令和の日本型教育」。
・ゲーリー・ベッカー（1976）『人的資本―教育を中心とした理論的・経験的分析』佐野陽子訳、東洋経済新報社。
・文部科学省（2018）「GIGA スクール構想」。
・内閣府人生100年時代構想会議（2018）「人づくり革命基本構想」。
内閣府総合科学技術・イノベーション会議教育・人材育成ワーキンググループ（2021）「Society 5.0の実現に向けた教育・人材育成に関する政策パッケージ（中間まとめ）」。
・Ball, Stephen Junemann, Carolina and Others, Edu.net, Routledge, 2017.
・Holon IQ, Global Education in 10 Charts, 2019, https://holoniq.com
・Markets and Markets, IoT in Education Market by Component, End User, Application, Administration Management and Region-Global Forecast. https://www.marketsandmarkets.com
・Markets and Markets, MOOC Market by Component.2020.
OECD,PISA, Students, Computer and Learning：Making the Connection, 2015.
・McKinsey & Company, New Global Data Reveal Education Technology's Impact on Learning, 2020.
UNESCO, COVID-19 Response, 2020.
・UNESCO, UNICEF, and World Bank, The State of the Global Education Crisis：A Path to Recovery, 2021.

　United Nations, Policy Brief：Education during COVID-19 and Beyond, 2020.
・World Economic Forum, Schools of the Future：Defining New Model of Education for the Fourth Industry Revolution, 2020.
・World Economic Forum, The Future Jobs Report 2020.

（東京大学名誉教授）

課題研究報告：With/After コロナ時代の教育と教育政策／統治

Society5.0の人材育成構想と教育政策

中嶋　哲彦

1．全国一斉休校と教育のデジタル化

　文部科学省は2020年 2 月28日、小学校・中学校・高等学校・特別支援学校・高等専修学校の設置者に対して、新型コロナウイルス感染症対策のために 3 月 2 日から春季休業の開始日までの間、学校保健安全法第20条に基づく臨時休業を行うよう「お願い」を発出した[1]。文部科学省はその直前まで、「地域全体での感染防止を抑える」ため、「感染者がいない学校も含む積極的な臨時休業を行うこと」を「公衆衛生対策」の選択肢として示しつつも、「現時点の知見の下では、一律に臨時休業が必要とまではいえない」として、学校設置者に対して「個別の事案ごとに都道府県等と十分相談の上、判断すること」を求めていたから[2]、この「お願い」は大きな方針転換だった。

　しかし、文部科学省には学校設置者に対して臨時休業を要請する法的権限はなく、これは「全国一斉の臨時休業を要請する方針が内閣総理大臣より示され」たことを唯一の根拠とする「お願い」だった。しかも、首相自身が「直接専門家の意見を伺ったものではありません」、「私の責任において判断をさせていただいた」と認めるとおり[3]、この要請と「お願い」通知は疫学的根拠も欠くものだった。ところが、都道府県・市区町村教育委員会の多くは、主体的に判断することなく所管する学校に臨時休業を指示し、 2 月28日にはほぼ全国一斉に臨時休業に入った。

　感染症蔓延時において児童生徒職員の生命と安全を確保する責任と権限の所在は学校保健安全法に明確に定められており、医学的見地に立ち地域・学校の実態を踏まえて必要な措置を講ずる体制もある。そして、2020年 2 月には教育行政は学校保健安全法に則っておおむね適切に機能し、児童生徒・職員等の生命と安全が確保されており、超法規的措置を正当化する事情は存在していなかった[4]。全国一斉臨時休業の要請はこれを逸脱して、科学的根拠なく安倍首

相個人の考えを押し付けるものだった。

　このとき、文部科学省は法に則って行動することを放棄し、安倍首相の「要請」を次官通知に変換し、法的根拠のない首相個人の考えにそれらしい形式を与えた。民主主義社会において、行政は国民の福利増進を目的とする公的活動でなければならないが、その福利の内実をめぐってはしばしば理念や利害が相対立する。そのため、政治的諸過程を通じてその調整が図られなければならない。その際、政治もまた民主主義的規範に従うことが要請され、公権力の恣意的な行使を抑制する法の支配が統治行為の基本とされなければならない。

　全国一斉休業は未曾有のコロナ禍への対処という形で現れた事象の一つであるが、①法と民主主義を逸脱した行政と政策決定はコロナ禍下という特殊な状況に固有なものではなく、②全国一斉休業下で高まったオンライン授業への関心は教育のデジタル化を無批判に受容する傾向を生み出した。

２．コロナ禍下で進んだ教育のデジタル化

　教育のデジタル化はコロナ禍下で急激に進んだ。児童生徒用のコンピュータは2020年４月以降の２か年間で約1,000万台増加し、教育用コンピュータ１台当たりの児童生徒数は4.9人（2020年３月）から0.9人（2022年３月）になり、１人１台端末環境が一気に実現した[5]。

　コロナ禍前の2018年度、文部科学省は「学校のICT化に向けた環境整備五ヶ年計画（2018〜2022年度）」をスタートさせたが、「今後の学習活動において、積極的にICTを活用することが想定され」るというように学校のICT化のイメージは明確でなく、３学級につき１学級分程度の児童生徒用コンピュータを設置するに留まるものだった[6]。柴山昌彦文部科学大臣（当時）が2018年11月26日開催の経済財政諮問会議に提出したいわゆる柴山プランも、①遠隔教育の推進、②先端技術導入による授業支援、③先端技術活用のための環境整備を柱としていたが、具体性を欠くものだった[7]。文部科学省は初等中等教育局に学びの先端技術活用推進室を設置して柴山プランの具体化方策を検討し、その結果を2019年６月25日に公表した[8]。これには「遠隔・オンライン授業」、「デジタル教科書・教材」、「協同学習支援ツール」、「AR・VR」（AR：拡張現実、VR：仮想現実）、「AIを活用したドリル」、「センシング」、「統合型校務支援システム」そしてこれらを実現するための「教育ビッグデータの活用」など、今日のGIGAスクール構想に継承される事項が多く含まれていたが、関連す

る事項を総花的に掲げた印象は拭いがたい。

　大きな変化が表面化するのは、コロナ禍が本格的に始まる少し前、2019年暮れだった。政府は2019年12月13日、児童生徒向けの1人1台端末と高速大容量の通信ネットワークを一体的に整備するための経費2,318億円を含む令和元年度補正予算案を閣議決定し、2020年度補正予算にも2,292億円が計上した[9]。この事業を主管した文部科学省は、同年12月19日、省内に GIGA スクール実現推進本部を設置するとともに、「GIGA スクール構想の実現パッケージ〜令和の時代のスタンダードな学校へ〜」、「『児童生徒1人1台コンピュータ』の実現を見据えた施策パッケージ（案）」[10]等を発表し、学校において「1人1台端末及び高速大容量の通信ネットワークを一体的に整備」し、「子供たち1人1人に個別最適化され、創造性を育む教育 ICT 環境を」実現するとした。ただ、このときも、文部科学省は学習者用端末の標準仕様の策定や「教育情報セキュリティポリシーに関するガイドライン」（2017年策定）の改訂などの環境整備に力点を置き、ICT をどのように活用するかについては「教育の情報化に関する手引」を作成して各学校における教員の創意工夫を促すに留まり、民間事業者が提供する教育コンテンツの利用を促すことはなかった[11]。

　しかし、文部科学省が作成した「GIGA スクール構想の実現パッケージ」の末尾に、経済産業省サービス政策課・教育産業室が実施する「EdTech 導入実証事業」（令和元年度補正予算案額10億円）が掲載されていることには注意を払うべきだろう。経済産業省は2017年にサービス政策課に教育産業室を設置し、2018年度から1人1台端末と EdTech[12]を活用した学習環境の実現を目的に「未来の教室」実証事業に着手し、現在「STEAM Library」、「EdTech ライブラリー」、「学校 BPR」を展開している。経済産業省はこの事業について、「一人ひとりの理解度・特性に対して個別最適化され、居住地域による格差のない公平な学びの環境を構築し、プログラミング教育をはじめとする STEAM 学習の環境を構築することが必要」であるとして、「学校等設置者と教育産業の協力による教育イノベーションの普及を後押し」すると説明している[13]。「未来の教室」プロジェクトは、民間事業者等による教育コンテンツの提供を促進することを目的とする補助・委託事業で、同省が Web サイトに開設した「未来の教室」の「STEAM ライブラリー」と「EdTech ライブラリー」で多くのコンテンツ[14]が提供され、また学校における実施事例[15]が紹介されている。

　さらに、経済産業省の産業構造審議会教育イノベーション小委員会が2022年9月に公表した「中間とりまとめ」では、1人1台端末環境下で「学びの自律化・個別最適化」や「学びの探究化・STEAM化」を実現するための課題が整理されている。これはデジタル化を梃子に既存の学校・教育制度を解体し、民間事業者の参入と教育市場の創出を企図したものであると推察される。

　教育のデジタル化は、コロナ禍下で一気に進んだ。しかし、それはコロナ禍での学習・教育の継続のために取られた緊急対策ではなく、それ以前から準備されたものだった。しかも、進行中の「学校のICT化に向けた環境整備五ヶ年計画」を大幅に拡充かつ前倒しする形をとりながら、実際にはまったく新たな教育政策を展開するための条件整備であった。

3．教育をめぐる政策決定過程の変化

　教育をめぐる政策決定過程の変化について、最小限度の整理をしておこう。

　第一に、内閣府に設置された重要政策に関する会議のうち、経済財政諮問会議及び総合科学技術・イノベーション会議の経済産業政策及び科学技術人材育成政策は、閣議決定を経て文部科学省の教育政策を枠付けている。

　第二に、経済産業省は2018年以降、国内外における教育市場の創出と民間事業者の参入促進を目標に教育産業政策あるいは学習産業政策を積極的に展開し、既存の学校制度や文部科学省の教育政策との緊張関係を生み出している。

　第三に、コロナ禍、ポスト・アベノミクスの成長戦略の模索、防衛戦略の転換などのより、政策領域によっては財政規律が緩みつつある。

　このため、文部科学省の教育政策は、① Society5.0に向けた人材育成という政府方針に積極的に従属しつつ、②個別具体的政策の展開は経済産業省との緊張関係にある[16]。次節では、Society5.0に向けた人材育成政策を素材に、その具体的な姿を検討する。

4．Society5.0に向けた人材育成

　内閣府の総合科学技術・イノベーション会議はコロナ禍下の2021年8月18日、教育・人材育成ワーキンググループを設置し、公教育制度改革を内容とする教育・人材育成政策をまとめた政策文書（以下「教育・人材育成政策パッケージ」という）を公表した[17]。この文書は近年の政策文書の例に違わず、断片化されたポンチ絵のみで構成されており、重要な事柄が新奇な概念を用いて必

要な説明なしに記述されているが[18]、次の３つが柱であることは確認できる。

　政策１　子供の特性を重視した学びの「時間」と「空間」の多様化
　　　　　ICT を活用した個別最適な学びと協働的な学びの一体的充実
　　　　　分野・機能ごとのレイヤー構造と社会・民間の力の活用
　政策２　探求・STEAM 教育を社会全体で支えるエコシステムの確立
　　　　　探究・STEAM 教育を支えるエコシステム
　　　　　特異な才能のある子供が直面する困難の除去
　政策３　文理分断からの脱却[19]・理数系の学びに関するジェンダーギャッ
　　　　　プの解消

　これらが目指すところは、①既存の学校制度の解体、②民間事業者による教育コンテンツの提供、そして③公教育の人材育成システム化であろう。ここで見落としてならないのは、教育・人材育成政策パッケージは、「Society5.0を実現するために求められる人材像や資質・能力等」に関する議論の「蓄積」[20]に立って、「子供の学びを確実に変えていく『実行フェーズ』に本格的に突入するための『具体策』」として練り上げられたことである。その際、「量的に先細りする STEM 分野の人材」との危機感に立って、「STEAM 教育の基盤となる理数教育の改善や興味・関心を高めるための取組」がとくに重視されていた[21]。

　この少し前の2021年４月22日、中央教育審議会は２年間の審議を経て、「『令和の日本型学校教育』の構築を目指して～全ての子供たちの可能性を引き出す個別最適な学びと協働的な学びの実現～」を答申した。この答申では「個別最適な学び」と「協働的な学び」を二本柱とする学校教育を「令和の日本型学校教育」と定義し、既存の学校制度の意義を強調した。これは、政府内に存在する既存の学校制度の解体につながりかねない議論、教育・人材育成政策パッケージはそれにあたるのだが、そのような議論を強く意識したものであったと推察される。

　また、文部科学省は、経済産業省が用いる「個別最適化」を「個別最適な学び」と言い換え、さらにこれを「個に応じた指導」[22]の延長上に位置づけつつ、①「指導の個別化」（特性・学習進度に応じた指導方法・教材提供等）と②「学習の個性化」（興味・関心に応じた学習活動・学習課題の提供）に分節化し、それを通じて「『主体的・対話的で深い学び』の実現に向けた授業改善」を図るとした。これは、経済産業省の議論にあっては学習の「個別最適化」こそが

民間事業者の参入を促進し学校制度の解体を正当化する論拠になっていることを意識した議論であると見るべきだろう。ここには、教育のデジタル化を既存の学校教育・学校制度を充実強化する手段とするか、それらを解体しあらたな教育・人材育成システムを生み出す切り口にするかの対立がある。

　しかし、このことは文部科学省がSociety5.0の人材構想に背を向けていることを意味するものではない。文部科学省は2018年、省内で、Society5.0に対応する人材育成の在り方や課題を検討している。その報告書[23] は、「Society5.0 を牽引するための鍵は、技術革新や価値創造の源となる飛躍知を発見・創造する人材と、それらの成果と社会課題をつなげ、プラットフォームをはじめとした新たなビジネスを創造する人材である」とする一方、「一握りのスーパースター」以外の人々すなわち「産業構造の目まぐるしい変化により、必要な能力・スキルが刻々と変わり続ける中で、企業に雇われない自営的就労を行う労働者には、常にスキルをアップデートし、また新たな分野のスキルを身に付けられるよう自ら学び続ける力が決定的に重要となる」と、あまりにも率直に述べている。そして、二つの層に分断された人材需要に応ずる教育制度の構築の課題として、次の３つを提言していた。これらは教育・人材育成政策パッケージのそれとほぼ同一のものである。

　（１）「公正に個別最適化された学び」を実現する多様な学習機会と場の提供
　（２）基礎的読解力、数学的思考力などの基盤的な学力や情報活用能力をすべての児童生徒が習得
　（３）文理分断からの脱却

　教育のデジタル化・ICT 化を、既存の公教育制度の解体をもたらしかねない学校・教育制度の包括的改革の文脈に位置づけるのか、それとも「指導の個別化」・「学習の個性化」の手段とするのか。政府内部には深刻な緊張関係がある。他方、それらはSociety5.0に対応する人材育成を目標とし、デジタル化・ICT 化を学習・教育機会の格差的分配の手段及び正当化の論拠としている点では一致している。政府内の政策立案者間に存在する、このような対立と同盟関係が近年の教育政策を読み取りにくいものにしている。

　こうした政策状況にたいして、教育政策学からは、これからの社会のあり方や子ども・若者が向き合うべき課題を Society5.0への対応という視点からだけ捉えることの問題性が強調されるべきだろう。今日の教育政策にはいま子ども・若者が直面する現実や子ども・若者の現状はどういう学習と教育を求めて

いるのか、といった視点が欠落しているが、これに向き合わないかぎり子ども・若者の学びと育ちをめぐる閉塞状況を打開することは難しいのではないか。

注
（1）文部科学事務次官通知「新型コロナウイルス感染症対策のための小学校，中学校，高等学校及び特別支援学校等における一斉臨時休業について（通知）」（元文科初第1585号、令和2年2月28日）。
（2）「児童生徒等に新型コロナウイルス感染症が発生した場合の対応について（第二報）」（事務連絡、令和2年2月25日）。
（3）第201回国会参議院予算委員会会議録　第4（2020年3月2日）3頁。
（4）拙稿「地方自治と全国一斉休校―指示・要請・指導助言」『日本教育行政学会年報』第47号（2021年10月）190-193頁。
（5）文部科学省「令和3年度学校における教育の情報化の実態等に関する調査結果（概要）」2022年10月。
（6）https://www.mext.go.jp/component/a_menu/education/micro_detail/__icsFiles/afieldfile/2018/04/12/1402839_1_1.pdf
（7）「新時代の学びを支える先端技術のフル活用に向けて～柴山・学びの革新プラン～」経済財政諮問会議提出資料、2018年11月26日。
（8）「新時代の学びを支える先端技術活用推進方策（最終まとめ）」https://www.mext.go.jp/component/a_menu/other/detail/__icsFiles/afieldfile/2019/06/24/1418387_02.pdf
（9）文部科学省「GIGA スクール構想の実現（令和元年度補正予算・令和2年度第1次補正予算を合わせた全体像）」（日付なし）。
（10）https://www.mext.go.jp/content/20200219-mxt_jogai02-000003278_401.pdf
（11）文部科学省「教育の情報化に関する手引」（2019年12月）。第4章「教科等の指導における ICT の活用」参照。2020年6月には「追補版」でもこの姿勢が維持されている。
（12）教育とテクノロジーの融合を意味する造語。
（13）https://www.mext.go.jp/content/20200219-mxt_jogai02-000003278_401.pdf
（14）2023年1月1日現在、STEAM ライブラリーには173件、EdTech ライブラリーには小学校8件、中学校11件、高等学校8件（重複あり）のコンテンツが掲載されている。
（15）2018年度26件、2019年度29件、2020年度19件、2021年度22件。いずれも初等中等教育関係で、主な内容は「探求・STEAM」46件、「自律化・個別最適化」28件。
（16）2022年12月16日、政府が「国家安全保障戦略」、「国家防衛戦略」及び「防

衛力整備計画」を閣議決定した。これらには「反撃能力」の保有や「防衛生産基盤の強化」が含まれており、今後の公教育をめぐる政策環境に重大な影響を及ぼす可能性がある。

(17) 総合科学技術・イノベーション会議教育人材育成 WG「Society 5.0の実現に向けた教育・人材育成に関する政策パッケージ（中間まとめ）」（2021年12月24日）、総合科学技術・イノベーション会議「Society 5.0の実現に向けた教育・人材育成に関する政策パッケージ」（2022年6月2日）。

(18) たとえば「社会とシームレスなレイヤー構造」、「探求・STEAM 教育を支えるエコシステム」、「個別性の高い教育課程・制度」など。さらに、「一つの学校がすべての分野・機能を担う構造から、分野や機能ごとにレイヤー構造にし、デジタル技術も最大限活用しながら、社会や民間の専門性やリソースを活用する組織（教育 DX）への転換」。

(19) この政策的意味については拙稿「学生にこそ、知的探求の自由の保障を：「日本国憲法」講義の実践」『日本の科学者』第58巻第5号（2023年5月）52-58頁を参照されたい。

(20) 「第6期科学技術・イノベーション基本計画、中央教育審議会答申や学習指導要領、教育再生実行会議、経済産業省「未来の教室」と EdTech 研究会、経団連、OECD 等」を指す。

(21) 総合科学技術・イノベーション会議教育・人材育成 WG に向けたキックオフミーティング配布資料、「議論を進める上での共通認識（案）」（内閣府科学技術・イノベーション推進事務局作成、2021年8月18日）

(22) 教育課程審議会は1987年の答申で、臨時教育審議会第一次答申（1985年）・第二次答申（1986年）で打ち出した「個性重視の原則」や「指導の個別化」を、「個に応じた指導」と置き換え、それを学習指導要領に取り込んだ。その後、中央教育審議会も1996に「『生きる力』をはぐくむ上では、一人一人の個性を生かした教育を行うことは極めて重要」と述べて「個に応じた指導」を強調し、さらに教育課程審議会は1998で「学習内容の理解や習熟の程度に応じ、弾力的に学習集団を編成したり、学級編成を弾力的に行うなどの個に応じた指導の工夫改善等を一層進める必要がある」と述べた。文部科学省は少なくとも1980年代後半以降、「個に応じた指導」は既存の学校制度内における個別指導や能力別編成を正当化する論拠としてきた。

(23) Society5.0に向けた人材育成に係る大臣懇談会・新たな時代を生きる力の育成に関する省内タスクフォース「Society5.0に向けた人材育成〜社会が変わる、学びが変わる〜」（2018年6月5日）。

（愛知工業大学）

課題研究報告：With/After コロナ時代の教育と教育政策／統治

デジタル化による教育課程と教育方法の支配に抗して
―AI の誇大広告、教育の画一化、学習ログ問題―

子安　潤

1．教育の ICT 化による教育活動の統制

　デジタル化による教育課程と教育方法の支配の仕組と問題点、それらの課題についてコメントした論点に即して論じる。

　これまで学校と教師の教育活動を直接強く統制してきたものは、教科書使用の強制と上意下達等の教師間関係であった。これに対抗する教育活動・運動も生まれたが、その仕組は時間の経過と共に統制がきつくなる方向で変化し、統制に迎合する方向での教師文化も生成された。

　そして今、こうした教育活動の統制は新たな形を刻みはじめた。統制の仕方が直接的かつ細部の教育活動に及び、それがシステム化されるようになったのである。例えば、教材としての教科書だったものが、教師の教育活動・子どもの学習活動を書き込んだ教科書となった。小中学生全員に配布された PC を利用するデジタル教科書、デジタルコンテンツは、教師と子どもの活動への指示を細かくプログラムしたものとなっている。こうなると教師と子どもの活動は、どの地域のどの学級でも同じになる可能性が格段に高まり、それぞれの地域や子どもの応答に即した教育・学習活動が失われる危険を昂進させた。教科書通りの教育課程は言うに及ばす、個々の授業進行も強く拘束することとなってきている。

　奇妙なことにデジタル教科書やデジタルコンテンツの導入が「個別最適な学び」を実現すると標榜しているが、実際には統制の強化・画一化という側面を持つことになっている。なぜか。授業の進行が教科書に書き込まれると、本来それらは参考に過ぎないが、教師の多忙と統制への馴化と連動して、その指示に依存・従属する確率が格段に高まり、授業が画一化するのである。デジタルコンテンツの利用が画一化に振れる第一の理由は、それらが教育委員会単位の採用によって配付される場合が多いという行政上の要因がある。上意下達の構

造のためである。第二に、その多くは個々の子どもにドリルを解かせるタイプだが、一見すると子どもの回答に応じて次の課題を提出しているように見え、「個別最適な学び」を実施していると錯誤させるためである。第三に、正誤が自動的に判定されるために、手間が省けるためである。

　しかし、これは「個別最適な学び」というスローガンの言葉を基準に文字通りに考えると、個別最適な学びではないことがわかる。

2．「個別最適な学び」という錯誤

　現在のデジタルコンテンツは、機械学習で言うところの「教師あり学習」であり、AI を利用していると言っても実際は難易度の違う問題を子どもの解答に応じて数パターン提出しているに過ぎない。子どもへの説明も、個々の子どもの誤答の原因を読み取ってそれに応じて変えることはできない。したがって、子どもの理解度に応じた問題を提出しているわけではない。プログラム設計者の教科内容理解とドリル観にしたがって設計されているだけなのである。「個別最適」というにはあまりに類型的な練習課題が提出されている現実がある。これはパターンをどれほど増やそうと原理的に「個別最適」な出題とはならず、確率的推定の域を超えることはない。

　スローガンと実態が乖離するのは、PC タブレットの普及とその利用推進を急ぐ産業優先の政策のために、教育活動にとっての必要性や妥当性の検討が置き去りにされた結果である。とりわけ深刻な問題は、個々の教師による教材選択、授業構成の自由度がこれまで以上に低下し、授業の画一化の度合いを高めている点である。

3．デジタル化の授業風景

　次に、授業支援アプリの利用による授業の風景の変化とその問題点を指摘する。PC タブレットに備えられたカメラやマイクといった機能と共に、ロイロノート等の授業支援アプリが授業に利用されるようになり、授業の様相が変化してきている。

　どんな機能が利用されだしているかに関する調査が公表されるようになっているが（例えば、ベネッセ教育総合研究所『小中学校の学習指導に関する調査2021』参照）、多いのは、インターネットを利用した情報収集、話し合いの整理、教材の提示（写真・動画・プリント類）である。教材等の提示は黒板やス

クリーンに映す場合も多いが、個々の子どもの PC に送る場合もある。そこには見せたい映像を拡大・縮小するといった操作や、子どもの関心に応じて注目の場所を個別に変更できるといったメリットがいくつかある。しかし、これらの機能で授業を置き換えることができると考えるのはまったくの錯誤である。

　デジタルによる教材の提示は、二次元映像と音声情報しか送受信できないという原理的な限界を抱えている。教材は、自然や社会あるいは文化そのものとして存在し、モノとしては三次元であり多数の情報を備えている。だがデジタル情報は、モノの大小、重さ、臭い、触感などを消去してしまう。教材としての全体性は縮減されてしまうのである。その分、学習は貧弱化する。ホンモノの教材を提示することの重要さという教育の原則が忘れられると、何とかホンモノを教室に持ち込んできた教師たちの意図も脇に置かれ、貧弱な教育実践が生まれてしまうのである。

　あるいは、写真や動画を子どもたち自身が撮影し授業で利用することも広がっているが、その不適切な利用や学校外への流失といった事案も発生している。さらに、これまでの授業であれば、子ども同士の意見交換や感想への書き込みもその場で多くが消えて行ったものが、消えずに保存されていくために新たな問題も生まれている。忘れられる権利、個人情報の保護に係わる事例も生まれはじめているのである。

4．学習ログと評定と監視

　教育のデジタル化は、教育活動と学習活動の評価・評定問題とも連動している。授業支援アプリやデジタルコンテンツは、子どもと教師の活動をログとして保存する。それらデータは、単に収集されているわけではなくて、子どもと教師の活動の改善に役立てるという表の目的と同時に、評定・監視と連動している。その研究と実験・実践が始まっている。

　子どもの活動の記録は、学習ログと呼ぶことが多いが、行政・教育産業に現状ではほぼ無制限に蓄積されていっている。元々 PC の利用は、そこに痕跡を残していくシステムとなっている。このログを辿ると、誰がどのように PC を利用したかがわかる。利用実態が容易に把握できるために、システムの改良にも使えるが、監視にも使える仕組なのである。生涯にわたって個々の子どもの学習記録を残しておくことも不可能ではない。

　そこで、目的外利用・悪用を避けるために、ログ等の個人情報の保護という

一般的注意喚起がなされ、一定の対策は取られているものの漏洩のリスクと規制に関する法規定は整備されていない。逆に、人の誕生から学校等での記録を収集・保存し、それらのデータを紐付けて利用しようという構想が、内閣府・経産省・デジタル庁・文科省等の省庁を越えて構想され探索試行されている。

これらは、法律や政策問題であると共に、先に触れたように教育方法学的な観点からも課題となってきている。学ぶということは、試行錯誤の積み重ねと見ることもできるのであって、失敗は避けられない。そうした失敗を個人は重ねながら成長していくが、その失敗は個人の糧であって、他者に自由に覗かれ利用されていい訳のものではない。失敗のうわべだけを取り出しても本来は意義がない。学習者が失敗が残り続けると知って生きていくこと、他者と係わる人生は生きづらい。だから、学びにおける忘れ去られる権利が保障される必要がある。だがデジタル記録は、意図的に消去しない限り残り続ける。

そこで、教師も含めた子どもの個人情報・教育活動ログの保護を法制度的に整備していく必要がある。OECD 理事会は、Recommendation on Children in the Digital Environment を発表し、各国に法制度の整備を求めているが、なおその十分な形は現れていない（OECD 編著『デジタル環境における子ども』明石書店2022年参照）。

5．検討課題

教育のデジタル化の中で、教育産業による教材・教具・授業構成の寡占が始まり、その分、教師の専門職としての教材研究や授業構成権限の削減・剥奪が進んでいる。検討課題の第一は、教師の専門性を制度的に担保する方策を打ち出すことである。例えば教育方法学的には、ICT 機器を文房具のように使いこなす教師像を打ち出す議論もあるが、教師がそれらを使わない自由を含んだ文房具でない限り欺瞞である。教育課程の編成を含めて、教育活動に関する教師の自律性の確保を改めて打ち出していく必要がある。

第二は、デジタル化が、学習活動の貧弱化・貧困化をもたらす側面の検討である。これにどう立ち向かうか、本来の学習の豊かさを保障する中に位置づけた実践と研究を進める必要がある。貧困な情報に基づく学習の再転換ないし現実に取り組む学習へと転換していくことが求められる。

第三に、個人情報の保護、学校と教育産業の利用に対する有効な規制とはなにか、具体化が急がれる。　　　　　　　　　　　　　　　　　（中部大学）

課題研究報告：With/After コロナ時代の教育と教育政策／統治

教育現場における ICT 導入と、市場に存在する主体としての学校の在り方
—GIGA スクール・Society5.0を換骨奪胎していくための、高校の現場からの視点—

奥山　将光

討論者略歴

　民間企業で4年、大学・高専で3年、情報系技術者として携わり、その後2010年から、ICT を活用した授業を実践している。現在は北海道大空高等学校にて情報委員長として、学校における授業及び業務の ICT の推進に携わっている。

はじめに

　指定討論者として、中嶋哲彦氏と佐藤学氏の2名について、指定討論者として提言をしたい。今回は主に次の3つのポイント、「勤務校の実態と、2人の報告との比較」「個別最適化と協働的・探究的な学び」「市場と教育の関係」に絞って、指定討論報告をしたい。

1．北海道大空高等学校における ICT 教育の現場と、課題研究報告の比較

　「遅すぎる」「でもやっとやれる」。GIGA スクール構想や一人一台端末が発表されたとき、私が感じたことだった。2010年から授業の ICT 化を進め、自前の端末や回線、生徒のスマートフォンを使った授業実践をしてきた身としては余りにも遅い発表だなと感じた。しかし、やっと学校で、一人一台端末、無線 LAN、大型ディスプレイやプロジェクタが揃うのだと心が躍っていた。しかしながら、現場はそうではなく、ICT をリフューズ（拒否）する方向に向いていたことに危機感を憶えた。様々な学会や民間研究会でも是々非々の議論があったように、今回も ICT の有用性は一定程度認めつつも、否定的な意見が目立ったように感じた。よって ICT の推進に関わる者として、指定討論をさせていただきたい。

　実際、学校に ICT がもたらされたことにより、多くのことが変わった。1

つ目は、授業の改善である。従来では難しかった生徒の動きが可視化されたことや、大型ディスプレイやプロジェクタを用いて教材を提示することにより、より生の情報にアクセスしやすくなった。生徒も自分に合った学びを組み合わせたり、即座に調べ物ができるなど、学習に対するロスが減った。何よりも他の生徒の意見等がすぐに共有されるため、より深く調べるという動きが出てきている。次に、情報共有・伝達の在り方が変わった。職員会議がペーパーレスになり、紙の削減につながった。ビジネスチャットを用いることにより、内線の空振りが減った。小論文や履歴書の指導も遠隔で可能になった。振り返りシートやテストの採点や集計の自動化ができるようになった。結果、教職員の大半は悩まされていた残業や持ち帰り仕事の軽減につながり、生徒の学習意欲や学び方、学びの深さも変わった。

　少なくとも、本校では危惧されていた GIGA スクールの導入による格差の増大ではなく、格差は縮減する方向に向かい、内在的な学習意欲や学習要求というものを刺激する結果となっている。いわゆる Society5.0 に対応できるような人づくりもしており、人生の主人公として生きるための教育＝人格の完成も目標として失うことにはなっていない。皆に平等に教育にアクセスする機会を与えることに成功しており、トップ人材ももしかしたら出現するかもしれない。そこにはエリートと普通の生徒の境目も無く、ただひたすら平等・公平に教育の機会を与えている。「誰もが能力を伸ばせる教育」「多様な働き方を可能にする」ためのロールモデルも提示している。企業に雇われない自営的な労働は、既に実現しており、我が校に関わる IT ベンチャーの COO がプロボノで探究学習を支えている。AI やロボットを操る高度人材が育つに連れて、より新しい職業やロールが生まれてくることも意識しながら学校が運営されている。学校経営計画には「アジャイル型組織」とある通り、一人ひとりが責任を持ちながら、協働しながら働く教員と、学ぶ生徒がいる。トライアンドエラーが当たり前で、失敗を恐れない。そのような学校が北海道大空高等学校であり、中嶋報告とは全く逆の方向に進んでいると言って良いほどだ。佐藤報告の示す第四次産業革命（インダストリー4.0）を内包する取り組み、実践を行う事ができている。

　一方、そうならない学校があるというのも危惧するところであって、ICT を正しく使えず、政府や文科省の性格を正しく読み換骨奪胎しなければ、良いようにやられてしまうという不安要素があることは指摘の通りで、ICT を導

入する際にも、様々なステークスホルダーとの調整の先頭に、教育のプロとして教員が立ち、イニチアシブを保持し、リーダーシップをはかる必要がある。

2．個別最適化・協働的・探究的な学びについて

　佐藤報告であったが、個別最適化自体は50年前に CAI などの形で提唱されており、悉く失敗に終わってきた経緯がある。AI を使ったキュビナなどの学習ツールがあるが、GIGA スクール構想の本質は個別最適化と協働的な学びをどう合わせ技で行うかというところろが大事だと考えている。ティーチングマシンを使った個別最適化でなく、スタディサプリのような映像授業による個別最適化は人的資源の観点から、今や必要不可欠なものになりつつある。個別最適化しつつも、授業を単元内自由進度学習にして、まとめを探究的・協働的な学びとして行うなどの必要性が求められているのが、現場の現状である。クラスに学力層も進度も多様な生徒が学ぶ環境で、個別最適化と協働的、探究的な学びを実現し、学習者中心の教育に転換することについては日本は20年以上の遅延があるのは報告の通りである。

　やっと今、アラン・ケイの「DynaBook 構想」が我々の目の前に存在している。それを活かすのも、殺すのも、ICT の囚人になるのも、我々教育に携わる者が鍵を握っている。

3．教育も学校も「市場」に存在する主体として意識することの重要性

　STEAM 教育や Society5.0 など、「産業のための教育」ということがクローズアップされているが、一方でそれらの教育が「求められている」のも確かである。日本の学校を見ていると、未だに紙と黒板を使用し、職員室では紙の起案書（稟議書）と印鑑と、FAX と内線が飛び交っている。そのことに誰も疑問を持たないのか不思議でたまらない。

　現在の GIGA スクール構想・Society5.0 も、一人一台端末も全て市場の中から調達しなければならず、我々は常に市場の中で生きる一人として存在している。その視点に立って、初めて議論が成立するのではないかと感じるところがあった。

　たとえば、経済産業省の要請によって文科省が GIGA スクール構想や Society5.0 を打ち出しているというのは、国の経済が上向きにならない、実質賃金が上がらないという「焦り」の表れだと私は捉えている。両者とも教育

と市場は相反するというテーゼが提示されているが、では教育現場や教育委員会が、新たにソフトウェアを開発し、ハードウェアを開発するというのは土台無理な話である。学校が業者に乗っ取られるというのは最悪なシナリオだとして警戒しなければならないが、学校に開発する能力が無い以上、市場、平たく言えば業者や ed-tech を提供する企業と Working-together をしていく方が、望ましい方向だと考える。少なくとも世の中がそうであるように、Big-tech（GAFAM）などの企業のサービス無しでは ICT を使った教育は成立できない。寧ろ重要なのは佐藤報告であったように、「教育市場・ICT 市場を民主的に統制する学校と教育委員会の自律性」の構築であろう。教育は GIGA スクール以前からも公共財として投入される部分と、コモンプール財としての部分が混じっている状態にあり、GIGA スクールはその狭間で漂っている（それは医療分野や介護分野などでも同じ現象が発生している）。学校や教育委員会、教員が ICT に関して無知であれば、あっという間に ed-tech や Big-tech に学校は丸投げ、ということになりかねない。教育委員会や教員が、ICT を使用した教育にビジョンを持つこと、業者との関係の構築や教材の協働的な開発、適切な現場からのフィードバックを行うなど、イニチアシブは教員が握りながら、共に教育をつくるパートナーとして考えていく必要がある。

おわりに

　ICT を導入していく場合、学校でも企業でも共通していることは、知識を持つ推進役がいること、だれもが普遍的にネットワークや端末を使用できることが最低条件だと考えている。残念ながら、COVID-19に乗じて一気に GIGA スクール構想を推進してしまったために、ICT の推進役としてのスキルを持つ教員、大学には当たり前の様にいる小中高の技術職員が整備されないまま、また高校においては端末が自己負担か貸与か自治体によって対応が割れているといういびつな形でのスタートとなった。しかしながら、ed-tech の世界は新しい世界を作り出し、ICT を推進し、定着した学校はもはや「ICT」という言葉すら使わず、普遍的な存在になっている。

　日本の情報教育や教室の転換の「遅れ」は誰でも同意するところだろう。ICT は階層や格差を作り出すものでなく、限りなく縮めるための道具である。スタートアップの中小企業が ICT で目覚ましい業績を上げるように、私自身も教育の現場で ICT について、他校に「輸出」できるような取り組みをして

いきたい。

（北海道大空高等学校）

課題研究報告：With/After コロナ時代の教育と教育政策／統治

課題研究「With/After コロナ時代の教育と教育政策／統治」のまとめ

児美川　孝一郎

１．シンポジウムの概要

　第10 期の課題研究「With/After コロナ時代の教育と教育政策／統治」は、2021年度から 3 年間の共通テーマであり、今大会は 2 年目にあたる。今回の課題研究では、経済界や政府レベルの Society5.0の構想とそれに基づく教育政策・改革の動向、それと密接にかかわる教育の ICT 化の問題に焦点を当て、そうした動向の現状・問題点や課題を確認しつつ、今後のゆくえについても検討することとした。

　報告は、教育の ICT 化のグローバル展開について、教育学的な視点から鋭角的な議論を展開している佐藤学氏による「第 4 次産業革命と教育の未来——ポストコロナ時代の学校改革」と、GIGA スクール構想や教育の ICT 化に関する政策展開を精緻に分析している中嶋哲彦会員による「Society5.0の人材構想と教育政策——教育・人材育成システムの転換」であった。また、指定討論者として、ICT 教育のあり方について、教授学の立場から精力的な問題提起をされている子安潤氏、GIGA スクール構想の下での学校現場について、高校教員の立場として発信を続けている奥山将光氏にコメントをお願いした。それぞれ 2 本の報告とコメントを受けたうえで、全体での質疑応答と討論を行った。

２．状況をどう捉えるか、どこに問題や課題があるか

　まず、佐藤報告は、「私は、Society5.0などというデタラメな概念は使わない」と宣言したうえで、グローバルな視点を意識しつつ、コロナ禍と第 4 次産業革命の下で進行している教育状況について分析した。

　コロナ禍では、多くの子どもたちの学びが失われたが、とりわけ日本では、オンラインやラジオで教育を継続した諸外国とは異なり、（何の科学的根拠な

どなかったにもかかわらず）全国の学校の一斉休校という措置が取られ、その
ことによって大きなラーニング・ロスが生じたことが問題視された。また、世
界的に見ても、第４次産業革命の下で教育市場が急速に膨張しており、教育の
市場化や商品化が進んでいることが指摘された。現在は、環太平洋アジア地域
でのICTビジネスの成長率がきわめて高い。しかし、ICTビジネスの問題性
は、例えばスウェーデンでは、教育の民間委託が始まった結果、この10年間で
PISAの成績が急激に低落したことなどに明らかだという。

　さらに、日本では、一斉授業から「個別最適化された学び」への転換を図る
うえで、教育のICT化とSTEAM教育が中心に置かれてしまったが、今求め
られるのは、学習の個別最適化やSTEAM教育ではなく、誰ひとりも取り残
さない平等・公正な教育であり、創造性・探究・協同に基づいた「21世紀型の
授業と学び」であることが主張された。そのために必要なのは、公共哲学と民
主主義哲学にもとづく教育政策であるという。

　次いで、中嶋報告は、コロナの問題とDXの問題は分けて考えるべきであ
るとしたうえで、今回はDXの問題に限定するとしたうえで、政府の進める
Society5.0構想の下で提起されてきた教育改革の論理を分析した。

　2016年の「科学技術基本計画」と2021年の「科学技術・イノベーション基本
計画」とでは、後者の方が経済発展へのつながりが強調されており、微妙な変
更があるという。また、2021年の中教審答申「『令和の日本型学校教育』の構
築を目指して」も、「個別最適な学び」と「協働的な学び」を並列させている
ものの、明らかに比重は前者にかけられていると指摘された。

　さらに、一連の政策文書に読みとれるのは、AIやロボティックスが人間の
労働に取ってかわるような状況では、個人は自力で自らのスキルをアップデー
トしなくてはならないという自己責任型の人間観であり、そこには必ず、エリ
ートと非エリートとの分裂が生まれ、レイヤー構造が創出されると主張された。
結局、生産性向上に直結する知の重視に傾斜している点が、一連の政策文書の
もっとも注意すべき問題性であり、Society5.0構想では、AIやロボティック
スが人間労働を解放していく可能性や、能力を社会の共有財としてコモディテ
ィ化していく可能性などは、いっさい検討の余地から排除されていると指摘さ
れた。

3．学習と教育、学校はどうなるか

　2つの報告を受けて、指定討論者の子安氏からは、戦後一貫して行われてきた教科書と教師の統制が、教育の ICT 化によって、教育活動そのものの統制にまで及ぶことになるという観点からのコメントがあった。

　GIGA スクール以降、ドリル型のデジタル・コンテンツが数多く学校現場に参入しているが、それらは、個々の教師による教材の選択や、どのように授業を組み立てるかという内容構成の自由度を著しく低下させ、むしろそれらの権限を、教師から教育委員会や教育産業に移行させてしまっているという。文科省や教育委員会は、教師が何をやりたいかとは関係なく、とにかくタブレット使用を促進することだけに傾注しており、推奨されているアプリケーションも、学習論的にも偏っていることが批判された。

　また、AI の原理的な欠陥として、出回っているデジタル教材は、教材作成者の意図を反映するにとどまるものであること、システム上は、子どもだけではなく、教師も評価・監視され、その結果が行政や教育産業に無制限に譲渡・蓄積されて、恣意的な利用や情報等の漏洩の危険性があることも指摘された。

　もう一人の指定討論者である奥山氏からは、GIGA スクール以降の学校現場の状況や変化について、勤務校での取り組みをもとにして、事例報告的なコメントがなされた。

　奥山氏の勤務校では、教育における ICT 活用も校務の ICT 化もゼロからのスタートであったが、今では授業の場面での学習ソフトの効果的な活用もでき、教員の定時退勤も可能になってきたという。政策が完璧ではないことは踏まえる必要があるが、一斉授業からの脱却は遅すぎたくらいであるという。だから、これまでの学校ではできなかった困難を克服するためにこそ、テクノロジーを使ったり、業者と協力する必要も出てくると主張された。ただし、その際に重要なのは、教員が知識や技術も身につけて、主導性を持つこと、業者の好き勝手にさせないことであるという。

4．今後に向けて、どこに検討課題があるか

　以上の報告とコメントを受けて、全体での質疑応答と討論を行った。今回のシンポジウムでは、第4次産業革命の下での教育 DX や教育の市場化といった大きな動向、日本の GIGA スクール構想以降の教育改革・政策の分析、学習理論や ICT 教育の問題点の検討、学校現場の受けとめや実態など、幅広い

視点からの報告を得ることができた。参加者の側も大いに視野を広げ、認識を深めることになったが、それだけに活発な質問や意見も出された。すべてに触れることはできないが、今後の検討課題を確かめるという意味で、いくつか紹介しておきたい。

　まず、「個別最適化」の概念をどう捉えるかについて、意見が交わされた。佐藤報告は、これは最新の議論などではまったくなく、1970年代の授業改革の主題であると指摘していたが、子安氏からは、「最適」は、日本語では最上級を意味することになるだろうが、AIは実際にはただ類型化されたデータを使っているにすぎない。それを最上級であるかのように言うのは、詐欺的な用法ではないかとも主張した。

　この点ともかかわって、参加者からは、「日本のICT教育の研究は、行動主義心理学をベースにした教育工学に偏っているために、なかなか一斉授業中心の研究から抜け出られないのではないか」という意見が出された。佐藤氏は、まったくそのとおりで、現在のICT教育にかかわる経産省・文科省・内閣府の政策文書も、ICT教育の関連文献も、いまだにスキナーやブルームなどの行動主義の学習理論から転換できていないことが根本的な問題であると応答した。また、子安氏も、タブレット学習を進めている生徒や学生を見ていると、すでに多くの弊害が現われてきており、ICT化が学習の貧困化を生んでいるのではないかとした。

　行動主義的な学習観の問題は、教育工学などが進めようとするICT教育だけの問題ではなく、現場の教員が持っているイメージも行動主義から抜け出せていないという問題がある。佐藤氏が言うように、学習観の転換ができるような、現代に相応しい学習科学に見合ったICTの活用や授業や実践のあり方を創造していくことは、今後の教育実践や教育政策のあり方ともかかわって、教育研究にとっての大きな課題であろう。

　奥山氏の勤務校での取り組みについては、複数の参加者から、ICTは使い方次第であるし、もっと現場に任せて欲しいという報告として、共感しながら聞いたという意見が寄せられた。その点を踏まえつつ、子安氏からは、奥山氏の勤務校の取り組みは高校の事例なので、教材やアプリの採択において、学校単位や教科単位での選択権を持っている。それに対して、小・中学校では教育委員会単位となってしまうため、自律度が落ちてしまうという条件の問題についても指摘された。

　また、教員の学校経営への参画の問題について質問があり、奥山氏からは、勤務校はボトムアップ型の運営がなされ、話し合いの機会も多く、アジャイル型組織を目指している。それが ICT 化によって可能になったし、教員が ICT を語れる学校になっているとの応答があった。

（法政大学）

IV

投稿論文

［投稿論文］
社会経済的格差縮小を目指す教育資源配分とその政策規範
―英国 Pupil Premium に着目して―

貞広　斎子

1．課題設定

　教育に関わる資源の配分は、教育の質保証や平等性担保を支える重要な要素であり、そのシステムは、教育制度・政策の中でもその根幹に位置づけられる。実際の配分のシステムは、平等性の捉え方（Dworkin et al. 2000＝2002：7）[1] を始め、何を望ましい状態と考えるのかという規範に依存して設計されるため、国や地域によって一様ではないが、少なくとも、格差を拡大したり、再生産したりすることを意図して設計される訳ではない。ただし実際には、学校教育制度が社会構造の再生産に寄与している側面もあり（Bourdieu et al. 1970＝1991：82）、凡庸な格差社会（松岡 2019：232）とされる我が国も、結果からみると決してその例外ではない。

　上記の様な課題に対し、教育に関わる資源を戦略的且つ傾斜的に配分することによって、教育達成格差の縮小、ひいては社会経済的格差の縮小を目指すシステムを持つ国は少なくない。そのシステムの一つが、英国[2] の Pupil Premium Grant（以下 PPG、2011年～）である。均等配分を原則とする我が国では主流ではないシステム設計であり、格差縮小という社会的公正の実現を強く意識した明示的制度は、存在自体にもメッセージ性がある。

　そこで本稿では、我が国の政策オプションを検討・提示することを目的として、PPG の制度、運用実態、それらを支える政策規範の検討を行う。検討にあたっては、特に政策規範に着目するが、その際、通常の制度設計や政策デザインでは複数の価値の組み合わせを構想することは可能（佐野 2020）、もしくは必要であるという立場から、複数価値の同時実現を希求する制度の一例として、PPG を取り上げる。具体的には、政策体系や一つの政策や制度の中に、公正、公平、平等、包摂と、効率、効果等が共存するという制度の在り方と実態から、我が国の政策オプションについて、検討を行うことにしたい。

　研究の方法としては、予算・統計データなどの文献調査・公開データ分析と併せて、教育省の関連施策担当者と学校長、学校の財務担当者（スクールビジネスマネージャー）等を対象とした訪問インタビュー調査[3]のデータを用いて、量的データと質的データの両面から予算配分と運用実態等を明らかにする。

2．規範への着目

　本研究では、特に、政策や制度を支える価値／規範に着目している。

　実際の政策選択では、その場その場での政治的解決の連続が、政策の全体像を形作る実情（Wolf 2019：265-266）があることから、その議論は特定の規範に基づくというよりも、離散的に行われる傾向がある。特に、我が国の教育政策は、大きな改革こそ政治的創発で行われる傾向があり（前川 2002：198）、政策は場当たり的、且つまだらに展開される。その結果、新しい政策体系や制度も、ある特定の規範から演繹的に導き出されるというよりも、むしろ、眼前の問題への対処の中で、現場の直感的判断や政治的創発、個人の思いに依存して案が作られることが少なくない。

　しかし、政策体系は、政策・制度横断的に共有された論理や価値、その優先順位に基づいて、全体が構成されることが望ましい。特に、転換期こそ、個別的議論に終始せず、政策のバランスの担保と、政策の価値序列が必要である（宮本 2006）。本論では、こうした背景から、政策規範に着目する。

　ただし、唯一の価値や原理が存在するという分析的政治哲学に見られる立場からは距離を置く。むしろ価値の多元性を前提とし、根本的な一致というよりも、価値両立・序列を問う応用的立場をとる。換言すれば、例えば資源の希少性制約（Rawls　1971=2010：sec22）等を前提とし、予算の制約や効率的・効果的活用を含めた合意調達と実行可能性（feasibility）を視野においた検討を行う。松元（2015：144）はこれを、規範の実践的実行可能性の研究と位置づけている。本論でも、政策や制度への適用を行う際、唯一の価値のみに依拠したり、完全な正義（Sen 2009=2011：4）を目指したりするのではなく、諸価値の間でどれを優先的に考えるのかといった諸価値のバランス構造の抽出を試みる。これは、英国の教育政策をして、「市場の形成、経営主義、成果主義が先導する」と位置づける知見（Ball 2017：50-61）を相対化し、教育政策における複数価値の同時追求可能性を検討するものでもある。

３．PPG制度の概要

（１）導入の経緯

　PPGは、児童生徒数に応じた基礎的配分に追加して、過去6年間に無料給食の資格を持った児童生徒（FSM：Pupil entitled to Free School Meal）[4]と軍隊従事者の子ども[5]等の人数に応じて、学校に追加的配分される学校配分予算である。養護施設や里親の子どもも対象となる。従来、諸々のイニシアチブによって、複数の取り組みが錯綜して混在し、透明性の担保や効果検証が十分ではなかったこと（イニシアチブ病）を反省して（ハヤシザキ他 2015：100）、キャメロン連立政権が、貧困層を対象とした「シンプルな」予算配分システムとして導入した。ここでいう「シンプル」とは、①児童生徒一人あたり単価×人数という配分式による仕組みの明瞭さと、②通常の公立学校だけでなく、アカデミー（民営化された公立学校：中央政府が資金を拠出し、民間団体による独立運営が認められた公立学校）（仲田 2016）やフリースクールも共通のスキームで対象となっている点を指す。各校への学校配分予算は、基礎的配分も含めて、算定式・配分額ともに全て公開され、統一性と透明性が担保されている。更に、学校の裁量に任されている使途も、オンライン上で公開する義務が学校に課せられている。特に 2013 年からは、PPG 対象者と非対象者との学力格差縮小を達成しているか否かについても、Ofsted（ Office for Standards in Education 1992 年～）の査察フレームワークの対象となった（EEF 2019）。

（２）配分の実態

　各校への配分実績と内訳は、ウェブサイト上でも確認できる（DfE 2021）。一人あたりの配分単価は経年的に上昇傾向にあるが、2020-2021 の学事年度[6]では、小学生一人 1,345 ポンド、中学生 955 ポンドとなっている（ただし、軍隊従事者の子どもは 300 ポンド）。家庭等の諸事情により、家族から離れて生活している子どもについては、より手厚く 2,345 ポンドが加算される。有資格者の数と割合は、学校や学事年度によって異なっているが、平均すると、30％程度の児童生徒が PPG 配分の有資格者となっている。参考までに、基礎配分単価（平均）は、小学生 5,055 ポンド、中学生 6,281 ポンドである。単純計算で、おおよそ、一人あたり 15％～25％分が PPG で上乗せされることになり、特に PPG 対象児童生徒の多い学校にとっては、欠くべからざる予算となっている。なお、一人あたり単価は、予算規模総額から算出・決定されるも

のであり、科学的な積算基準や根拠は特に設定されていない。

（3）執行の実態 - 1：四段階の戦略的 PPG 活用スキーム[7]

　各学校に配分された PPG の活用は、学校経営計画の一部に位置づけられ、以下、四つの段階をサイクルとして、戦略的に行われることが求められている。

① 第一段階：児童生徒のニーズ診断

　不利な立場にある自校の児童生徒の学力達成ついて、状況を見極め、包括的情報を得ることが、PPG 活用戦略の第一歩となる。こうした情報収集と手立ての構築は、学校計画全体でも行われるが、PPG は独立して計画・執行・効果検証することが求められているため、PPG 活用のニーズ診断も単独で行われる。

　具体的には、不利な立場にある自校の児童生徒の学力達成を測定し、それが全国的なベンチマークと比較して年齢相応の期待値を下回っている場合は、その原因を究明することが必要とされる。例えば、出席や長期欠席のデータ、教師のフィードバック、行動履歴、退学者データ、ウェルビーイングやメンタルヘルスの状況、ICT 等の教材へのアクセス状況等のデータを用いて、低達成の原因を特定する。

　周知の通り、そもそも英国では、PPG 対象者に限らず、国レベル、地方レベル、学校レベルを通貫して、児童生徒の学業成績のモニタリングが継続的且つ極めて精緻に行われてきている。例えば、英国の児童生徒情報管理システム（Management Information System：以下、MIS）は、学校に関する広範にわたる情報を管理する基幹システムであるが、同システムは、児童生徒の属性、特別支援や経済的支援に関する情報、授業料、出欠、成績、時間割、授業中の行動記録、学校の財政状況、校舎整備の状態といった情報までを統合的に管理するシステムとなっており、人事管理システムなど、校内の他の情報システムとの連携も行われている。

　同時に、現状分析のための各種成績管理ソフトも広く各学校に普及している。最も普及しているのは学校情報管理システム（School Information Management System：以下、SIMS）であるが、例えば、各学校は、MIS のデータと SIMS を用いて、自校の児童生徒の諸データにアクセスし、必要な分析を行ったり、ダッシュボード機能を用いた可視化を行ったりすることで、ニーズ診断を行う。

② 第二段階：強力なエビデンスを用いた戦略の作成

　ニーズ診断によって低達成の原因を究明した後は、研究知を含めた学校外の様々なエビデンスを援用し、改善策とPPG活用戦略を作成する。例えば、介入が必要と考えられた低学力の生徒に対しては、できるだけ強固なエビデンスに基づいた、最も効果が見込まれる手立てを選択する。その際、後述するツールキットや、エビデンスのシステマティックレビュー等の活用が推奨されている。

③ 第三段階：戦略の実装

　PPG活用戦略は、一回限りのイベントではなく、学校経営計画の全体に位置づけられ、時間をかけて、持続的な効果を保障するものでなければならない。従って、望ましいと思われる戦略や介入でも、組織として持続させられるだけの諸リソースが確保できなければ効果に繋がらないとされ、実装が可能か否かについてもエビデンスを用いて精査することが求められる。例えば、時間割や職員会議の日程変更が必要且つ可能か、スタッフの職能開発や支援の必要は無いか等が考慮されなければならない。加えて、新しい取り組みを導入する場合は、既存の取り組みの精査や終了等も、教育活動持続性の観点から検討される。

④ 第4段階：戦略のモニタリングと評価

　PPG活用戦略には、短期・中期・長期の目標設定と、継続的なモニタリングが必要とされる。

　実際のモニタリングは、児童生徒の達成度や、学習の障壁、ニーズ等を対象に、継続的且つ厳格に、きめ細やかに、数週間単位から数年単位で行われる。成績に関しては、先に示したSIMS等が用いられ、個々の児童生徒の成績の推移を経時的に把握するだけでなく、属性別の記述統計量（平均値・中央値・標準偏差等）、集団間比較等の観点から、現時点での介入が想定した効果を上げているか否か、どこ（誰）に十分な効果が見出せないか、それは何故か等の観点から、検証が行われる。

（4）執行の実態 − 2：PPGの代表的使途[8]

　学力達成が十分でない原因は、学校によっても個々の児童生徒によっても多様であるため、PPGの使途は、現場（学校）の判断に委ねられ、一様ではない。但し、ガイドブック（EEF2019）等では、主に3つの領域が、優先的な使

途として例示、推奨されている。

第一に優先されるのは、教師が行う教育（teaching）の質の向上である。教師の職能開発、校内・校外の研修活用、入職後間もない初期層教師への支援、優秀な教師の採用、その離職防止等、全ての教師がその職能を継続的に向上できる様にサポートすることが、属性集団間学力格差縮小に最も有効であるとされている。

第二に優先されるのが、高いニーズを持つ児童生徒に的を絞った学習支援の実施である。PPG は、学級担任とティーチング・アシスタントによる個別指導や少人数指導、トラッキングの実施、学級や成績が伸び悩んでいる児童生徒のメンタルな側面からの支援等のため等に計画的に活用される。

第三の使途としては、児童生徒の出席や行動特性、社会情動的スキル（Social and Emotional Skills）への支援を行うことで、学力向上への道筋を付けることが挙げられている。例えば、朝食クラブ（breakfast club）[9]、心理的に不安定な状況にある子どもに対する個別の相談員によるパストラルケア（カウンセリング、悩み相談）、スポーツ・美術・演劇・音楽の専門家教員によるカリキュラムの充実、学外教育施設（博物館・美術館）を活用した教育活動等、子どもの学びを豊かにするための活動がその例として挙げられる。

更に教育省も、初等教育、中等教育、特別支援教育のそれぞれの学校種別に、使途戦略の計画を援助するため、具体的な使途事例等が記載された戦略作成テンプレート（Strategy Template）を公開し[10]、配分された予算が各学校で有効に活用されるように、その計画と執行を支援している。シートの中では、ガイドブックで推奨されている三つのカテゴリー毎に、諸方策例が列挙されており、各学校が、学校の状況に応じて、方策を選び取り、戦略シートを作成できる様になっている。

（5）執行の実態‐3：使途と効果検証の事例

次に、Ofsted の2018年監査の結果、4段階中最上位の outstanding（優）となった学校の、監査当時の PPG の使途を見てみたい。

ここで取り上げるのは、Alexandra School の配分と支出使途である。同校は、ロンドン西部ハーロウ・ロンドン特別区に位置し、マルチアカデミートラスト（Eden Academy）の傘下にある初等特別支援学校（4－11歳対象）である。全校生徒およそ160名のうち、例年、30名程度の児童が PPG の対象となっている。2019－2020会計年度の予算計画では、予算配分局（EFA：

Education Funding Agency) から配分される児童数に応じた基礎的配分が800,000ポンド、地方教育当局から配分される特別支援の加算として1,059,088ポンドが見込まれている一方で、PPG は44,520ポンド（実際の配分は 39,920ポンド）と見込まれて計画が立てられていた（Eden Academy 2019）。特別支援学校であるため、地方教育当局からの配分が最も多くなっているが、通常の学校と共通する児童数に応じた基礎的配分で考えると、全体の 36%程度がPPG からの配分となる。

支出された後にまとめられた同校の効果検証レポート（ Alexandra School,2020）によると、支出額の多いものから①セラピー（19,050ポンド）、②音楽教育（4,000ポンド）、③交通費（緊急時の児童送迎、保護者が学校行事に参加する際の送迎）（1,186ポンド）、④朝食クラブ（1,080ポンド）、⑤個別指導（1,155ポンド）等に支出されている。更に、それぞれの効果が支出項目別に検証・記載されており、例えばセラピーに関しては、「対象となった全ての児童が、感情的・社会的理解の観点から測定可能な（measurable）進歩を達成した」と記述されている。PPG の効果は、Ofsted の査察対象となっているため、査察の場においては、学校が持っている定量的バックデータと併せて、提示されていくことになる。

なお、これらの計画は、学校長を中心に、スクールビジネスマネージャー（同校では、Director of Finance and Operation として位置づけられる）の支援を受けて作成され、財務委員会（Finance Committee）及び理事会の承認を受けて執行される。計画は、ガイドブックに従って、複数の選択肢から、後述する支援ツールキット[11] や、教育省の支援シートの手助けを得ながら、学校の課題と実際に配分される予算総額とを参酌し、決定される[12]。

４．使途計画作成を支援する機関（EEF）の存在
—エビデンス駆動型効率性追求の共存—
（１）計画・執行を支える効率性という規範
以上の様に、PPG 制度では、社会経済的に困難を抱える児童生徒への手厚い保障がなされ、社会的公正の実現が強く意識されている。

一方、同時に、新自由主義的な教育改革を進めている英国においては、格差縮小を目指す PPG 運用についても、資金をいかに「効率的」に活用する／活用したか、換言すれば、少ない投資で最大限の効果を上げたかという価値も同

時に追求される。加えて、そうした効率性確保を追求するが故に、活用計画は、信頼性の高いエビデンスを基に作成することが求められている。特に近年は、PPG の使途が何らかの研究成果に基づいていることが義務づけられることになった（2022-2023学事年度より）（EEF 2021）。更に当然のことながら、配分された資源の活用実績（教育効果）は評価され、その結果も学校ウェブサイトで公開されている。

（2）使途決定支援機関の存在

　上記の様な制度的要求があったとしても、全ての校長が研究知に明るいわけでも、研究知と実践的な戦略とを結び付けることに長けている訳ではない。そこで、各学校が、信頼性の高いエビデンスを基に、効果的な資源活用戦略を立てられる様に、その支援を行っているのが Education Endowment Foundation（教育基金財団。以下、EEF）と、同財団が公開しているツールキットである。

　EEF は、教育省から1億2500万ポンドの設立助成金を受けて、2011年に設立された教育基金財団であり、2010年当時の教育大臣（Secretary of State for Education）の Michael Gove によって、米国オバマ政権下での競争的教育予算配分政策、Races to the Top に触発されて立ち上げられた。「最も困難な学校で最も貧しい生徒の到達度を高めるためのイニシアチブを開発する」（Lampl 2011）ことを目的とするが、効率が制度の裏付けとなる重要な価値であり、特にテストスコアと出席率が重要な評価指標として採用されている。

　EEF が提供する情報は、Big Picture とされる14領域に、複数の教育活動や介入例が振り分けられ、ツールキットとして提示されている[13]。なお、ツールキットに掲載される教育活動や介入例の選択、更に後に示すレーティングの設定は、エビデンスレビューと称されるいわゆるシステマティックレビュー（研究論文を系統的に検索・収集し、一定の基準で選択・評価し、効果の大きさや結果の確実性を示したもの）を基に作成されている[14]。EEF は、ツールキット作成に先立ち、特定の関心領域（例えば、数学の成績向上、リーディングの成績向上、等）について、国内外の研究者に、システマティックレビューを依頼し、各領域に関連するエビデンスのリストアップとその信頼性の評価を行っている。レビュー結果は、著者も含めて、全てウェブサイト上でも公開されている。ツールキットは、これら膨大なシステマシックレビューに基づいて作成されているのである。

　ツールキットに示された各領域の教育活動や介入には、①必要な予算（5段階）、②根拠となるエビデンスの信頼性（5段階）、③教育効果（インパクト）の多寡（13段階）の3要素から定量的なレーティング（段階評価）が与えられ、閲覧者は一覧したり、レーティングによってソートしたりしてできる様になっている。加えて、各教育活動や介入例には、レーティングに基づいた質的評価基準も付記されており、例えば「少ないコストで普通程度の結果が得られる。但し、エビデンスは、普通程度（教育活動・介入例：芸術活動）」や、「エビデンスは限定的であるが、少ないコストでかなりの成果が得られる（同：適切なフィードバック）」、「コストがかかる上、エビデンスも限られており、効果も少ない（同：学級規模の縮小)」などと示されている。更に、それぞれの教育活動には、エビデンスの根拠を示すシステマティックレビューや各論文へのリンクが設定されており、各自でもエビデンスの信頼性を確認することが出来る様になっている。各学校の校長や財務担当者（スクールビジネスマネージャー等）は、これらのエビデンス情報を基に、教育課題や予算額等の自校の状況に照らして、教育活動方針と予算執行使途を決定する。各学校は、経験知だけでなく、研究知見等のエビデンスも活用して、執行計画書を作成・公開し、使途を決定し、効果的且つ最も効率的な活用方法での予算執行を行うことを目指すのである。

5．知見のまとめ

　以上、本論では、英国における社会経済的背景に配慮した教育資源配分システム（PPG）に着目し、同制度を対象とした検討を行ってきた。その結果、PPGには、①格差縮小による社会的公正の実現と、②効率性の追求という二つの規範を、試行錯誤しながらも、同時に両立させて実現しようとする制度的特性を見出すことができた。

　市場の形成、経営主義、成果主義が先導すると評価される英国の教育政策（Ball 2017：50-61）に、格差縮小の壮大なスキームがビルトインされている意外性は、教育制度・政策による価値の実現という点から重要な意味がある。一見すると、①格差を是正しようとする傾斜的配分制度（PPG）と、②エビデンス駆動型効率化（EEF）とが混在していることは、奇妙な組み合わせにも見えよう。しかしこの組み合わせは、複数の相異なる多様な価値が混在し、その中で両立を目指さなければならない一種のディレンマ状況の下、英国が、複

数価値の同時実現を目指すために見いだした妥協点（Wolf 2019＝2016：46-48. 佐野2020）でもある。非理想理論が提示する通り、現実の制約で完全な理想状態をすぐさま実現できない場合は、特定のある具体的状況のもと、何を優先して実現していくかという順位付けと、次善策を必要とする（佐野他2021：54）。一方の規範や価値のみが真実で、他方は全て排除されるということは、現実的でも適切でもないだけでなく、合意や納得性の調達を困難にする。公正を実現しようとするからこそ、むしろ効率性確保といかにバランスを取るかが求められるのである。英国のPPGの在り方は、社会の価値が多元化していることを重く受け止め、唯一の政策上の解決策や態度は無いことを共有した上での（Wolf2019＝2016：6, 263-264,290）、それでも明白な不正義は減らそうとする（Sen2009＝2011：2）制度的現実解の具現形であろう。PPGの在り方や制度改善プロセスからは、複数の政策規範を組み合わせ、そのバランスを取りながら、社会的公正と効率性確保の両立を図ろうとする試行錯誤のプロセスを見出すことができる。

　更に近年、パンデミックによって、新たな試行錯誤プロセスが駆動し、価値のバランスに微妙な変化—より積極的な格差縮小追求とローカルノレッジの見直し—が起きている。

　新型コロナウィルスのパンデミックは、過去10年の格差縮小の取り組みの効果を台無しにしたとされるが（EEF 2021）、この事態を受け、学びの取り戻し（educational recovery）のためにもより積極的にPPGを活用することが推奨された。加えて、学習損出対策として、Recovery Premium Funding（RPG）[15] という傾斜的配分システムが新規追加制度として別途設けられた。PRGは、社会経済的に不利な立場にいる子どもたちの方が、学習損出がより大きかったとする複数のエビデンスに基づいて導入されたものであり[16]、それらのエビデンスが、PPG対照群と非PPG対照群との比較検討から得られたことから、RPGはPPGと全く同じスキームで傾斜的に配分されることになった。実際、対象児童生徒の決定基準、すなわち、児童生徒一人あたりの単価を設定（一人あたり145ポンド）する明示的な配分式や、使途の決定でエビデンスが重要視されること等、同じ枠組みの運用となっている。この結果、PPG対象の児童生徒には、PPGとRPGの2ルートから、傾斜的配分を受け、資源配分の側面から格差の是正が目指されることとなった。格差縮小を目指す英国の壮大な政策実験は、更に拡大しているともいえる。

　加えて、上記の政策プロセスでは、現場の経験知を再評価する兆しも観察されている。パンデミック以前の2019年当時、EEF が提示した PPG のガイドブックでは、エビデンスによる判断が強調されており、教師の教育的専門性や省察は相対的に劣位に置かれていた。ただし、2021年秋にアップデートされた同ガイドブックでは、引き続きエビデンスの重要性も強調されているものの、それだけでは必ずしも当該校に最も効果的な手立てやプログラムを選択できない可能性も否定できないとして、学校の文脈や自校の児童生徒の状況を総合的に判断する校長の専門的判断（expert knowledge）を加味することが付言された（EEF 2021）。

　このように、複数価値の同時追求は、無謬的に行われている訳ではなく、むしろ諸変化に対応するため、価値理念の比重や優先順位を操り（秋朝 2016）、微調整を繰り返して改善され続けている。

6．政策オプションの検討

　最後に、英国の制度を参照した上で、我が国への政策オプション、制度改革の方向性として、どのような示唆が導出されるか考えたい。

　第一に、配分原則の改善が挙げられる。具体的には、特に社会的公正実現の観点から、現行の一律配分－面の平等（苅谷 2009：144）に代表される均質的平等／条件整備基準のみでの配分―を脱し、それらを基本としながらも、切に必要なニーズ（後藤 2020：93）[17] の多寡に応じた傾斜的配分を組み合わせることが挙げられる。その際、すべての配分をニーズ別のパーヘッド換算（一人あたり単価）に転換するという考え方もあるが、本論では、現行の条件整備基準による配分をベースとしながら（基礎的配分：コア・ファンディング）、個人ニーズに応じた学習条件基準による配分（追加的傾斜配分：ニーズベースト・ファンディング）を組み合わせたハイブリッドシステムに方向性を見出す。その理由は、我が国の標準法と義務教育国庫負担法が、安定的な教育予算確保を可能とする点から優れた制度であることによる。同枠組みは、総額が十分であるか否かについて議論の余地はあるものの、法規であるが故に、年度毎の予算折衝無しで一定の予算の確保を可能とするだけでなく、今後、更に進行する学校の小規模化リスクにも対応した制度でもある。これらのことを総合的に勘案して、同制度と新しい制度のベストミックスを提示したい。

　第二に、政策における規範実現の追求と、価値序列検討の必要性が挙げられ

る。英国の制度からは、複数価値の実現を同時に希求する制度設計が現実的、且つ決して完璧ではないものの実現可能であるという示唆を得たが、そのためには、まずもってして、政策立案の場において、実現したい諸規範の共有があり、仮に複数規範間に競合部分がある際には、どちらの価値を優先するのかについての緩やかな社会的合意が必要となる[18]。一般に政策は、目的手段関係として認識されると同時に、予算の増減といった量の問題に還元される傾向もあるが、規範そのものや、その序列に関する議論から演繹的に政策を作り出していくことでこそ、複数価値の同時実現と社会的公正の実現に向かうことができると考える。英国においても、少なくとも現行では、格差縮小という大命題があるからこそ、効率性重視の土壌においても PPG が存在するのであり、システムの改良・拡大が起こっているのである。

第三に、学校単位での財務ガバナンスとマネジメント力の強化を行うことを挙げる。ニーズに応じた追加的配分を導入すると、学校毎に異なる配分状況となるだけでなく、その使途戦略も学校毎に異なることになる。英国においても、学校長（もしくは CEO）とスクールビジネスマネージャーが中心となって、学校単位での PPG の計画・執行・検証・改善を行っていた。この点について、日本においては、財務に限らず、学校のマネジメント空間は極めて狭く、自律的判断や試行錯誤が許容されない上に、学校長を始め、当事者はそうした経験知を持たない。従って、特に学校長等には、学校の教育課題の抽出・分析や、エビデンスの活用、それらの知見と経験知とを統合した教育活動への実装力等が求められよう。

第四に、そうした学校単位のマネジメントを支える中間支援組織、更にその中間組織が依拠するデータ等の整備も、特に、学校の意思決定支援と効率性担保の観点から必要であろう。英国では、EEF がシステマティックレビューを参照して、エビデンスと教育活動との関連付けを提示し、学校の意志決定を支援していた。更に教育省も、戦略支援シート等を公開することで、学校単位での戦略的決定を支援していた。一方、我が国においては、データ収集の条件整備とフレームワークすら欠き、政策規範に照らしてエビデンスを解釈したり、翻訳したりする以前の状況にある。従って、支援の有無とその質は、制度実現のための最も高いハードルともいえよう。ただしいうまでもなく、追加的配分も、適切な執行が伴ってこそ効果を発揮するとする（money matters if it is spent well）のは、財政の基本（Rebel 2011：34）でもある。学校の現場知

を活かすためにも、データやエビデンスを活用できる部分では決定を支援し、現場の総合的判断を活性化する方策が必要とされよう。

　最後に、上記に挙げた再編プロセスを、誰（どこ）が担うのか、それとも担えない／担わないのかという統治の問題が残される。財政民主主義の観点からは、政策分析の専門家や行政官が、政策問題を技術的な問題として定義することによって、政治家や市民の様な「素人」の関与を極力回避することは是とされ得ない。同時に、市民の関与もなく、専門性に根ざした判断もなく、政治的決定に過剰に委ねられる事態も適切ではない。再編には、多様なアクターの参画と納得性調達が必要とされる。政治家、市民、専門家等の間に、一種の解釈共同体をつくりだし、「地平の融合（fusion of horizons）」（Throgmorton 1991）を生み出すことが必要とされる。

　ただし、上記の様な構造は容易に構成され得ない。まず、再編プロセスを巡っては、政治家、市民、専門家等、多様なアクターが存在するだけでなく、アクターは多数対多数の関係性が想定される複雑で曖昧な存在であり、言説の網の中で常にゆらいでいるともいえる（佐野 2013：77）。これらの点を勘案するに、多様なアクターの統治を想定した場合、教育財政を含む教育政策選択においては、相互の違いを認めつつ、「互いに話しが通じる」感覚をある程度共有するようになるというのが、現実的には求めうることができる到達点かもしれない。英国における複数価値の同時追求、更に EEF という独立した機関が行う支援と学校現場の判断の共存という有り様は、その一つの形であるともいえよう。統治の観点から考えても、少なくとも規範と制度・政策の関係性をめぐる解釈を共有することに向き合い、政策選択や優先順位付け、程度の問題を社会的に検討・応答していくことが、我が国においても求められると考える。

　その他、具体的な制度設計としては、配分単価をどのように積算するのか、配分単位を個人補助とするのか機関補助とするのか、関連して、一条校や公立学校以外への資源配分を含めたフレームワークをどのように設計するか等、公教育制度の根幹に関わる事項も含めて、複数の検討課題が残される。これらについては、紙幅の関係上、他稿に譲りたい。

　注
（1）周知の通り、「機会の平等」「結果の平等」「潜在能力の平等」「資源の平等」「必要性充足の平等」などといった多くの概念が提案されてきた。

（2）本稿でいう英国とは、イングランドを指す。

（3）Free Schools Programme Communications Department for Education（2019年9月13日 10：00〜12：00）

Moorcroft School（Eden Academy Trust）の headteacher（Andrew Sanders 氏）と school business manager（Sudhi Pathak 氏）（2019年9月12日 10：00〜12：00）

（4）収入、雇用等の剥奪指標を基にして決定される。

（5）軍隊従事者の子どもが対象となるのは、度重なる移動によって、感情や社会性等の側面から特別なニーズを持つと考えられていることによる。

（6）9月に始まり、翌年の8月に終了する。

（7）EEF（2019）を中心に、注（2）のインタビューデータ及び EEF（2021）も参照して記述。

（8）同上。

（9）授業期間中の学校で、授業の始業前に、子どもたちに健康的な朝食を安全な環境で与える取り組み。児童の学業成績向上に効果があるとされている。

（10）https://www.gov.uk/government/publications/pupil-premium

（11）2019年版は、2023年現在のものよりの情報量が少なく、エビデンスの根拠となる論文へのリンクは、網羅的には貼り付けられていなかった

（12）Sudhi Pathak：Director of Finance and Operations　2019年9月12日インタビュー及び Eden Academy 2019 より。

（13）https://educationendowmentfoundation.org.uk/education-evidence/teaching-learning-toolkit（最終閲覧日 2023年2月18日）

（14）https://educationendowmentfoundation.org.uk/education-evidence/evidence-reviews（最終閲覧日 2023年2月18日）

（15）https://www.gov.uk/government/publications/recovery-premium-funding/recovery-premium-funding（最終閲覧日2023年2月18日）

（16）同上。

（17）後藤（2020：93）は、ハウ（Howe）の提示する「非抑圧の原理」を援用しつつ、要求を「切実な（求めざるを得ない）要求」と「選好充足（より良いものを選びたい）要求」に区分し、理論的に整理した上で、多様性・異質性ゆえに抱える困難性や危害からの回避という「切実要求」に応じるのは公的責任となる一方、「選好充足要求」への応答は、原則的には「切実な要求」の充足がなされた後の余剰資源で応答するべきものとした。本論で言及する切に必要なニーズとは、上記の切実な要求に相当する。

（18）緩やかというのは、タイムトレンド（経時的）にもクロスセクショナル（横断的）にも、一様ではなく、小さな変化に晒されることを示している。

参考文献

・秋朝礼恵（2016）「スウェーデン・モデル―グローバリゼーションの中の揺らぎと挑戦」岡澤憲芙・斉藤弥生編著『スウェーデン・モデル グローバリゼーション・揺らぎ・挑戦』第11章、彩流者。

・Alexandra School（2020）*Alexandra School Pupil Premium Report-Spending and impact*.

・Ball, S.（2017）*The Education Debate*（3rd.ed.）. Bristol：Policy Press.

・Bourdieu,P Passeron, J.C.（1970）. *La Production.* Minuit.（=1991, 宮島喬訳。『再生産』藤原書店。）

・DfE（2021）Pupil premium：conditions of grant 2020 to 2021.

・Dworkin, R., and Virtue, S.（2000）. *The Theory and Practice of Equality*, Cambridge, M.A.：Harvard University Press.（=2002, 小林公・大江洋・高橋秀治・高橋文彦訳『平等とは何か』木鐸社。）

・Eden Academy（2019）*The Eden Academy Board Report* 2019/20 *Budget*.

・EEF（Education Endowment Foundation）（2019）. *Pupil Premium Guidance 16 2019*.

・EEF（Education Endowment Foundation）（2021）. *The EEF Guide to the Pupil Premium-Autumn* 2021.

・後藤武俊（2020）「公教育の射程と困難を抱える子ども・若者への教育保障」大桃敏行・背戸博史編著『日本型公教育の再検討』岩波書店。

・ハヤシザキカズヒコ・岩槻知也（2015）「イギリス―疑似市場の中の格差縮小」志水宏吉・山田哲也編著 .『学力格差縮小策の国際比較』岩波書店。

・苅谷剛彦（2009）『教育と平等』中公新書。

・Lampl, P.（2011）Here's our chance to find out what works in addressing the shameful attainment gap between rich and poor. https://www.tes.com/news/heres-our-chance-find-out-what-works-addressing-shameful-attainment-gap-between-rich-and-poor

・前川喜平（2002）『文部省の政策形成過程』城山英明・細野助博編著『続・中央官庁の政策形成過程－その持続と変容』（第6章）中央大学出版部。

・松元雅和（2015）『応用政治哲学－方法論の探求－』風行社。

・松岡亮二（2019）『教育格差－階層・地域・学歴』筑摩書房。

・宮本憲一（2006）「政治経済学としての財政学―国家と「市民的公共性」をめぐって」『財政研究』（2）：112-121。

・仲田康一（2016）「英国アカデミー政策と教育ガバナンス―その概要・評価・民主主義をめぐって―」『季刊教育法』19：100-109。

・Odden AR, Picus LO, Goetz ME.（2010）. A 50-State Strategy to Achieve School Finance Adequacy. *Educational Policy*. 24（4）：

628-654.

・Rawls, J.（1971）*A Theory of Justice*, Cambridge, M.A.：Belknap Press of Harvard University Press.（＝2010，川本隆史・福間聡・神島裕子訳.『正義論』紀伊國屋書店。）

・Rebell, M.A.（2009）*Courts and Kids: Pursuing Educational Equity Through the State Courts*, University of Chicago Press.

・佐野亘（2013）「規範的政策分析の確立に向けて」『公共政策研究』（13）、65-80。

・佐野亘（2020）「道徳的妥協の正当化：予備的考察」『関西大学法学論集』（70）、333-358。

・佐野亘・松本雅和・大澤津（2021）『政策と規範』ミネルヴァ書房。

・佐藤仁・北野秋雄編著（2021）『世界のテスト・ガバナンス―日本の学力テストの行く末を探る』東信堂。

・Sen, A.（2009）*The Idea of Justice*. London. Allen Lane.（＝2011, 池本幸生訳.『正義のアイディア』明石書店。）

・Throgmorton, J.A.（1991）The Rhetoric of Policy Analysis. *Policy Science*. 24：153-179.

・Wolf, J.（2019）*Ethics and Public Policy: A Philosophical Inquiry*.（2nd. ed.）London and New York：Routledge.（＝2016, 大澤 津・原田健二朗訳『「正しい政策」がないならどうすべきか：政策のための哲学』勁草書房。）

［謝辞］本研究は、科研費（18K02357）の助成を受けた研究成果の一部である。

（千葉大学）

[投稿論文]

アメリカにおける「学校風土」調査に基づく学校改善とアカウンタビリティ政策の展開
—シカゴ学区における児童生徒への質問紙調査の活用事例を中心に—

古田　雄一

1．問題の所在と目的

　近年の国内外の教育政策では、基礎学力保障のみならず子どものウェルビーイングの実現が重視されつつあり（末冨 2021）、学校教育が保障すべき教育の質を広く捉え直す視点が求められている[1]。それに伴い、各学校が提供する教育の質をどのように把握し改善に繋げるかが課題となる。

　アメリカでは、1990年代以降進められてきたテストスコアに基づくアカウンタビリティ政策の弊害や限界が指摘され、その見直しが進行している。テストスコアだけでなく幅広い指標を組み合わせ、各学校が行う教育の効果や質を、より多面的・包括的に捉える動きがみられる。

　こうした試みの一つに、「学校風土（school climate）」の測定と活用がある。学校風土とは、児童生徒の学校生活や学習環境に焦点を当てた概念である。その測定には、停学・退学率や長期欠席率等の指標に加え、児童生徒を含む学校の関係当事者への質問紙調査（school climate survey）の結果を用いることが多い。その結果は学校改善に役立てられるほか、アカウンタビリティ・システムの一部に組み込む州もある。学校教育の質の構成要素として、テストスコアのようなアウトカムだけでなく、児童生徒が過ごし学ぶ環境も重要と考えられ、その実態把握に基づく保障や改善が目指されているのである。

　特に注目に値するのは、学校風土の測定に児童生徒への調査を活用している点である。児童生徒は教職員とは異なる立場で学校を捉えており、彼らが学校生活をどのように感じ、経験しているか把握することは学校改善にも有益といえる（古田 2021）。実際、州の学校風土調査の分析結果からは、教職員と児童生徒の間で認識にずれがある可能性も見出される（Debnam et al. 2021）。したがって児童生徒への調査は、学校の課題を掘り起こし改善に示唆を与えることが期待できる。

　学校風土調査が学校改善の有効な駆動因となる可能性は、藤岡（2013）のニューヘイブン学区の事例研究からも示唆される。さらに、近年の全米的な学校風土調査の活用動向は、黒田（2021）が社会情動的学習（social emotional learning：SEL）と関連づけて報告している。ただし学校風土調査は、SELのみならず幅広い学校改善の文脈で展開されており、整理が必要である。また先行研究では児童生徒調査の活用実態も明らかになっておらず、具体的な事例に即した意義や課題の解明が課題である。特にこうした調査結果をアカウンタビリティ・システムに組み込む場合、児童生徒の主観的な認識をハイ・ステイクスな学校評価に活用することがいかなる帰結を生むのか、検証を要する。

　日本でも近年、学校風土調査に注目する動きがある。例えば文科省委託事業「子どもみんなプロジェクト」では、アメリカの学校風土調査の尺度を参考に日本版尺度が開発され、複数の自治体で活用の試みがある（和久田ほか 2020）。また、エビデンスに基づく教育政策の実証事業では、児童生徒アンケートの結果を含むデータをダッシュボード等で可視化し教育活動に活かす自治体もみられる（文部科学省 2020）。このような萌芽的な取り組みも進む中で、政策における活用可能性や、その帰結や課題について、先行して蓄積があるアメリカの動向や実態から示唆が得られると考えられる。

　そこで本稿では、アメリカにおける学校風土調査の活用の実態とその可能性や課題について、主に児童生徒への調査に焦点を当てて明らかにする。具体的には、第一に、アメリカにおける学校風土調査の展開について、文脈や活用目的の多様性を踏まえながら整理し、その特徴を把握する。第二に、イリノイ州シカゴ学区の事例を手掛かりに、児童生徒を対象とした学校風土調査の活用実態や導入がもたらす帰結について分析する。第三に、児童生徒への学校風土調査の可能性と課題を、文脈や活用目的による違いにも関連づけながら考察する。

２．アメリカにおける学校風土調査の活用の展開とその多様性
（１）学校風土の概念と特徴

　学校風土の定義は論者により異なるが、全米学校風土協議会（National School Climate Council：NSCC）によれば、学校風土とは「学校生活の質と性質」であり、「学校での生活経験の様式に基づき、規範、目標、価値、人間関係、教授・学習とリーダーシップの実践、組織構造を反映する」（NSCC 2007, p.5）ものだという。類似語としては学校文化（school culture）があり、

両者は実質的に同じ意味で使われることも多いが、学校風土は児童生徒や教職員個々人の経験や感情を、学校文化は個人間で時間をかけて共有されてきた価値や信念をそれぞれ指す傾向がある（Kane et al. 2016）。すなわち学校風土の概念は、学校全体の集合的な共通傾向だけでなく、個々人の主観的な認識や感じ方、またその差異や多様性への関心を内包する点が特徴的といえる。

学校風土の測定指標については、停学・退学率や長期欠席率といった管理データに加え、児童生徒や教職員、保護者等への質問紙調査（学校風土調査）の結果を併用することで、より的確に実態が把握できると考えられる（Buckley et al. 2016）。具体的な調査項目としては、教室や学校の安全、教授・学習への支援、人間関係、物理的な環境等を含むものが多い（Melnick et al. 2017）。

（2）学校風土測定を意義づける議論の特徴

では、学校風土に注目し測定する意義はどのような背景や論拠のもとで論じられてきたのか。

大きくは次の3つに整理できる。第一に、安全・安心な学校風土それ自体が児童生徒にとって保障されるべき権利であるという考え方である。学校での犯罪や暴力、いじめ等から守られ、安心して過ごせる環境は、教育以前に前提条件としてあらゆる子どもに保障されることが肝要といえる。第二に、良好な学校風土は基礎学力保障において重要という見方である。実際、学校風土と学業成績との関連性を明らかにした研究も数多くあり（Bryk et al. 2010, Hough et al. 2017）、特に社会経済的に厳しい条件の学校や児童生徒への有効性を示す知見もみられ（Berkowitz et al. 2017）、学力格差縮小の観点からも注目されている。第三に、学力のみならずより広い教育的効果の見地から学校風土の重要性を支持する議論である。例えば社会情動的学習（SEL）の観点や、ドロップアウトや犯罪・暴力の抑止効果等が挙げられる（Melnick et al. 2017, Dynarski et al. 2008, U.S. Department of Homeland Security et al. 2020）。こうした幅広いアウトカムとの関連性についても研究の蓄積がある（Thapa et al. 2013）。

上記の第一の見方は良質な学校風土の提供自体を目的と捉えるのに対し、第二・第三の見方は児童生徒のアウトカムとの関連で学校風土を意義付けるものだが、アメリカ国内の議論では後者が支配的な傾向にある。これは、個々人の主観や感じ方に基づいて回答がなされる学校風土調査の信頼性に懸念もある中で、実際に様々なアウトカムに寄与していることを示す研究の蓄積が、学校風

土調査の正当性を担保し推進を後押ししてきたこととも関係しているといえる[2]。

（3） 学校風土調査の州レベルでの政策展開と活用目的

学校風土調査は、以前より一部の学区や州において学校改善支援等に用いられてきたが、全米的な政策展開の契機となったのが、2015年に制定された「すべての子どもが成功する法（Every Student Succeeds Act：ESSA）」であった。従前の NCLB 法（No Child Left Behind Act、2002年制定）では、州政府は児童生徒の英語と算数・数学の習熟度測定のための州テストの実施を義務づけられ、規定の進捗度を満たせない状態が続く学校には厳しい罰則規定も設けられた。しかし ESSA では、こうしたテストスコアのみに基づく学校評価のあり方が見直され、より包括的な評価指標が導入された（矢野 2018）。具体的には、各州のアカウンタビリティ・システムには、NCLB 法でも求められていた州学力テストのスコアや高校卒業率等の指標に加え、英語を母語としない児童生徒の言語運用能力、そして最低一つ「学校の質または児童生徒の成功」に関する他の指標を盛り込むこととされ、学校風土も採用できる選択肢の一つとなった（ESSA §1111（c）（4）（B）（v）（II））[3]。

2021年12月時点では、9 州が州のアカウンタビリティ・システムで学校風土調査の結果を利用している（Education Commission of the States 2021）[4]。いずれの州でも、学校風土調査に加え「学校の質または児童生徒の成功」に関わる他の指標も用いている。多くの州では、学校風土調査の結果が州アカウンタビリティ・システム全体の算出式に占める割合は 5 ～10% 程度だが、ノースダコタ州では小中学校（K-8）で30%、高校で20% を占める（Jordan & Hamilton 2019, Schneider et al. 2021）。

他方で州のアカウンタビリティ・システムには組み込まず、学校改善支援の目的で学校風土調査を用いる州もある（Jordan & Hamilton 2019）。ただしこうした場合でも各学校の結果をウェブサイト等で公開している州もあり、特に学校選択制が導入されている学区等では、保護者の学校選択の材料となることで、学校を間接的に統制しうることに留意が必要である。

このように学校風土調査の多様な政策展開には、異なる目的や機能が併存しており、具体的な活用方法も一様ではない。以下では、こうした複数の文脈が絡み合いながら行われる学校風土調査の導入事例としてイリノイ州シカゴ学区での事例を取り上げ、その実態や帰結について考察したい。

３．イリノイ州シカゴ学区における5Essentials の活用事例

（１）5Essentials の概要

5Essentials は、シカゴ大学の学校調査コンソーシアム（UChicago Consortium on School Research）が開発した調査（survey）である。対象は児童生徒と教員で、調査はオンラインで実施され、結果は各学校にフィードバックされる。5Essentials はコンソーシアムが実施したシカゴ学区での大規模な学校改善研究の成果[5] を基盤に構築されており、その妥当性にも定評がある（Davis et al. 2021, Melnick et al. 2017）。シカゴ学区では学校改善支援のため1997年より5Essentials を導入し、その後イリノイ州全体利用されるようになる[6]。同州以外でも導入事例があり、全米22州の6,000校以上で活用されてきた[7]。

5Essentials の調査内容は、先の学校改善研究で重要とされた要素に基づき、表１に示す５つの領域で構成されており、そのうち学校風土に関係するのは、「支援的な環境」の領域である。各指標は複数の質問項目で構成され（表２）、それらの回答結果をもとに得点が算出される。

近年のシカゴ学区での研究では、在籍生徒の貧困率を問わず、5Essentials の各領域でポイントが高いことが、学力を含む学校改善に結びついていることが認められ、小中学校（K-8）段階では特に高貧困率の学校で学校改善との

表１　5Essentials の領域・指標と調査対象

領域	指標	対象
意欲的な指導	英語の指導／算数・数学の指導／学業面の後押し	児童生徒
	児童生徒の議論の質	教員
効果的な リーダー	プログラムの一貫性／教員－校長の信頼／教員の影響力[注1]／教授的リーダーシップ	教員
協働的な教員	協働的な実践／集合的な責任／質の高い専門職能開発／学校へのコミットメント／教員間の信頼	教員
支援的な環境	安全／児童生徒－教員の信頼	児童生徒
	学習へのピア・サポート／学業上の人格主義[注2]	児童生徒（K-8）
	学校全体の将来への志向性	児童生徒（高校）
	中等教育後の教育への期待	教員（高校）
家族の関与	教員－家族の信頼／学校への保護者の関与／学校の意思決定への保護者の影響	教員

出典：Hart et al.（2021）をもとに、UChicago Consortium 刊行資料でも確認し筆者作成。
（注1）学校の方針や実践に関する幅広い意思決定に教員が影響力をもっていること。
（注2）教員が教室で児童生徒と繋がり、学業面の目標達成に向けて支援していること。

表2 「支援的な環境」の指標を構成する質問項目の例

【安全：5項目】（次のそれぞれにおいて安全と感じるかを尋ねられる） 　学校外で／家と学校の行き来で／自分のクラスで／学校の廊下で／学校の洗面所で
【児童生徒－教員の信頼：5項目】 　私の先生は、いつも約束を守ってくれる／私の先生は、いつも私を尊重して扱ってくれる／私はこの学校で、先生と一緒にいると安心できる／私はこの学校で、先生と一緒にいると落ち着く／私の先生は、いつも児童生徒の考えを聴いてくれる

出典：2021 CPS 5Essentials Survey（https://5-essentials.org/cps/5e/2021/）をもとに筆者作成。

強い関連性がみられた（Hart et al. 2021)[8]。すなわち良質な学校風土を含む諸環境の保障が、同学区のようなアメリカ大都市の重要な教育課題であった学力格差是正に有効と考えられるのである。ただし高貧困校の環境は以前より大きく改善しつつあるものの、他の学校とは依然として差があり、課題も残されている。

（2）シカゴ学区における5Essentialsの運用

　シカゴ学区では1997年から5Essentialsを導入した。当初の目的は学校改善のための情報提供であり、学区教育委員会は各学校に対して学校改善計画に活かすことを推奨はしたが義務とはされず、具体的な活用は各学校に委ねられた。初等中等学校（K-8）から導入された5Essentialsは、2011年より高校段階でも導入され、また同年からは各校の結果が公開されるようになった。さらに、2014年からは学区の学校査定政策（School Quality Rating Policy：SQRP）にも組み込まれ（Davis et al. 2021)、学校改善支援に向けて導入されたシカゴ学区の5Essentialsは、2010年代に入ってアカウンタビリティの側面を強めていく。

　むろん学校改善支援の側面が消えたわけではない。コンソーシアムでは、5Essentialsについて「学校の組織状況や文化・風土を診断」し、「持続可能な学校改善の達成のために教育研究が示す最も重要な要素について、学校が整理し、優先順位をつけ、評価することを支援する」ものと、あくまで学校改善支援のために開発したものと位置づけている（UChicago Impact 2019, p.1）。学区教育委員会も調査の趣旨について「この調査は児童生徒と教員に学校環境での経験や感情を尋ねるもので、児童生徒と教員から直接得られるこうした情報は、学校の改善計画を立てる上で肝要」と学校改善の側面から説明している[9]。

　では、学校改善に役立てるために、結果は各学校にどのようにフィードバッ

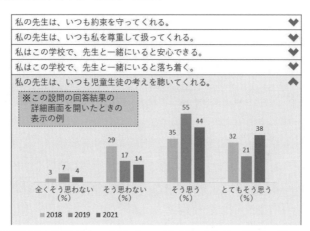

図1　個別項目の回答分布の表示イメージ（「児童生徒－教員の信頼関係」）
出典：2021 CPS 5Essentials Survey（https://5 -essentials.org/cps/5e/2021/）をもとに筆者作成。

指標	得点	領域	回答者
児童生徒－教員の信頼	48　中間（Neutral）	支援的な環境	児童生徒
児童生徒－教員の信頼（4年生）	56　中間（Neutral）		
児童生徒－教員の信頼（5年生）	66　強い（Strong）		
児童生徒－教員の信頼（6年生）	42　中間（Neutral）		
児童生徒－教員の信頼（7年生）	41　中間（Neutral）		
児童生徒－教員の信頼（8年生）	32　弱い（Week）		

図2　学年別得点の表示イメージ（「児童生徒－教員の信頼関係」）
出典：2021 CPS 5Essentials Survey（https://5 -essentials.org/cps/5e/2021/）をもとに筆者作成。
（注）「得点」は本文で述べた「非常に強い」～「非常に弱い」の5段階で色分けし表示される。

クされるのか。各学校の結果レポートは年度末に校長に届き、翌年度には一般にも公開される。結果は各領域・指標別に表示され、得点（100点満点）に応じて「非常に強い」「強い」「どちらでもない」「弱い」「非常に弱い」の5段階で色分けして表示され、各指標を構成する個別の質問項目（4件法）の回答分布も確認できる（図1）。結果の経年比較も可能であり、各学校は自校の強みや課題、その改善状況を把握できる。

　さらに児童生徒が回答する各指標の得点は、性別・学年・人種別の比較や、個別教育計画の支援対象者、英語言語学習者、無償・減額給食の対象者の児童生徒とそれ以外の児童生徒の比較も可能となっている（図2は学年別の得点表示例）。これにより児童生徒の認識実態をきめ細かく分析でき、特にどのよう

な児童生徒へのケアや環境改善が課題なのか把握できるという意義がある。

　他方、シカゴ学区の学校査定政策（SQRP）では、各学校のパフォーマンスを複数の指標を組み合わせて年1回評価しており、5Essentials の結果も使われている。その概要は次の通りである（Chicago Public Schools 2019）。各学校の評価は、5Essentials を含む各指標の得点に、それぞれの配点（ウエイト）を掛け合わせ、その合計点に基づき5段階で決定される[10]。5Essentials が全体に占める配点は、小中学校10％、高校5％が基本である。評価結果はウェブで公開され、また下位2段階の評価を受けた場合は学区教育委員会の介入対象となる。具体的には、下から2段階目の評価では学区も関与し修復計画が作成・実施され、最低評価の学校に対しては校長の解雇と交代、教職員の入れ替え、閉校等も選択肢に入る。5Essentials が学校評価の算出に占める割合は限定的だが、低評価を受けた場合の帰結の大きさに鑑みるとその影響は無視できないであろう。

（3）学校における認識と活用の実態

　以上のような5Essentials は学校でどのように受け止められ、活用されているのか。コンソーシアムでは、6校の校長と教職員、その他関係者に調査を実施し報告書をまとめている（Davis et al. 2021）。これによれば教員は5Essentials を、児童生徒や教員の視点から学校の「一般的な雰囲気」や「全体的な機能状況」を評価するものと認識しており、児童生徒や教員の経験に基づくフィードバックが得られることや、学校改善に幅広い声を取り入れる機会になることなど、前向きな評価もみられた（p.19）。ここには、学校改善に有益な情報源としての期待を見出せる。

　その一方で課題も指摘されている。第一に、調査結果の性質に関係する課題として、漠然としていて具体的な改善行動に繋げにくい点や、教員や児童生徒の個人的な不満の発露に用いられうる点などがある。第二に、調査結果の活用に関わる課題として、データを分析し改善に活かすための時間や資源、組織の能力等の不足や学校間の差があり、それらを補うための支援も十分でないという点が指摘されている。第三に、アカウンタビリティと関係する課題がある。まず SQRP のスコアの維持や改善へのプレッシャーゆえに、SQRP の配点が高い指標に関心が向けられやすく、5Essentials の分析や活用の優先順位が高まりづらいという。また、結果が公開され学校の評価にも利用される旨を児童生徒にも伝えたことで、好意的な回答が促されたと推察される事例もみられ

た[11]。

　この第三の課題は、学校改善支援のみならずアカウンタビリティの文脈に学校風土調査が組み込まれることで、本来もつ学校改善の機能の発揮が阻害されうる問題を浮き彫りにしている。児童生徒の主観的な認識や感じ方を把握する学校風土調査は、先述の通り学校改善との関連性を示す知見にも後押しされて一定の信頼性を得てきたが、アカウンタビリティ・システムに紐づくことで、その信頼性が揺らぎやすくなり、学校改善を導くデータとしての利用可能性にも影響を与える。他方で、第一・第二の課題からは、アカウンタビリティ・システムに組み込まれなかったとしても、単に精度の高いデータが得られるだけでは、データの性質と学校の環境条件ゆえに、各学校が具体的な改善の取り組みに活かすのは容易ではなく、適切な支援が求められることも示唆される。

4．考察

　アメリカの学校風土調査は、連邦政府、州、学区、学校それぞれにおいて幅広い文脈で理解され、それらが絡み合い多様な展開をみせてきた。そこにみられる文脈の違いは、主に①学校風土を何らかのアウトカム達成の手段と捉えるか、その保障自体を重要な目的と捉えるかという位置づけの違い、②学校風土の測定結果を学校改善支援の材料として提供するのか、学校のアカウンタビリティを問うのかという活用目的の違いに整理できる。これらを便宜的に布置すると図3のような4象限を描くことができる。

　第Ⅰ象限は、児童生徒の学力保障やドロップアウト・問題行動の抑止などの手段として学校風土を捉え、学校に風土の点検や改善を求めるもので、ハイ・ステイクスな評価に学校風土調査の結果を組み込むものもここに含まれる。第

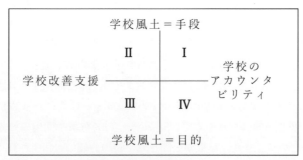

図3　学校風土調査の多様な展開文脈

Ⅱ象限も、学校風土を手段と捉える点は同様だが、その指標は学校の責任を問うためよりも、各学校の改善支援の材料として提供される。シカゴ学区における5Essentialsの活用は、第Ⅱ象限から第Ⅰ象限に性質を変えていったと捉えられる。アメリカ全体でも第Ⅰ・Ⅱ象限の文脈が支配的といえる。

　一方、第Ⅲ・Ⅳ象限は、児童生徒の権利やウェルビーイングの観点で学校風土それ自体が肝要という考えに基づく。第Ⅲ象限は、そうした視点で改善に取り組む学校を支援するものである。例えば、本稿では検討できなかったが、一部の学校や学区では、民間組織が提供する評価ツールを用い、公正（equity）の視点で学校改善を図るためのデータを収集・活用しており、その中に児童生徒への学校風土調査を含める例がある[12]。第Ⅳ象限は、児童生徒が良質な学校風土を享受できているかどうか、学校評価等を通じて把握し学校に改善を求めるものである。アメリカではあまり例がないが、他国では学力のみならず子どもの権利保障の視点での第三者評価もみられ（池本 2019）、その評価の際に学校風土関連の項目を含む児童生徒への調査結果を参照する例もある[13]。

　学校風土をアウトカムと結びつけるアメリカで主流の文脈（第Ⅰ・Ⅱ象限）は、あらゆる子どもへの基礎学力保障という同国の公教育における積年の課題などからも理解できる。ただ、例えばシカゴ学区の研究では、高貧困地域の高校では生徒－教員間の信頼の指標は学力等の改善にほとんど寄与していなかったが（Hart et al. 2021）、このことをもってこうした学校で学校風土の改善に取り組む優先順位が低いとはいえない。むしろ貧困地域の生徒は様々な困難を経験している者も多く、包摂的な学校風土は一層重要とも考えられる。だが学校風土がアウトカムと関係づけられる中では、こうした視点は後景に退く可能性もある。学校風土の重要性をアウトカムに対する効果や有用性だけでなく、児童生徒の権利やウェルビーイングの側面からも補強する必要性が示唆される。

　また活用方法に関して、学校風土概念が児童生徒の学校経験の差異や多様性への関心を含むことに鑑みて注目したいのは、5Essentialsでも可能であったように、当該学校の児童生徒全体の平均値だけでなく、児童生徒の背景や属性別の結果に注目し比較検討する方法である。先行研究でも、児童生徒の人種等の背景によって学校風土の認識や実際に経験される風土が異なることが明らかにされている（Vought et al. 2015, Hough et al. 2017, Merrill et al. 2021）。これはゼロ・トレランス政策を背景とする学校規律改革でみられてきた、児童生徒の人種の違いによる不公平な対応などとも符合する（Hoffman 2014）。

学校内の多様な児童生徒の状況を把握することで、誰が不安や疎外感を抱き、誰が取り残されているのかという、いわば「公正のレンズを用いた」（Aspen Institute Education & Society Program 2020, p.4）課題の把握は、学校改善にとって重要な材料となるだろう（これは第Ⅲ象限的な活用可能性ともいえる）。

　こうした学校改善への活用可能性の一方で、アカウンタビリティ・システムに紐づくことでそれが難しくなる可能性も示唆された。むろんアカウンタビリティに組み込むことには、関係者の認識を高め、資源や関心を集めやすくなるといった意義もある（Melnick et al. 2017）。しかしシカゴの事例では、学校関係者の関心が配点のより高い指標に向き、学校風土調査の活用の優先順位はむしろ高まりづらかった。加えて、評価への活用や結果の公開という位置づけが回答に影響を与えることで、学校の実態を見えづらくさせ、学校改善への活用が困難になっていた。このように調査の目的や位置づけが回答結果に影響しやすい点も、児童生徒の主観的な認識を尋ねる学校風土調査の特徴といえる。

　また先述の通り、学校改善の文脈では学校内の多様な児童生徒の実態を捉えることが重要といえるが、アカウンタビリティの文脈に位置づくことで、学校内の多様性よりも学校間の比較が強調される懸念がある。学校風土調査は学校間比較に適さないとの指摘や、児童生徒の認識を一枚岩で捉えることへの警鐘もみられるが（Temkin et al. 2021, Merrill et al. 2021）、アカウンタビリティの文脈に位置付けることは、まさにそうした方向性での活用を促しうる。それでも学校間の差異に注目するのであれば、重要なのは、それを制裁ではなく行政による支援に活かすことであろう[14]。学校風土の課題が特に困難校に残るシカゴ学区の実態は、そうした学校への重点的支援の必要性を示唆している。

5．まとめと今後の課題

　アメリカで広がりを見せる学校風土調査の活用は、学校教育の質をより多面的に把握するため、児童生徒が学校生活をどのように経験しているのかという側面に光を当て、従前の学校改善の視点を拡張するとともに、児童生徒に学校の評価や改善への参加機会を保障する試みといえる。学校風土調査は個々の児童生徒の主観的認識による回答に基づくものだが、種々のアウトカムとの関連性を示す研究も多く、学術的知見に基づき練られた調査であれば学校改善に十分有益な材料となりうることも示唆される。

　同時に、アメリカの展開動向の分析から見えてきたのは、その背景や活用目的の多様性や緊張関係でもあった。学校風土調査の学校改善への活用可能性の一方で、アカウンタビリティに組み込まれることで起きうる影響も示唆された。また、学校風土が何らかの教育成果の達成手段として捉えられ、その有効性が強調される一方で、安心して過ごせる学校風土それ自体が児童生徒の権利として重要という視点も、学校教育の質を多面的に捉える基盤として求められよう。

　本稿で得られた知見は日本にも様々な示唆がある。第一に、日本でもエビデンスやデータを活かした教育政策が注目される中、児童生徒の視点から、学習を支える基盤や児童生徒のウェルビーイングの状況を把握する学校風土調査は、学校教育の質を多面的に把握する試みとして注目に値する。第二に、児童生徒の背景による学校風土の認識や経験の違いに着目する視点も重要である。平均値で全体的な傾向を把握したり、特定の児童生徒個人の状況を把握し介入や支援に繋げたりするだけでなく、学校の中でどのような子どもが困難を抱えやすいのか分析し、学校の課題を浮き彫りにし、学校改善に活かす視点も大切といえる。第三に、そうした分析と活用のためにも、行政等による支援が肝要となる。学校は調査結果を分析し改善に繋げる知見や資源を持たないことも多く、各学校が効果的に結果を活かせるような支援が鍵となる。第四に、学校風土調査の活用方法に関する政策的な位置づけに注意を払う必要性も見出された。例えば調査結果を学校に提供するのみなのか、数値の改善を求めるのか、結果を公表するか否かなどにより、調査の意味づけられ方や結果の性質も変わりうる。

　なお、学校風土調査は学校改善の契機にすぎない。得られる定量的データは様々な仮説や示唆への手掛かりになるが、児童生徒の学校経験の内実に迫るには限界もある。調査を起点に児童生徒への聞き取りや対話、問題の探究に繋げることが肝要といえる（Aspen Institute Education & Society Program 2020）。

　本稿では、学校風土調査の多面的な政策展開や、学校改善における活用可能性や課題を示したものの、各学校・学区での具体的な改善の取り組みや、そのために必要な支援や環境条件、課題を踏まえた調査や政策の枠組み自体の見直しなど、動態的な調査研究も含めさらなる知見が求められる。また、考察で触れた他国との比較は萌芽的な試論であり、今後他国の政策や実践との精緻な比較分析により深められる必要がある。いずれも今後の課題としたい。

付記　本稿は、JSPS科研費（課題番号22K13644）の研究成果の一部である。
なお、本論文の脱稿後（2023年3月31日）、文部科学省から「誰一人取り残さ
れない学びの保障に向けた不登校対策（COCOLOプラン）」が公開され、そ
の取り組みの一つとして学校風土等の把握が盛り込まれた。こうした新たな国
内政策動向の追究も今後の課題である。

注
（1）国内でも、第4期教育振興基本計画の中心概念の一つに、「日本社会に根
　　差したウェルビーイングの向上」が掲げられた（中央教育審議会「次期教
　　育振興基本計画について（答申）」2023年3月）。
（2）例えば州教育長協議会（CCSSO）の報告書では、「サーベイデータの潜在
　　的懸念にもかかわらず、サーベイの結果は信頼性が高く他のアウトカムを
　　予測しうることが研究で示されてきた」（Buckley et al. 2017, p.10）と論
　　じている。
（3）ESSAで示されている選択肢は、児童生徒の関与、教育者の関与、発展的
　　なコースへの児童生徒のアクセスや修了、中等教育卒業後へのレディネス、
　　学校風土や安全、その他要件を満たす州が選択した指標である。
（4）アイダホ、イリノイ、アイオワ、ケンタッキー、メリーランド、モンタナ、
　　ニューメキシコ、ノースダコタ、サウスカロライナの9州。
（5）その成果はBryk et al.（2010）にまとめられている。
（6）イリノイ州では2012年より6〜12年生に隔年実施され、2018年からは4〜
　　12年生を対象に毎年実施されている。
（7）UChicago Impact "5Essentials" https://uchicagoimpact.org/our-
　　offerings/5essentials/（最終アクセス：2023年3月25日）
（8）Hart et al.（2021）では、出席率、GPA、算数・数学のテストスコアを
　　統合した指数を学校改善のアウトカムとして設定している（p.3）。
（9）Chicago Public Schools "My Voice, My School Surveys" https://
　　www.cps.edu/about/district-data/metrics/surveys/（最終アクセス：
　　2022年11月23日）
（10）ただしこの方法とは別に、評価に用いられる指標の一つである全米のアセ
　　スメント（NWEA）における英語と算数・数学のスコアのパーセンタイル
　　（小中学校）、および大学進学適性試験等（PSAT/SAT）におけるベンチマ
　　ークの達成率（高校）単体でも5段階評価を行い、もしそちらが高い場合
　　はその評価が適用される（95％以上の受験率を満たす場合のみ）。
（11）例えばある学校では、副校長が児童生徒に調査目的を説明する際、学校改
　　善に役立つ可能性とともにSQRPの評価に繋がる点も強調しており、（あ
　　くまで忠実で率直な回答を奨励したものの）子どもたちは調査の帰結の意

味も理解していたようであったという（p.41）。なおシカゴ学区は、希望する場合に居住地域以外の学区内の学校を選べる学校選択制を採っている。

(12) こうした取り組みは「エクイティ・オーディット（equity audit）」等と呼ばれる（cf. Khalifa 2018）。

(13) 例えばイギリスの第三者評価機関 Ofsted の学校訪問時に実施される児童生徒へのアンケートには、「先生は授業中の私の発言を聞いている」「学校で私は安全だと感じる」などの項目が含まれる（池本 2019, p.94）。

(14) こうした試みの一例として、宮古・八並（2021）が紹介するカリフォルニア州の事例などが挙げられる。

参考文献

・Aspen Institute Education & Society Program（2020）*Coming Back to Climate: How Principals Use School Climate Data to Lead Improvement*.

・Berkowitz, R., Moore, H., Astor, R. A. & Benbenishty, R.（2017）"A Research Synthesis of the Associations Between Socioeconomic Background, Inequality, School Climate, and Academic Achievement", *Review of Educational Research*, Vol.87, No.2, pp.425-469.

・Buckley, K., Gopalakrishnan, A., Kramer, E. & Whisman, A.（2017）*Innovative Approaches and Measurement Considerations for the Selection of the School Quality and Student Success Indicator under ESSA*, Council of Chief State School Offices.

・Bryk, A. S., Sebring, P. B., Allensworth, E., Easton, J. Q. & Luppescu, S.（2010）*Organizing Schools for Improvement: Lessons from Chicago*, University of Chicago Press.

・Chicago Public Schools（2019）*School Quality Rating Policy*（*SQRP*）*Handbook*：*Guide to the Policy, Indicators, and Ratings*.

・Davis, L., Shyjka, A., Hart, H., Gutierrez, V. & Kheraj, N.（2021）*5Essentials Survey in CPS: Using School Climate Survey Results to Guide Practice*, University of Chicago Consortium on School Research.

・Debnam, K. J., Milam, A. J., Bottiani, J. H. & Bradshaw, C. P.（2021）"Teacher-Student Incongruence in Perceptions of School Equity: Associations with Student Connectedness in Middle and High Schools", *Journal of School Health*, Vol.91, No.9, pp.706-713.

・Dynarski, M., Clarke, L., Cobb, B., Finn, J., Rumberger, R. & Smink,

J.（2008）*Dropout Prevention*（*IES Practical Guide*），Institute of Education Sciences.

・Education Commission of the States（2021）"States' School Accountability Systems 2021 SQSS Measure" https://reports.ecs. org/comparisons/states-school-accountability-systems-2021-04（最終アクセス：2022年11月23日）.

・藤岡恭子（2013）「米国都市学区における「学校風土」の開発と教育長のリーダーシップ―New Haven School Change における学習コミュニティの創造―」『日本教育行政学会年報』第39号、pp.133-149.

・古田雄一（2021）「教育経営における「生徒の声」の意義と課題―近年の国際的動向の検討と考察をもとに―」『日本教育経営学会紀要』第63号、pp.19-34.

・Hart, H., Young, C., Chen, A., Kheraj, N., & Allensworth, E.M.（2021）*5Essentials Survey in CPS: School Improvement and School Climate in High Poverty Schools*, University of Chicago Consortium on School Research.

・Hoffman, S.（2014）"Zero Benefit: Estimating the Effect of Zero Tolerance Discipline Policies on Racial Disparities in School Discipline", *Educational Policy*, Vol.28, No.1, pp.69-95.

・Hough, H., Kalogrides, D. & Loeb, S.（2017）*Using Surveys of Students' Social-Emotional Learning and School Climate for Accountability and Continuous Improvement*, Policy Analysis for California Education.

・池本美香（2019）「諸外国で進む学校の第三者評価機関の設置とそこから得られる示唆―子どもの権利実現に向けた学校参加・学校選択・学校支援―」『JRI レビュー』Vol.7、No.79.

・Jordan, P. W. & Hamilton, L. S.（2019）*Walking a Fine Line: School Climate Surveys in State ESSA Plans*, FutureEd.

・Kane, E., Hoff, N., Cathcart, A., Heifner, A., Palmon, S. & Peterson, R. L.（2016）*School Climate & Culture, Study Brief*, Student Engagement Project, University of Nebraska-Lincoln and the Nebraska Department of Education.

・Khalifa, M.（2018）*Culturally Responsive School Leadership*, Harvard Educational Publishing.

・黒田友紀（2021）「米国における学校改善と「社会性と情動の学習」」国立教育政策研究所生徒指導・進路指導研究センター『社会情緒的（非認知）能力の発達と環境に関する研究：教育と学校改善への活用可能性の視点から』（学校改善チーム）中間報告書（米国・中国調査）』pp.3-26.

・Melnick, H., Cook-Harvey, C. M. & Darling-Hammond, L.（2017）*Encouraging Social and Emotional Learning in the Context of New Accountability*, Learning Policy Institute.

・Merrill, L., Black, K. & Gilliard, R.（2021）*We're Not All Average: Reconceptualizing School Climate to Acknowledge Diverse Student Experiences in Schools*, The Research Alliance for New York City Schools.

・宮古紀宏・八並光俊（2021）「カリフォルニア州における教育データ収集と公開の仕組み─学校説明責任としての「学校風土」の測定─」国立教育政策研究所生徒指導・進路指導研究センター『社会情緒的（非認知）能力の発達と環境に関する研究：教育と学校改善への活用可能性の視点から』（学校改善チーム）中間報告書（米国・中国調査）』pp.29-91.

・文部科学省（2020）『教育の質の向上に向けたデータ連携・活用ガイドブック』.

・National School Climate Council（2007）*The School Climate Challenge: Narrowing the Gap Between School Climate Research and School Climate Policy, Practice Guidelines and Teacher Education Policy*.

・Schneider, J., Noonan, J., White, R. S., Gagnon, D. & Carey, A.（2021）"Adding 'Student Voice' to the Mix: Perception Surveys and State Accountability Systems", *AERA Open*, Vol.7, No.1, pp.1-18.

・末冨芳（2021）「教育における公正はいかにして実現可能か？─教育政策のニューノーマルの中での子ども・若者のウェルビーイングと政策改善サイクルの検討─」『日本教育経営学会紀要』第63号、pp.52-68.

・Temkin, D., Thompson, J. A., Gabriel, A., Fulks, E., Sun, S. & Rodriguez, Y.（2021）"Toward better ways of measuring school climate", *Phi Delta Kappan*, Vol.102, No.8, pp.52-57.

・Thapa, A., Cohen, J., Guffey, S. & Higgins-D'Alessandro, A.（2013）"A Review of School Climate Research", *Review of Educational Research*, Vol.83, No.3, pp.357-385.

・The U.S. Department of Homeland Security, U.S. Department of Education, U.S. Department of Justice & U.S. Department of Health and Human Services（2020）"School Climate" https://www.schoolsafety.gov/school-climate（最終アクセス：2022年11月23日）.

・UChicago Impact（2019）"The 5Essentials Overview" UChicago Consortium.

・Voight, A., Hanson, T., O'Malley, M. & Adekanye, L.（2015）"The Racial School Climate Gap：Within-School Disparities in Students'

Experiences of Safety, Support, and Connectedness", *American Journal of Community Psychology*, Vol.56, No.3-4, pp.252-267.

・和久田学・西村倫子・大須賀優子・片山泰一（2020）「学校風土の測定とその改善〜いじめ、不登校、暴力行為の予防を目指した取り組み〜」子どもみんなプロジェクト『子どもみんなプロジェクト事業成果報告書』、pp.9-14.
・矢野裕俊（2018）「NCLB 法以後の米国における州スタンダードとアセスメントをめぐる推移とその問題点」『アメリカ教育研究』第28号、pp.19-28.

（筑波大学）

V

研究ノート

［研究ノート］

文部大臣・西岡武夫が試みた大学入試改革の実施をめぐる検討過程の分析

中村　惠佑

1．はじめに

　本稿の目的は、1988年12月27日から1989年8月10日まで文部大臣を務めた、西岡武夫が試みた大学入試改革の実施をめぐる検討過程を分析することにある。西岡武夫（1936〜2011年）は、衆議院・参議院議員を務めた政治家で自民党や旧民主党等に所属しており、自民党では文教族の有力議員として活動し、文教部会長や文部大臣といった要職も歴任した。特に熱心に取り組んだ政策の一つが大学入試改革であり、例えば文教部会長等として、大学入学資格試験の創設を柱とした改革案を提唱した。そして、竹下登内閣で初めて文部大臣に就任すると、従来主張していた大学入試改革に着手すると表明し、大学審議会や中央教育審議会（中教審）への諮問も予定していた。だが結局、在任中に改革の具体的な検討に着手できないまま文部大臣を退任することになる。

　大学入試政策研究では、浜林（1977）や本多（1980）、黒羽（2001）等で、文部大臣就任以前に西岡が中心となりまとめた「高等教育の刷新と大学入試制度の改善および私学の振興について」（1974年）の大学入試改革案や、それに基づく大学入試法案の内容を説明している。また乾（1985）や佐々木（1985）では、自民党文教族が、中曽根康弘内閣の臨時教育審議会（臨教審）の第1次答申（1985年）を基に実施予定だった新テスト（後の大学入試センター試験（センター試験））を批判し、前述のような大学入試法案の検討を示唆した点を紹介している。このように、西岡の改革構想の内容は説明されているが、文部大臣就任後、その構想をどう実現しようとしたのか、また、なぜ改革に着手できなかったのかという点については管見の限り検討されていないため、本稿ではこの過程を分析する。

　さて大学入試政策には、文部（科学）省や大学、高校関係者（教員、生徒・保護者）等が関わり、主な分析対象とする文部（科学）省内では、入試を所管

する高等教育局と影響を受ける初等中等教育局を中心に省内での合意形成が重要となる。このように様々なアクターの関与や調整が必要だという特徴を持つ点に鑑み、本分析から、文部大臣という教育政策過程に直接的な影響力を行使できるアクターだけでは大学入試改革に着手しえないことを指摘し、改革の準備段階の適切なあり方を考察できる点で大学入試政策研究に学術的貢献を果たす。また、文教族は教育政策過程で重要な役割を担っているとされ（e.g. 村上2020）、西岡も様々な教育政策の形成・決定を主導したと評価される（e.g. 荒井2006）ことが一般的である。こうした教育政策研究の通説的見解に対して、文教族の代表である西岡に着目し様々なアクターの関与や調整が必要な大学入試改革を分析することで、教育政策過程での文教族の影響力を再検討できる点にも意義がある。

　なお分析では、一般紙（朝日・読売・毎日）や教育系新聞（内外教育・日本教育新聞）の記事を中心とした資料調査を行う[1]。まず、西岡の大学入試の改革構想を確認し、上記調査から、西岡の文部大臣在任中における大学入試改革の実施をめぐる検討過程を、同制度を所管する文部省や関係審議会の動きに焦点を当てつつ時系列に沿って整理し、改革に着手できなかった要因を分析する。

2．西岡の大学入試の改革構想と、文部大臣在任中の改革実施をめぐる検討過程
（1）文部大臣就任以前における西岡の大学入試の改革構想

　まず、西岡が自民党文教部会長の時に文教部会・文教制度調査会が発表した「高等教育の刷新と大学入試制度の改善および私学の振興について」（1974年）を確認する。その中で、大学入試について、「高等学校の教育を破壊し、その悪影響が、義務教育にまで及んでいる実情を、もはやこれ以上看過すべきではない。」（18-19）等と批判し、次の改革案を法案として国会に提出するとした（20-24）。一つ目は、大学入学資格試験「全国統一テスト」の実施である。主な対象は高校卒業生・同等の学力を有する者で、9月入学を想定しブロック別に4月に実施するとした。目的は高校での生徒の学習到達度の評価であり、特別な準備は不要な内容を想定していた。二つ目は、各大学の個別試験の改革である。具体的には、全国統一テストの合格を受験資格とし、学科試験を1科目に限定することや小論文・面接の必須化が提唱された。この他に、推薦入試でも同テストの合格が必要である点等が示された。だが結局、法案の制定は実現

しなかった[2]。

　次に、西岡が自民党へ復党後に座長を務めた大学入試プロジェクトチームと、主査を務めた教育改革に関する特別調査会高等教育小委員会が発表した「大学入試制度改革に関する中間まとめ」（1987年）を確認する（内外教育1987.11.10）。当時の2次試験では多くの学科試験が課されており、受験生に共通第1次学力試験（共通1次）との二重負担を課しているという問題認識を基に、各大学の個別試験について、学科試験は原則1科目（例外的に2科目）とする点や、小論文・面接といった多様な選考基準を用意する点等の改善方策を示している。そして、こうした改革がなされなければ、共通1次の廃止や実施予定だったセンター試験の中止を主張し、共通1次を大学入学資格試験とすることを提案している[3]。

　このように、西岡は文部大臣就任以前から継続して大学入試改革を提唱しており、特に、共通試験の大学入学資格試験化と個別試験の多様化（学科試験の削減と小論文・面接等の積極的導入）を軸とした具体案を主張していたのである。

（2）西岡の文部大臣就任後の、大学入試改革に関する動向

①竹下改造内閣における文部大臣への就任と、大学入試改革の表明

　1988年12月27日に竹下改造内閣が発足し、西岡が文部大臣に任命された。就任当日、大学入試について「毎年のように変わり、猫の目のような印象を与えている」と述べ、将来的に抜本的な見直しが必要との認識を示した（朝日1988.12.28）。また、実施予定のセンター試験に対し、「（筆者注：前略）私大の参加は難しく、小手先の改革の感は否めない。すぐにどうこうというわけではないが、中長期的には別の切り口で制度の見直しが必要だろう」と批判した（朝日1989.1.8）。そして1989年1月31日には、大学入試について「私はかなり過激な改革案を持っており、来年度中にこれを示したい」と述べ、「来年高校に入学する生徒が卒業する時の入試が分かるといったように長期的に考えなければならない」とし、1992年度の改革実施を示唆した（内外教育1989.2.7）。

　その後、西岡は以下の検討を行う意向を固めた（朝日1989.3.12）。まず、1次・2次という2度の試験が受験生の負担だった点を問題視し、両試験の結果を総合して合格者を決めずに、センター試験を大学入学資格試験として2次試験と分離する、または各大学の試験のみとする案等が挙がっていた[4]。次に、早くて3年後としていた改革を、可能であれば1990年の入試から行うとした。

具体的には、3〜4月に改革に関する高校生・教師・父母らへの世論調査を行い改革内容・手順をつめ、文部大臣の私的諮問機関である大学入試改革協議会[5]を再開し、早ければ6月に改革案を決める方向となった。改革を早めた背景には、1989年の共通1次で、物理と生物の平均点が低く得点を上げる調整が行われたことで、入試制度の見直しを求める声が相次いだ事情があったという。また世論調査については、急な改革を行えるか関係者の意見を反映させるためだとした。

　一方、このような抜本的改革を表明した際、文部省内に動揺が走り、官房長が、「一気に頂上を目指すのは無理ですよ。5合目までいったら、頂上が晴れるのを待ってください」となだめたこともあり、このような一本気が煙たがられ、そもそも大臣就任には省内に抵抗もあったという（AERA 1989.4.25）。

　そして、3月14日の大学審議会[6]で、西岡が大学入試改革も重要課題の一つとして審議するように要請したため、審議会として初めて大学入試のあり方を今後の審議対象とすることになった。ただし、拙速ではなく十分に理解を深め慎重に審議する必要がある点や、審議の進め方や細部についてなお検討が必要である点に関して意見が挙がり、「新高等教育計画」の審議が一段落した数か月後から検討が開始される見通しとなった（朝日1989.3.15、内外教育1989.3.24）。

②関係審議会への追加諮問の検討と、文部省によるアンケートの実施

　4月24日、臨教審の審議で休止中だった中教審が再開された。諮問文によると、西岡は「新しい時代に対応する教育の諸制度の改革」に関して、①後期中等教育の改革とこれに関連する高等教育の課題（4年制高校の設置、大学入学の年齢制限緩和、高等専門学校の新名称の検討、入試時期の繰下げ等）と、②生涯学習の基盤整備を主な審議事項として要請した。そして西岡は、大学入試改革についても追加諮問する予定だと明らかにした（内外教育1989.4.28）。

　こうした中、文部省は、高校生や教師、保護者を対象に高校生活や大学入試等に関する次のようなアンケートを5月から開始した（朝日1989.5.2、毎日1989.5.3、読売1989.5.21）。対象は、高校3年生20000人、教師3000人、父母5000人で、大学入試に関しては、センター試験をどう思うか、どういう入試が望ましいか、入試の実施時期、入試改革の告知時期を問うものだった。具体的には、多肢選択法で、センター試験と2次試験の負担感や、大学入学資格試験、大学独自の試験への一本化の賛否、大学の9月入学等に関する質問を設定した。

　なお、この調査は西岡の大臣就任以前から実施が決まっていたが、こうした設問は西岡の意向で加えられたという。この結果を5月中にまとめ文部省が改革案を作成し、6月中旬までに中教審と大学審議会への追加諮問を目指した。

　だが、文部省内では受験生に直接アンケートを行うことに懐疑的であり、追加諮問にも異論が出ていた。具体的には、志望校の入試方法にだけ関心を持つ受験生に全体的な入試改革を聞くことには無理がある点や、センター試験の実施前から改革を打ち出せば高校生の混乱を招く点、今回の中教審は後期中等教育の多様化に焦点を当てており、大学入試改革については大学審議会に一本化して検討すべきではないかといった点が指摘されていた（読売1989.5.21）。またこの当時、2次試験の日程における「分離分割方式」という複数受験の採用とセンター試験の実施を通じ入試の多様化・弾力化を図ろうとした文部省にとって、アンケートでセンター試験への反対が圧倒的多数となれば、その基本的な方針に影響を与えかねない点が危惧されていたという（朝日1989.7.18）。特に大学入試を担当する高等教育局は、センター試験の実施を前に抜本的な入試改革に消極的だったため、西岡は初等中等教育局にアンケートを担当させ高等教育局に相談がなかったこと等から、省内に不協和音もあったという（毎日1989.7.15）。

　以下では、アンケートの一部を確認する（読売1989.7.15、朝日1989.7.18）。例えば、センター試験に関する設問では、「①センター試験と各大学の試験の組み合わせで丁寧な試験が期待できる②できるだけ多くの私立大が参加することを期待している③国公立大だけが利用すればよい④2回の受験は負担になるのでこのような制度は望まない⑤わからない」という選択肢から回答を求めていた。だが、「受験生の様々な能力・適性などを評価できるよう構想されたものです」と試験の効能を予め示した点や、①～③は試験の実施を前提とし対立意見が④だけだった点、②と③は別次元の問題で①と答えた人が②と③の設問に答えるべきだった点で問題があった。他に、「はい」「いいえ」で聞くべきところを難しい表現の選択肢を多く並べ論点を複雑にする等、技法上の難点も目立った。

　一方、将来的な大学入試改革の方法に関する設問では、西岡が提唱していた大学入学資格試験の創設を前提とした選択肢もあった。具体的には、「①当分の間、変更する必要はない②新たに全国共通の試験を年1回行い、全大学一律に定められた合格点を得た者だけが国公私立の各大学を受験できる方式（資格

試験的なもの）がよい③新たに全国共通の試験を年1回行い、個々の大学が定
める合格点を得た者だけが国公私立のそれぞれの大学を受験できる方式がよい
④新たに全国共通の試験を年2回以上行い、いずれかの試験で、またはこれら
を通して、全大学一律に定められた合格点を得た者だけが国公私立の各大学を
受験できる方式（資格試験的なもの）がよい⑤全国共通の試験は行わず、各大
学がすべて個別に入学試験を実施する方式がよい⑥わからない」のうち、②と
④が大学入学資格試験の創設に関するものだったため、改革案と言える②～
⑤の選択肢のうち半分を占めていたことになる（読売1989.6.10）。この設問は、
大学入学資格試験の創設に支持を誘導していると捉えられ、例えば国立大学関
係者から、「センター試験がようやくスタートしようとしているこの時期に、
またすぐ制度変更するような印象を与えるこのアンケートはいかがなものか。
アンケートは方法によってどうにでも使える性格があるということにも留意し
て欲しい」という声が挙がっていた（読売1989.6.10、朝日1989.7.18）。そし
て、こうした西岡の改革に対し国立大学協会も、「少なくとも3年は新テスト
を含めた現行方式でやってみる必要がある」という態度をとっていた（朝日
1989.8.27）。このように、大学側は改革に反発する姿勢を示していたのである
（朝日1989.4.25）。

③追加諮問の断念と文部大臣の退任

　6月3日に宇野宗佑内閣が新たに発足し西岡は文部大臣に再任されたが、
「入試改革に対する文部省の基本的考え方を示し、大学審、中教審で並行して
審議してもらう。改革に当たっては、入試制度、方式が定着するよう立法措置
も必要と考えている」と、引き続き改革に意欲を示していた（内外教育
1989.6.9）。

　そして7月、文部省がアンケート結果を発表した。生徒・教師の回答を確認
すると、センター試験に関しては、「このような制度は望まない」が、生徒の
約30％、教師の約50％だった一方、「センター試験と各大学の試験で丁寧な試
験を期待」「できるだけ多くの私立大が参加することを期待」「国公立大だけが
利用すればよい」の合計が、生徒の約40％、教師の約45％だったことから、文
部省は何らかの意味でセンター試験が肯定されていると解釈した（朝日
1989.7.18、日本教育新聞1989.7.22）。次に改革の方向性に関しては、「全国共
通の試験は行わず、各大学がすべて個別に入学試験を実施」を生徒と教師が最
も支持した一方、共通試験に否定的な選択肢以外は共通試験を肯定していると

捉えた（読売1989.7.15、日本教育新聞1989.7.22）。以上から文部省は、賛否が半ばしたとして改革の明確な方向性は見出しがたいと結論付けたのだか、これについては、西岡の性急な改革への意欲に対し曖昧な調査と結果の強引な解釈により同省の幹部らがブレーキをかけたと見る向きもあり、「受験する側だけに聞いて、制度をいじるのはそもそも無理。こんな結果にならなくとも、そう進言するつもりだった」と述べる幹部もいたという（読売1989.7.15）。また大学入学資格試験への支持は、生徒の10%台、教師の約20%に止まり、多数派を形成できなかった（同上）。西岡は、「もっと過激な意見がでると予想していたが、意外にバランスがとれていた」と述べ、この結果から改革を行う具体的な諮問はできないと判断し追加諮問を見送る意向を示したのである（朝日1989.7.18）。

　その後、宇野内閣の総辞職に伴い、西岡は1989年8月10日に文部大臣を退任した。後任の石橋一弥は、大学入試改革に関する中教審への追加諮問を否定し、少なくとも3年は改革しないと述べた（読売1989.8.21）。そして、センター試験と各大学の個別試験からなる大学入試が1990年から実施されたのである。

3．新聞記事を中心とした資料調査から明らかとなった論点

　以上の新聞記事を中心とした資料調査に基づくと、西岡が文部大臣在任中に大学入試改革に着手できなかった理由について、以下の3点を指摘できる。

　1点目は、西岡の大学入試改革に対する文部省内での意見の不一致と、アンケートを用いた組織としての抵抗戦略にある。まず、西岡は大臣就任早々抜本的な入試改革を目指し、センター試験の廃止や大学入学資格試験の創設を中心とした改革を最短で翌年から実施することを表明した。だが、文部省内ではこの改革方針に動揺が走り、特に所管の高等教育局は消極的だった。このように改革への全省的な合意形成が困難だった状況もあり、西岡は高校現場に直接アンケートを行い、その支持を基に改革案を作成し審議会に諮問することを試みたと言える。なお、世論を頼りに改革を目指したことは、実施予定だったアンケートに大学入試改革に関する設問を加えさせた点や、改革に消極的な高等教育局ではなく初等中等教育局に設問を担当させた点からも理解できる[7]。

　次に、こうした西岡の動きに対し消極的だった文部省内では、更に、分離分割方式とセンター試験を通し入試の多様化・弾力化を図る政策方針が、アンケート結果により影響を被る危惧もあった。こうした点も踏まえ、省内では大学

入試改革に関する設問を入れたアンケートに懐疑的な意見があったが、結局それを実施した点に鑑みると、大臣の指示に表立って反対しそうした設問を入れずアンケートを行うことは困難だったと考えられる。この状況で、西岡の指示に従いつつアンケート結果の影響を最小限にする行動が、回答を誘導したり論点を複雑化したりする設問の作成や、改革の明確な方向性は見出しがたいとした結果の都合よい解釈だった。こうした行動は、行政学で一般的に指摘される官僚の「面従腹背行動」のうち、「裁量の濫用」の一部に当たる。具体的には、組織で不満等を持った官僚が、「指示・命令の実施方法を策定する際に独自の判断・解釈を勝手に加え、結果的には指示・命令の主旨を歪曲させ、指示者の意図していなかったような結果を招来させてしまう」（西尾2001 202-203）行為と合致する。このように、追加の指示を受けた設問の作成やアンケート結果の解釈に関する裁量を用いた抵抗が文部省内で行われ、世論の支持が不足していた点が示されたことで、その結果を頼りに改革実施を目指した西岡は追加諮問を断念せざるを得なくなったのである。以上から、センター試験の廃止や大学入学資格試験の創設等の大学入試改革を目指す西岡文部大臣が、センター試験のような共通試験の維持に政策理念[8]を持つ組織としての文部省内をまとめられず抵抗を招いた点に、改革実施の失敗の重要な要因があったと指摘できる[9]。

　2点目に、西岡の改革案に対し世論や大学側の支持が十分得られなかった状況がある。アンケートでは、西岡の構想した大学入学資格試験の支持は低く、現行の大学入試制度への支持も一定数あったと結論付けられたため、西岡はこの結果からだけでは改革への世論が形成されていないと認識し諮問を見送った。更に大学側も改革に反発し、アンケートにも懐疑的な意見が挙がっていた。このように、高校現場を中心とした世論や大学側からも、西岡が試みた大学入試改革への支持が不足していたのである。そして、この状況を把握した文部省により、前述のようなアンケート結果の都合よい解釈が可能となったと言える。

　3点目は、文部大臣から審議会への諮問と審議・答申を経ることが改革実行の前提だった点である。この当時、文部大臣が関係審議会へ諮問し、審議・答申を経て文部省が改革を実施する流れが教育政策の形成過程で一般的だった。本事例で、西岡は大学審議会へ大学入試改革の検討を要請したが、慎重な審議の必要や他の議題の優先もありすぐに検討は行われなかった。またその後、中教審と大学審議会への追加諮問を断念したことで改革にすぐには着手できなく

なった。このように、政策形成の手順に則り諮問に難渋している間に文部大臣の退任を迎えたのである。以上から、西岡の大臣在任期間の短さに加え、教育政策の形成過程における制度的制約も改革に至らなかった一因だったと言える。

4．結語

　本稿では、文部大臣・西岡武夫が試みた大学入試改革の実施をめぐる検討過程を、新聞記事を中心とした資料調査に基づき分析した。結果、文部省内での意見の不一致とアンケートを用いた組織としての抵抗戦略、世論や大学側の支持が十分得られずそれが文部省による結果の都合よい解釈を可能にしたこと、審議会への諮問と審議・答申という教育政策の形成過程の制度的制約、という三つの要因が複合的に作用したため、改革に至らなかった点が判明した。さて、独任制の省庁では大臣が単独で意思決定できるため、従来の大学入試政策研究では、大臣を含めた文部（科学）省を一枚岩とみなし改革の検討過程を分析する傾向にあった。だが本分析から、共通試験の廃止・創設等の大規模な改革を行う際、政治的影響力を持つ人物が大臣になり政策形成に直接関与できても、大学入試に関する組織の政策選好を持つ文部（科学）省内で、大臣と官僚や部局間での合意形成が重要である点、また、同省が世論や関係アクターの意向をアンケートのような客観的な方法で把握し慎重に検討する点が、改革の実行性を担保する上で必要だと指摘できる。更に、大学入試政策を事例分析した本稿の知見から、官僚制組織や審議会という制度、また、関係アクターや世論の動向等の制約要因が複合的に働くことで、教育政策研究で指摘されてきた西岡のような文教族の影響力が教育政策過程で限定されうると言える。こうした要因を含め他の教育政策過程の分析を進めることが、その影響力の再考に繋がる点も示唆される。

　一方、西岡や文部省等の動向の解明に当たり、資料上の制約から厳密な1次資料とは言えない新聞記事に主に依拠していた点に本稿の限界がある。また文部大臣退任後、西岡は引き続き大学入試改革を急ぐよう働きかける構えを見せたが（朝日1989.8.27）、その点までは解明できなかったため今後検討したい。

　　注
（1）一般紙は、「朝日新聞クロスサーチ」「ヨミダス歴史館」「毎索」から、原則として各データベース内でテキスト化された記事内容を収集・使用した。

（2）その後、西岡は他の自民党議員と離党して西岡を幹事長とする新自由クラブを結成し、上記と同様の大学入試法案の提出を自民党に提案していたが、当時の海部俊樹文部大臣は提出を見送った（朝日1977.1.5、内外教育1977.2.1）。

（3）その後、文部省が2次試験の学科数を減らし最大2科目とするよう各大学に指導する等の改善案を示し、自民党側がこの方針を承認した（朝日1987.12.12）。

（4）なおこの時期のインタビューでも、西岡は、「共通1次はいろいろな問題を孕んでいた。来年から行う新テストといっても共通1次と中身は変わらない。（筆者注：中略）資格試験にするとか、入学後に試験を実施するなど、あらゆる可能性を検討していますが、一番いいのは、物差しをいっぱい使うことですね。例えば、定員の3分の1を学力テストでとるなら、あとの3分の1を面接で、残りの3分の1を別の特技で、とかね。」と述べている（AERA 1989.3.28）。

（5）臨教審が提言した「共通テスト」の検討を行うため、1985年に、大学、高校、大学入試センター関係者等を委員として設置された（朝日1985.7.31）。

（6）主に高等教育政策を審議するため、1987年に設置された文部大臣の諮問機関であり、大臣への勧告権もあった。2001年に中教審の大学分科会に改組された。

（7）報道でも、西岡が、改革実施に際しこの調査に基づく世論の支持を頼りにしていた点が指摘されている（読売1989.7.15、朝日1989.7.18）。

（8）臨教審を設置した中曽根が唱えた共通1次の廃止に文部省が反対した点（中曽根2004 202-203）や、自民党がセンター試験の中止を主張した際、文部省が改善案を示し実施の承認を得た点から、そもそも文部省には共通1次やセンター試験のような選抜的要素を持つ共通試験を実施する政策理念があったと言える。

（9）この結果は、組織を役職者の集合と捉え、自らの目標や利益のために駆け引きが行われる結果、中途半端な決定や決定の先送りがなされるとする、アリソンの「組織内政治モデル」（真渕2000 42-43）による説明からも補強できる。

参考文献（新聞・雑誌の括弧内の朝夕は朝刊・夕刊、数字は頁を表す。）
・AERA（「朝日新聞クロスサーチ」で収集）1989.3.28（14）1989.4.25（15）。
・朝日新聞1977.1.5（夕2）1985.7.31（朝3）1987.12.12（朝3）1988.12.28（朝3）1989.1.8（朝4）3.12（朝1）3.15（朝3）4.25（朝3）5.2（朝3）7.18（朝4）8.27（朝3）。
・荒井英治郎（2006）「私立学校振興助成法の制定をめぐる政治過程—自民党文教族の動きに着目して—」『日本教育行政学会年報』（32）、76-93。

・乾彰夫（1985）「『共通テスト』の現実性と有効性―『偏差値偏重』は是正されるか」『季刊　教育法』(59)、56-62。

・黒羽亮一（2001）『新版　戦後大学政策の展開』玉川大学出版部。

・佐々木享（1985）「選別体制を拡大する共通テスト」『教育』(456)、115-121

・自由民主党政務調査会（1974）『高等教育の刷新と大学入試制度の改善および私学の振興について―教育改革第二次案―』。

・内外教育1977.2.1（11）1987.11.10（4-8）1989.2.7（11-12）3.24（6）4.28（2-7）6.9（2）。

・中曽根康弘（2004）『自省録　歴史法廷の被告として』新潮社。

・西尾勝（2001）『行政学〔新版〕』有斐閣。

・日本教育新聞1989.7.22（1）。

・浜林正夫（1977）「受験地獄と大学入試改革　『共通テスト』実施をめぐる諸論議の分析と提言」『文化評論』(193)、98-107。

・本多二朗（1980）『共通一次試験を追って』評論社。

・毎日新聞1989.5.3（朝3）7.15（朝3）。

・真渕勝（2000）「政策決定過程」伊藤光利・田中愛治・真渕勝『政治過程論』有斐閣、34-53。

・村上祐介（2020）「国の教育行政組織と教育政策過程」勝野正章・村上祐介編著『新訂　教育行政と学校経営』放送大学教育振興会、25-38。

・読売新聞1989.5.21（朝22）6.10（朝31）7.15（朝2、13、30）8.21（朝2）。

・「新しい時代に対応する教育の諸制度の改革について」（中央教育審議会への文部大臣諮問　1989年4月24日）『文部時報』(1373)、184-187。

（弘前大学）

VI

内外の教育政策・研究動向

[内外の教育政策研究動向 2022]
国内の教育政策研究動向

李　愛慶

はじめに

　本稿では、2022年の教育政策に関する研究動向を、（1）コロナ禍の教育政策に関する研究、（2）エビデンスに基づく教育政策に関する研究、（3）教員免許法改正に関する研究の3点にまとめる。

（1）コロナ禍の教育政策に関する研究

　橘（2022）で指摘された通り、新型コロナウイルス感染症に関する教育政策については既に多数の知見が蓄積されているが、昨年の段階では実証的な検証が伴った研究は多いとは言えなかった。しかし2022年には、実証的な視点を持つ研究も多く蓄積された。また、多くの関心を集めてきた全国一斉休校の政策決定のあり方について、これまでの研究は強権的な決定を問題視するものが多かったが、2022年には異なる視点を提供するものも見られた。

　末冨編（2022）は、インタビュー調査と質問紙調査を基に2020年2月の全国一斉休校時の自治体の対応、意思決定過程について、詳細に記録・分析している。村上（2022）は、上述の末冨の知見を参照し、全国一斉休校の際に半数以上の自治体が教育委員との協議を行っていることから、教育委員が一定の影響力を有していることが窺えると指摘する。またここから、これまで通説となっていた「教育委員会無力論」の妥当性を実証的に検証する必要性があると論じている。このように、コロナ禍においては、平時は外から見えにくい首長、教育長、教育委員の影響力・構造や協力・緊張関係が可視化されることとなったという（村上2022）。しかし、一斉休校時における自治体と教育委員の協議は、情報共有・報告に留まっている可能性もあり、教育委員会の影響力についてはより実証的な調査が待たれる。

　コロナ禍の地方自治について、荒井（2022）は文科省通知と学校現場のそれ

への対応に注目する。2020年5月、文科省は弾力的な教育課程編成を認める通知を出した。しかし多くの学校現場では、これを行わず授業時数を確保する対応をとった。荒井はこれを、教育委員会が文科省通知よりも授業時数の確保を優先する対応を取ろうとしたことにより生じたもので、教育行政に対する不信感の存在を指摘する。また「教育課程編成を教育現場に投げる事態が生じたことの意味」（119頁）と「現場での対応動態」（同頁）を分析することは、「教育実践に求められる自律性を支えることのできる、教育機関の管理運営のあり方をさぐっていくため」（119－120頁）の重要な研究課題になると論じている。これに関連するものとして、学校や地域の実情に照らした独自の教育課程を編成できる教育課程特例校制度や、授業時数の配分について教科ごとに一定の弾力化が可能となる授業時数特例校制度がある。平時の弾力的な教育課程編成の可能性と課題は、緊急時の弾力的対応の事例検討とも関わって、今後研究が進められるべき対象であろう。

コロナ禍の学校現場の状況についても多くの論稿が蓄積された。例えば清遠（2022）は、感染不安を理由にオンライン授業を受けた場合や臨時休校中のオンラインによる学習指導の出席の取扱いに関する研究を行った。清遠によると、この場合の出席の取扱いには、文科省と自治体とで異なる立場が取られている実態があるという。清遠は、この問題を検討する前提として「出席」を定義する法的根拠が存在しないことを指摘する。感染症対応における出席停止に関する法制の変遷と病弱教育におけるオンライン授業及び出席条件の実態を整理し、コロナ対応における出席要件のあり方について考察している。

コロナ禍における子どもの人権についても、2022年には多くの議論が重ねられた。武井（2022）は、全国一斉休校中も運営を続け、居場所のない子どもの「逃げ場」を確保していた団体があること、このようなことからコロナ禍においてフリースクールが「福祉」の機能を担うことが浮き彫りにされたことを指摘する。ここから、フリースクールの公費助成について検討している。今賀（2022）は、特別支援学校におけるコロナ禍の混乱と諸課題について報告し、以前から存在した施設設備や教員配置に関する問題が、コロナ禍でさらに顕在化されたことを指摘する。2022年4月には、これまで特別支援学校にのみ設けられていなかった学校設置基準がようやく施行されることとなった。特別支援学校設置基準の施行によってどのように変化するか、明らかにしていくことが求められる。その他、海外のコロナ禍における教育政策に関しても実証的研究

が多数蓄積された。例えば園山・辻野編（2022）では、比較教育学の視点から各国のコロナ禍の学校現場・教育行政について包括的にまとめられている。

（2）エビデンスに基づく教育政策に関する研究

「第3期教育振興基本計画」（2018〜2022）において、客観的な根拠に基づく政策立案（エビデンスに基づく政策立案；EBPM = Evidence-Based Policy Making）が明記された。また2021年3月の「教育データの利活用に関する有識者会議」における「教育データの利活用に関わる論点整理」や2021年6月の教育再生実行会議の第十二次提言「ポストコロナ期における新たな学びの在り方」で掲げられたように、教育活動にもデータ等のエビデンスを活用することが推進されている（植田2022）。中教審にて策定中の「第4期教育振興基本計画」（2023〜2027）でもEBPMは明記され、データ等を分析し、企画立案等を行うことのできる行政職員の育成、教育データの分析に基づいた政策の評価・改善の促進が示された。内閣府においてもEBPMへの取り組みは掲げられ、教育政策に限らず国の政策動向全般で枠組みの構築が進んでいる。教育研究におけるエビデンスについては、以前よりその効果のみならず問題点も指摘されてきた（松下2015など）が、2022年にはこのような政策動向を受け複数の学会での特集が組まれるなど、注目を集めたテーマとなった。

本学会28回大会では「EBPM時代における教育実践と制度改革の枠組みの構築」をテーマにしたシンポジウムが行われた。当シンポジウムでは、EBPMが今後一層強まることが予想される自治体の教育施策や学校経営において、これを実効性のあるものとするため、「ロジックモデル（logic model）」を自治体の教育改革枠組みの構築に用いることの可能性と課題を明らかにしている（梅澤2022）。報告では、自治体の学校改革（山下・渡邉2022、松本2022）等の他、EBPMが機能するための条件の整理、制度設計がまとめられた（貞広2022）。また石井（2022a）は、EBPMをはじめとする目的合理的な経営システムの有効性を認めながらも、EBPMが線形で分析的な因果関係モデルに依拠しがちで、指標やモデルが独り歩きして各学校や教師を受け身にする外発性を帯びる可能性を孕んでいることを危惧する。これに陥らないためには、目指す子ども像やゴールイメージといったヴィジョンに立ち戻ることが重要であるという。このようなヴィジョン・ドリブンであることは、EBPMやPDCAを「学習する組織」づくりと接続させ、内発的で持続的な学校改革につながる方

法論となりうることを論じている。

　日本教育経営学会では、学校経営研究・実践におけるエビデンスについての特集が組まれた。露口（2022）は、校長が意思決定・学校経営のために参照しているのは、理論及び実験デザインに基づきデータを再編集・分析した確証指向のエビデンスよりも、データを集計・加工・分析した記述統計等を表現したファクトであることを明らかにした。ここから、研究者ならびに実践者には、より質の高いファクトの生成と、ファクトからエビデンスへの科学的知識の水準を向上することが求められると論じる。また既出の植田（2022）は、エビデンス活用の先進事例としてイギリスを取り上げ、現状と課題をまとめている。イギリスのエビデンスを活用した教育の特徴として、第一に教員や学校のニーズに基づいた研究を実施すること、第二に、教員を教育実践と研究双方の当事者として位置づけること、第三に教員の専門性に基づく自律的な判断行為を保障することを指摘している。また百合田（2022a）は、日本の教育のエビデンスをめぐる認識のゆらぎに着目し、境界理論を用いて今後の展望を示している。

（3）教員免許法改正に関する研究

　2022年5月、教育職員免許法が改正され、30時間以上の免許状更新講習の受講・修了が10年に1度求められる教員免許更新制は廃止された。新しい研修制度は、更新制を「発展的に解消」するとして、教員一人ひとりに研修履歴を記録することを義務付けている。2022年12月「教師の養成・採用・研修等の在り方」に関する中教審答申においても、研修履歴を活用した資質向上に関する指導助言等の仕組みにより、教師の「個別最適な学び」、「協働的な学び」を充実させ、「新たな教師の学びの姿」を実現することが改めて明示された。

　『日本教師教育学会年報』では「教員研修制度改革の検討」をテーマに特集が組まれた。また戦後の研修政策の歴史を整理した久保（2022）は、新研修制度における自主研修が、教育政策の枠内での学びに限定されたものであることを指摘し、専門職の学びの姿としての「研修の自由」を保障することの重要性を論じている。百合田（2022b）は、改正法において強調された更新制の「発展的解消」のレトリックに着目し、日本の教師教育システムが教師の外からその資質に制度的質保証を加え、教師を制度上の客体にする前提があることを指摘する。百合田はこれからの教師教育システムについて、教師を専門職的学びの主体にすると同時に、協働的学びの参画主体にし、教師教育システム全体に

参画する主体と捉える CPL（教師の継続的な専門職的な学び）への転換が重要であるという。同特集内ではその他、教員研修制度の歴史的変遷とその原理について分析したもの（千々布2022）、新研修制度において教職大学院と教育委員会に求められる役割について論じたもの（伏木2022）がある。

　石井（2022b）は、新研修制度における研修記録の義務化には、教員免許更新制の背後にあった「教師不信の構造」（71頁）が残っており、「教職の専門性向上に関わる力量形成と質保証の手段としての実効性に疑問がある」（同頁）と論じる。さらに、新制度が「社会の教師不信の構造を制度的に追認するメッセージ」（同頁）となりうることを危惧している。

　教員免許更新制は、子どもの学力低下が教員の質の低さに由来する、という見方から2009年に導入された制度である。このような背景から導入された更新制は、教師の社会的地位低下に著しく影響を与えるとして批判されてきた。更新制は廃止されたものの、新しい研修制度において、専門職としての教師の主体性や自律的な学びが実現されているかについては議論の余地があるだろう。教員免許制度や研修制度は、教師の専門性・専門職性と密接に関わる重要なテーマである。今後もこれらを踏まえたさらなる研究・実践報告が期待される。

おわりに

　2022年度に発表された数多の教育政策研究のすべてをとりあげることはできなかったが、本稿で取り上げたテーマはいずれも教育政策研究の重要課題に関連するものであり、さらなる研究の展開が待たれる。

参考文献

・荒井文昭（2022）「コロナ危機下の教育政策と地方自治―教育の自律性を支える教育政治のかたち―」『日本教育政策学会年報』第29号、116-123頁。
・石井英真（2022a）「EBPM 時代における学校変革支援の方法論―ヴィジョン・ドリブンで内発的改革を励ます―」『日本教育政策学会年報』第29号、108-114頁。
・石井英真（2022b）「「教員免許更新制廃止法案」の検討―研修記録による教員の「個別最適な学び」をどう見るか」『季刊教育法』213号、66-71頁。
・今賀真美（2022）「コロナ禍での生涯のある子どもたちの学校と現状」『日本教育法学会年報』第51号、97-104頁。
・植田みどり（2022）「学校経営におけるエビデンス活用の限界と可能性：イギリスを事例として」『日本教育経営学会紀要』第64号、21-37頁。

・梅澤収（2022）「シンポジウム報告　EBPM時代における教育実践と制度改革の枠組みの構築　―公立学校の変革支援の枠組みをどう創るか―」『日本教育政策学会年報』第29号、68-75頁。

・清遠彩華（2022）「感染症対応における出席の取扱いに関する制度的課題―病気療養児への教育の観点から―」『教育制度学研究』第29号、124-139頁。

・久保富三夫（2022）「戦後の研修政策と自主的・主体的研修活性化のための課題―教特法第22条2項の解釈・運用を中心に―」『日本教師教育学会年報』第31号、8-18頁。

・貞広斎子（2022）「中央政府レベルの教育政策　EBPMの制度設計―その課題と方向性―」『日本教育政策学会年報』第29号、102-107頁。

・末冨芳編著（2022）『一斉休校：そのとき教育委員会・学校はどう動いたか？』明石書店

・園山大祐・辻野けんま編著（2022）『コロナ禍に世界の学校はどう向き合ったのか：子ども・保護者・学校・教育行政に迫る』東洋館出版社

・武井哲郎（2022）「課題研究Ⅰ　報告2　コロナ禍における不登校とフリースクール―官／民および教育／福祉の境界がゆらぐなかで―」『日本教育行政学会年報』第48号、196-200頁。

・橘孝昌（2022）「国内の教育政策研究動向」『日本教育政策学会年報』第29号、174-180頁。

・千々布敏弥（2022）「教員研修に関する機関哲学の分析―教員免許更新制を巡る検討を中心に―」『日本教師教育学会年報』第31号、32-41頁。

・露口健司（2022）「校長の意思決定におけるエビデンス活用の可能性―データ・ファクト・エビデンス―」『日本教育経営学会紀要』第64号、2-20頁。

・伏木久始（2022）「教員研修制度の改革における大学の新たな役割―教職大学院と教育委員会の連携を例に―」『日本教師教育学会年報』第31号、42-52頁。

・松下良平（2015）「エビデンスに基づく教育の逆説―教育の失調から教育学の廃棄へ―」『教育学研究』第82巻、第2号、202-215頁。

・松本謙一（2022）「シンポジウム報告　持続可能な教育基盤を創る『南栃　令和の教育改革』―学校の主体性・多様性を支える―」『日本教育政策学会年報』第29号、85-93頁。

・村上祐介（2022）「課題研究Ⅰ　報告1　コロナ禍からみえる地方教育行政制度の課題」『日本教育行政学会年報』第48号、192-195頁。

・山下斉・渡邉哲也（2022）「シンポジウム報告　人口減少地域における特色ある教育づくり―持続可能な学校づくりを指向する仕組みの構築」『日本教育政策学会年報』第29号、76-84頁。

・百合田真樹人（2022a）「越境するエビデンス―エビデンスは教育の文脈をどう変容するか―」『日本教育経営学会紀要』第64号、38-53頁。

・百合田真樹人（2022b）「教員政策と教師教育システムのパラダイムシフト―

　　教師の専門職的成長の意味と責任主体の変移—」『日本教師教育学会年報』
　　第31号、20-30頁。
・第 3 期教育振興基本計画（2018年 6 月15日閣議決定）
・教育データの利活用に関する有識者会議論点整理（中間まとめ）（https://
　www.mext.go.jp/b_menu/shingi/chousa/shotou/158/mext_00001.
　html）2023年 3 月18日最終閲覧。
・教育再生実行会議第12次提言「ポストコロナ期における新たな学びの在り方
　について」（2021年 6 月 3 日公表）。
・中央教育審議会教育振興基本計画部会（第12回）会議資料【資料 3 】次期教
　育振興基本計画の策定に向けたこれまでの審議経過について（報告）（案）
　（概要）（2023年 1 月13日会議開催）。
・内閣府における EBPM への取り組み（https://www.cao.go.jp/others/
　kichou/ebpm/ebpm.html）2023年 3 月18日最終閲覧。
・中央教育審議会答申「令和の日本型学校教育」を担う教師の養成・採用・研
　修等の在り方について～「新たな教師の学びの姿」の実現と、多様な専門
　性を有する質の高い教職員集団の形成～（2022年12月19日公表）。

　　　　　　　（東京大学大学院・院生、日本学術振興会特別研究員）

［内外の教育政策動向 2022］

政府・文部科学省・中央諸団体の教育政策動向（2022）

宮島　衣瑛

　本稿は2022年の教育政策、特に中央政府の教育政策について論述するものである。新型コロナウイルス感染症の拡大から一変した日常は、3年も経過すると新しい日常として再定義されつつある。そのような中、世界ではロシアによるウクライナへの軍事侵攻の様子が報道されるのを連日のように目にしたり、国内では政治と宗教の問題が顕在化したりと、本年に起こった重大ニュースをあげようとすれば枚挙にいとまがない。

　そのような世界情勢の中で、我が国の教育政策も大きなうねりの中にいるといっていいだろう。本年4月から高等学校の新学習指導要領が全面実施されることとなった。また、5月11日には「教育公務員特例法及び教育職員免許法の一部を改正する法律」が成立し、7月には免許更新制度が発展的に解消された。さらに、10月には教員採用試験の早期化や複数回実施を検討することを永岡文部科学大臣が発表し、12月には中央教育審議会が「『令和の日本型学校教育』を担う教師の養成・採用・研修等の在り方について～『新たな教師の学びの姿』の実現と、多様な専門性を有する質の高い教職員集団の形成～」を答申として発表した。学校・教師・子どもを取り巻く環境が大きく変わっていこうとする中で、今年も一際目立った動きをしていたのが ICT 教育の分野である。

　文部科学省によると、ICT とは、Information and Communication Technology の略語であり、日本語では情報通信技術と訳される[1]。古くは1986年の臨教審第二次答申において情報活用能力の原点となる枠組みが提示され、現在の学習指導要領では、ICT 機器の操作を含む情報活用能力は言語能力と同様に「学習の基盤となる資質・能力」[2] として位置づけられている。ICT を活用した教育のあり方は教育工学等を中心に長らく議論されてきたが、GIGA スクール構想の実現によって、ICT は子どもの学習環境の基盤の1つとなり、より存在感を増していると言えよう。一方で、ICT 機器を導入する

だけでは、自治体や学校、クラス間の格差が広がってしまう可能性がある。山積する課題を国は政策によってどのように乗り越えようとしているのだろうか。

　本稿では、2022年の主だった政策動向をICT教育の観点から検討し、それぞれの政策の中でどのようにICT教育が位置付けられ、議論されているかを考察することで、2023年の教育政策の展望を示すことを試みる。

1．高等学校 情報Ⅰの実施

　2022年4月より、高等学校の新学習指導要領が全面実施されることとなり、公民分野では「公共」が、情報分野では「情報Ⅰ」が共通必履修科目として新設されることとなった。情報Ⅰで学習する内容は、（1）情報社会の問題解決、（2）コミュニケーションと情報デザイン、（3）コンピュータとプログラミング、（4）情報通信ネットワークとデータの活用 の4項目であり、どれもコンピュータ・サイエンスの基礎的な内容となっている。各項目の詳細については別の機会に譲るとし、本稿では情報Ⅰをめぐって2022年中に文部科学省から出された通知等を検討していくこととしよう。

　4月27日、文部科学省は「令和4年度からの新高等学校学習指導要領の着実な実施に伴う高等学校における情報教育の充実について」という事務連絡を発表した。本連絡は、情報科の免許を保持していない教員が情報科を担当している現状を把握した上で、改めて「共通教科情報科担当教員の専門性向上」のための研修や採用の工夫、「外部人材の活用促進と遠隔授業をはじめとする複数校指導」の実施などを求めたものであった[3]。また、7月4日には「令和4年度夏季休業期間中等における高等学校情報科に係る教員研修について」という事務連絡が出され、一般社団法人情報処理学会が主催する夏季休業期間中の研修会の案内がされている。

　これらの背景にあるのは、慢性的な情報科教員の不足への危機意識である。文部科学省は10月に発表した「高等学校情報科に係る指導体制の一層の充実について」の中で、情報科の担当教員4,756人のうち、2022年5月時点で796人（うち臨時免許状保持者が236人、免許外教科担任が560人）が情報免許をもたずに授業を行っていることを明らかにした[4]。この背景には、情報の免許を取得できる大学が限られていること、情報科単独で採用されることが少なく、多くが数学や社会科の免許と合わせて取得し、別の科目で採用されていることなどが考えられる。

　一方で、この数字は2022年５月時点のものであることには留意する必要がある。新規採用や研修のみならず、複数校指導等の対応を自治体ごとに工夫しながら行うことによって、免許を持っていない指導者の数は2023年度は80人に、2024年度には０人になることが試算されている（文部科学省 2022b）。ただし、オンライン授業による複数校指導が具体的にどの程度実施可能なのか、学びの質をどれほど確保可能かについては、依然として議論の余地があるといえるだろう。また、「外部人材の積極的活用」というものの、教職のイメージは「＃教師のバトン」に代表されるように大変厳しい様相を呈している。教師として働くことの意義をどのように提示できるかも、これからの成功の可否に大きく関わってくると言えよう。

　学習環境の面でいえば、文部科学省は12月に「GIGA スクール構想に基づく１人１台端末環境下でのコンピュータ教室の在り方について」という事務連絡を出している[5]。GIGA スクール構想により１人１台コンピュータがほぼすべての自治体で実現したことにより、従来学校における情報教育の拠点であったコンピュータ教室はほとんど使われなくなってしまった。学校によっては図書室と一体化してメディアルームとして再利用する場合もあれば、１人１台端末が梱包されていたダンボール箱が積み上げられ、倉庫と化してしまっている学校もある。しかし、文科省は本連絡内で「１人１台端末では処理が難しい学習を行う場合にコンピュータ教室を活用するなど、生徒が主体的に選べるような環境を整えることが重要」であると述べ、さらに2023年度から始まる高等学校情報Ⅱを見据えた「コンテンツの制作・発信、データサイエンスや情報システムを構成するプログラムの制作についての学習及び情報と情報技術を活用した問題発見・解決の探究等に対応できる体制を整備していくことは大変重要」であるとしている[6]。１人１台端末は最低限のスペックであるため、コンピュータ・サイエンスとの接続を見据えた高等学校の情報Ⅰ・Ⅱの学習を効果的に進めていくためには、環境整備も未だ途中であると言えるだろう。

２．「令和の日本型学校」を担う教師の養成・採用・研修等のあり方について

　教師不足が深刻化しているのは、なにも高等学校の情報科だけではない。文部科学省が2022年１月に発表した「『教師不足』に関する実態調査」によると、2021年５月１日時点における全国の小中高等学校及び特別支援学校の教師不足数は2,056人であった[7]。教師の配置については各都道府県・指定都市教育委

員会に権限があることもあり、文科省は「公立学校教員採用選考試験における
取組の収集・発信」「『学校・子供応援サポーター人材バンク』等を通じた講師
のなり手確保に向けた取組」「学校における働き方改革の推進など勤務環境の
改善を含めた教職の魅力向上」(8) という従来の取組を引き続き推進するととも
に、「教員免許状を保有しているものの、長らく教壇に立っていない者が教職
を志す」ために必要となる「オンラインで利用のできる学習コンテンツの開
発」を行うとしている (9)。

　本資料の最後で言及されているのが、中央教育審議会の「令和の日本型学
校」を担う教師のあり方特別部会における議論である。中央教育審議会は2022
年12月19日に「『令和の日本型学校教育』を担う教師の養成・採用・研修等の
在り方について～『新たな教師の学びの姿』の実現と、多様な専門性を有する
質の高い教職員集団の形成～」(10) を答申した。本答申は、2021年1月に中央教
育審議会が答申した「『令和の日本型学校教育』の構築を目指して」の中で、
今後さらに検討を要する事項として残された課題を引き取る形で議論されたも
のである。

　まずは、答申のタイトルにもある「新たな教師の学びの姿」について確認し
よう。2021年1月答申において示された令和時代の子どもの学びとは、「個別
最適な学びと共同的な学びの充実を通じた、主体的・対話的で深い学び」(11) で
あるという。そして、答申では「教師の学びの姿も、子供たちの学びの相似形
である」(12) と述べられている。さらに、OECD が提唱する Learning
Compass 2030 とも関連させながら、「これからの時代には、日本社会に根ざ
したウェルビーイングについて考察しつつ、教師自らが問いを立て実践を積み
重ね、振り返り、次につなげていく探究的な学びを、研修実施者及び教師自ら
がデザインしていくことが必要」であり、そのために養成段階から「単に学ん
だ理論を学校現場で実践するのみならず、自らの理論に基づき省察すること」
を求めている (13)。

　本答申の中で検討されている5つの項目のうち、どの項目おいても ICT の
活用や GIGA スクール構想を念頭においた学習環境について言及されている
ことは見逃せない。「①教師に求められる資質能力の再定義」では、8月に改
定された「公立の小学校等の校長及び教員としての資質の向上に関する指標の
策定に関する指針」(14) に触れ、各自治体が教師の資質能力として定める指標の
1つに「ICT や情報・教育データの利活用」(15) が含まれていることを示して

いる。また、「②多様な専門性を有する質の高い教職員集団の形成」において
は、強みや専門性の例として「データ活用、STEAM 教育」[16] がはじめに書か
れている。さらに、「③教員免許の在り方」では、教師の研修方式として「デ
ジタル技術の積極的な活用」[17] が示されている。「④教員養成大学・学部、教
職大学院の在り方」においては、現在の学校現場の環境の変化として「GIGA
スクール構想に基づく１人１台端末の活用」に言及している。そして、「⑤教
師を支える環境整備」では、喫緊の教育課題として「ICT 及びデータの利活
用」を上げている[18]。GIGA スクール構想によって教師を取り巻く環境にも
デジタル化の波が押し寄せている。

　一方で、GIGA スクール構想によって整備されたコンピュータのほとんどは
子ども用の端末であり、教師が授業や校務で使っている端末は GIGA スクー
ル構想実現以前から変化していない自治体も多い。文部科学省は８月に
「GIGA スクール構想の下での校務の情報科に係る論点整理（中間まとめ）」
を発表し、校務の DX（デジタル・トランスフォーメーション）化をより一層
推進するために国として「汎用のクラウドツールの積極的な活用を促進」する
とともに、システム構成や保存するデータは「全国レベルでの標準化を進める
ことが望ましい」[19] としている。GIGA スクール構想の先にある教育データの
利活用を促進するためにも、教師を取り巻くデジタル環境の整備はまさに喫緊
の課題であると言えよう。

３．働き方改革の流れ

　第一節及び第二節で言及してきた資料の中で、共通して課題とされているの
が、教師の働き方改革の問題であり、様々な角度から検討・改善が図られよう
となされている。例えば、12月にはスポーツ庁と文化庁が「学校部活動及び新
たな地域クラブ活動の在り方等に関する総合的なガイドライン」を発表した[20]。
本ガイドラインでは、休日の部活動を地域に移行する期間として2023年度から
2025年度までを改革推進期間とし、「地域の実情等に応じて可能な限り早期の
実現を目指す」[21] ことが明記された。特に中学校段階では部活動の顧問を引き
受けることによって生じる業務過多が問題とされており、地域移行によって一
定の業務改善が見込まれる。

　また、同じく12月には文科省において「質の高い教師の確保のための教職の
魅力向上に向けた環境の在り方等に関する調査研究会」が発足した。本研究会

は「給特法等の関連する諸制度をはじめとする検討事項に係る所要の情報収集や論点整理」を目的とし、「給与面、公務員法制・労働法制面の在り方」、「学校における働き方改革に係る取組状況や学校・教師の役割」、「学校組織体制の在り方等」について検討することとなっている[22]。給特法を巡っては、すでに2021年度から変形労働時間制が適用されることとなっているものの、給与と労働量が見合っているかなどの問題については今後の検討課題となっている。2023年は教師の働く環境改善に向けた法的・政策的な議論及び具体的な実施がより一層加速されると予想される。

4．まとめ

　本稿では、2022年の教育政策について、特に ICT 教育に焦点化しながら整理・検討してきた。各項目に共通して見られるのは、教師不足と働き方改革に対する危機感である。新設された高等学校の情報 I は指導者の確保が課題とされている。また、「『令和の日本型学校教育』を担う教師の養成・採用・研修等の在り方について」答申は、「教師が創造的で魅力ある仕事であることが再認識され、志望者が増加し、教師自身も士気を高め、誇りを持って働くことができるという将来を実現するための提言」[23]であり、教師の労働環境の改善と教師の力量形成を同時に追求する方向性が示されている。

　働き方改革の文脈において、ICT は教師の業務量を改善することを目的として議論されることが多い。紙ベースで管理されているが故に煩雑化していたこれまでの業務を、デジタル化することによって改善できる要素は多々あるだろう。一方で、教師のもう一つの重要な仕事である授業面においても、ICT が果たす役割は大きい。豊富なコンテンツを参照したり、学習内容を提供してくれるドリル教材やデジタル教科書を利用可能になったりと、授業スタイルそのものの在り方が変化している。だからこそ、教師の業務改善によって授業そのものが形骸化することは避けなければならない。コンピュータを教える道具ではなく学びの道具として位置づけるのであれば、学びとはどういった営みなのか、教師やコンピュータは子どもの学びにどのように関わり、学びを深めることにどう寄与できるのかという点が問われるのである。政策というマクロ的視点から子どもの学びというミクロ的視点の双方を同時に把握する研究および実践の可能性を拓いていくことが求められていると言えよう。

注

（1）https://www.mext.go.jp/b_menu/shingi/chukyo/chukyo0/toushin/attach/1346334.htm 2023年2月16日 最終アクセス

（2）文部科学省「小学校学習指導要領（総則）」2017年 p.19

（3）文部科学省（2022a）「令和4年度からの新高等学校学習指導要領の着実な実施に伴う高等学校における情報教育の充実について」文部科学省ホームページ https://www.mext.go.jp/a_menu/shotou/zyouhou/detail/mext_01885.html　2023/01/07 最終アクセス

（4）文部科学省（2022b）「高等学校情報科担当教員の配置状況及び指導体制の充実に向けて」文部科学省ホームページ https://www.mext.go.jp/content/20221108-mxt_jogai02-100013301_001.pdf 2023/01/07 最終アクセス

（5）文部科学省（2022c）「GIGA スクール構想に基づく1人1台端末環境下でのコンピュータ教室の在り方について」https://www.mext.go.jp/content/000207291.pdf 2023/01/2 最終アクセス

（6）前掲資料 p.2

（7）文部科学省（2022d）「『教師不足』に関する実態調査」https://www.mext.go.jp/content/20220128-mxt_kyoikujinzai01-000020293-1.pdf 2023/01/07 最終アクセス

（8）前掲資料 p.13

（9）前掲資料 p.13

（10）中央教育審議会（2022）「『令和の日本型学校教育』を担う教師の養成・採用・研修等の在り方について～『新たな教師の学びの姿』の実現と、多様な専門性を有する質の高い教職員集団の形成～（答申）」

（11）前掲資料 p.22

（12）前掲資料 p.22

（13）前掲資料 p.23

（14）文部科学省（2022e）「公立の小学校等の校長及び教員としての資質の向上に関する指標の策定に関する指針（令和4年8月31日改正）」https://www.mext.go.jp/a_menu/shotou/kyoin/mext_01933.html 2023/01/07 最終アクセス

（15）中央教育審議会（2022）p.29

（16）前掲資料 p.33

（17）前掲資料 p.42

（18）前掲資料 p.48

（19）文部科学省（2022f）「GIGA スクール構想の下での校務の情報科に係る論点整理（中間まとめ）」p.13

（20）スポーツ庁・文化庁（2022）「学校部活動及び新たな地域クラブ活動の在

り方等に関する総合的なガイドライン」
(21) 前掲資料 p.24
(22) 文部科学省（2022g）「質の高い教師の確保のための教職の魅力向上に向けた環境の在り方等に関する調査研究会の設置について」https://www.mext.go.jp/b_menu/shingi/chousa/shotou/181/mext_00005.html 2023/01/07 最終アクセス
(23) 中央教育審議会（2022）p.56

（学習院大学大学院・院生）

[内外の教育政策研究動向 2022]
地方自治体の教育政策動向

江口　和美

はじめに

　本稿では、2022年の地方自治体の教育政策の動向を概観する。自治体の政策は多岐にわたり各々が重要であるが、今回は以下の三つに着目する。①コロナ禍を機に不登校児童生徒が増加していることから「多様な教育機会の確保と不登校対策」に重点をおいた。②全員喫食の給食への移行が進む中、大規模自治体で最後まで方向性が示されていなかった横浜市に動きがみられたため「選択制デリバリー方式による学校給食」も取り上げた。最後に③コロナ禍に加え、ウクライナへのロシアの軍事侵攻もあり、物価高も顕著であったことから「保護者負担軽減策の拡充」にも着目した。なお、従来にならい2022年発行分の『内外教育』により動向を把握するため、出典は省略し発行月日のみを記す。

１．義務教育段階での多様な教育機会の確保と不登校対策

　2017年に「義務教育の段階における普通教育に相当する教育の機会の確保等に関する法律」いわゆる「教育機会確保法」が施行された。本法では不登校児童生徒に対する多様な教育機会の確保が規定された。不登校特例校の設置及び教育支援センターの整備、夜間等において授業を行う学校における就学の機会の提供が国と地方公共団体の努力義務として盛り込まれた。

　コロナ禍で一斉休校が実施されたのは、「教育機会確保法」公布から3年後、2019年度末である。それ以降の不登校児童・生徒数を文部科学省（以下、文科省とする）実施「児童生徒の問題行動・不登校等生徒指導上の諸課題に関する調査」の結果でみると、小学校においては児童1,000人あたりで2019年度の8.3人が2021年度は13.0人となり、児童数でみれば53,350人から81,498人へと28,148人増加した。中学校においても生徒1,000人あたりで39.4人から50.0人へ、生徒数では127,922人から163,442人へと35,520人増加した。このような状

況の下、各地で「不登校特例校」の開校・設置準備、不登校児童生徒への「教育支援」の拡充に加え「夜間中学」の開校・検討が進んでいる。

　不登校対策としては、6月10日に「『不登校に関する調査研究協力者会議報告書～今後の不登校児童生徒への学習機会と支援の在り方について～』について（通知）」(1) が発出された。この中で「不登校特例校」は「基礎学力の定着や社会性の育成、自己肯定感の向上等、進学にも良い影響を与えるなどの効果が見られていることから、文部科学省としても設置を促進していきたい」とし、「都道府県・政令指定都市等教育委員会及び都道府県の私立学校担当等におかれては、その設置について積極的な御検討を」と要請している。さらに「不登校特例校と夜間中学との連携や分教室型の設置も可能であること、市町村立のみならず、県立の不登校特例校を設置する場合、教職員給与に関する経費を国庫負担の対象としていること等も御考慮いただきますよう」と言及している。加えて、6月に閣議決定された「経済財政運営と改革の基本方針2022」いわゆる「骨太の方針」に「不登校特例校の全都道府県等での設置」が明記された(2)。

　しかし、「不登校の増加で特例校の必要性は高まっているが、教室の確保や専門性がある職員の確保など設置のハードルは高い」との現場教員の指摘もあり、文科省の担当者は「財源や施設が足りず、導入が進まない自治体もある」とする(3)。また、松尾鎌倉市長も常設の場として不登校特例校の設置を検討しているが、ノウハウや人材、予算が必要であるとする（1月18日）。なお、「不登校特例校」は、2022年4月現在10都道府県で計21校である（7月1日）。

　夜間中学に関しても、不登校の増加や外国人の受け入れ拡大を背景に、文科省は2021年2月に初等中等教育局長通知(4) で、都道府県と政令指定都市の教育委員会に対し夜間中学の開設を呼び掛けている。2022年5月に2020年国勢調査（就業状態等基本集計）結果が公表され、2020年10月時点で最終卒業学校が小学校の者が約80万4千人（今回初めて調査）にのぼることが明らかになった。この結果を受け6月に文科省は事務連絡(5) で再度依頼している。

（1）不登校特例校

　神奈川県大和市が不登校の中学生を対象とした県内初の公立「不登校特例校」を4月に開校する。市立引地台中学校の分教室として開校し、定員は30人。入学者は現在籍校から転籍する（1月7日）。大阪市は中学生対象の特例校開校の24年度開校を目指し、準備のための予算を計上。同市では公立中学の不登校生徒の割合が、20年度で全国平均より2％あまり高く、喫緊の課題となって

いた。生徒数は夜間学級も含め、130人程度。生徒のみならず保護者へも対応する支援室も設置予定（3月18日）。

　また、愛知県は、公立では全国初となる中高一貫の「不登校特例校」を設置する。県立日進高校（日進市）に中学校を併設する形で2026年4月の開校を目指す。中学と高校は同時にスタート予定で1学年40人で1学級、2026年4月にそれぞれ1年生を受け入れる。適性検査は実施せず、市町村が設置する適応指導教室に通う児童生徒を対象に学校体験や面談を実施し、受け入れを決定予定。スクールソーシャルワーカー（SSW）や教員志望の大学生を配置する。コミュニケーションが苦手な生徒のために学習活動などで仮想空間のメタバースや仮想現実（VR）の活用も検討している（12月23日）。

（2）教育支援センター・適応指導教室やメタバース活用による取り組み

　さいたま市は、不登校の児童生徒を対象に、総合教育相談室の職員によるオンライン支援を始める。タブレットに授業や体験学習のプログラムを配信するほか、希望者には日帰りの体験学習や、宿泊学修のプログラムも提供する。オンラインホームルームなども検討中（3月18日）。千葉市は、市の教育支援センターに小学生の学習支援を行う指導員を3か所2人ずつ新たに配置する。加えて、支援強化を図るため専門資格をもつ「家庭訪問カウンセラー」も新たに2人配置する（3月18日）。大阪府大東市は2023年度に中学校に籍を置いたまま通学できる公民連携スクールを開設（3月18日）。

　メタバースを活用した取り組みも複数の自治体で始まった。三重県は10月から生徒が自分のアバター（分身）で参加するメタバース空間での取り組みを始めた。チャットやリアルな音声でフリートークをする空間、勉強を教えてもらう空間など複数を設置。オンラインでの工場見学ツアーなどのプログラムも始めた。指導主事や県職員もアバターで参加し、操作方法などのヘルプ役を担う(11月25日)。埼玉県戸田市、認定NPO法人カタリバ（東京都杉並区）と連携協定を結び、この秋から不登校の小中学生向けに週5日メタバース・プログラムを始めた。在籍校の校長判断で出席扱いにもなる(11月25日)。

（3）夜間中学

　長崎県は公立夜間中学の設置を検討しており、市町教育委員会に対し設置検討を要請した（1月18日）。宮崎市は、2024年度に県内初の公立夜間中学開校を目指し、2022年度に基本計画を策定、設置に向けた検討を本格化させる（3月4日）。仙台市は東北初の公立夜間中学の2023年開校を目指す（3月18日）。

福岡市では、九州初の公立夜間中学となる福岡きぼう中学校が開校、15～82歳の生徒30人が入学（3月18日・5月17日）。静岡県は、2023年4月に磐田市と三島市に夜間中学を開校（11月1日）。三重県は2025年度に公立夜間中学の開校を目指す。2019年度から調査を実施、2021年度は津市と四日市市で夜間中学の体験教室「まなみえ」を設置。「まなみえ」をきっかけに不登校経験者が高校に進学するなどの効果を確認（11月11日）。

　また、相模原市は神奈川県・県内14市町と連携し、「相模原市立中学校夜間学級」を開校。入学者は10～60代の18人で、外国籍者が3分の2を占める。県は藤沢市、大和市、厚木市、綾瀬市の正規職員計4人を派遣。相模原市は正規の教員を5人のほか、非常勤教員6人、事務職員1人を配置した（7月26日）。

　千代田区は全国唯一の通信制中学校（区立神田一橋中学校）の存続方針を固めた。2022年4月時点で満88歳以上の人が対象とされているが、22年度は別科生として満65歳以上の都内在住・在勤者の受け入れを決めた（1月14日）。

2．選択制デリバリー方式による学校給食

　デリバリー方式（民間会社委託）による学校給食の場合、弁当持参かデリバリー弁当かをその都度選ぶ選択制が主である。しかし、近年、中学校の給食で選択制デリバリー方式から全員喫食の給食への移行傾向がみられる。大阪市は2012年9月から段階的に実施し、2014年9月からは市内全中学校（128校）で実施されていた選択制デリバリー方式を2015年9月から順次自校調理方式などによる給食へと移行し、2019年7月から全校で全員喫食の給食を実施[6]。川崎市は、中学校で弁当持参を基本にミルク給食のみを実施し、必要に応じて弁当購入ができるランチサービスを実施していたが、2017年からセンター方式で完全給食となった[7]。神戸市も、2021年9月に選択制デリバリー方式を解消し、全員喫食制の学校給食に移行する方針を決定した[8]。

　2022年も同様の動きがみられた。広島市は、2025年度中に64校中43校の中学校で実施の選択制デリバリー給食の廃止を目指す（3月18日）。給食センター建て替えに際し規模を拡大、全校で給食実施予定[9]。相模原市は、全中学校で全員喫食の給食実施に向け、給食方式などを検討する「学校給食のあり方検討委員会」を設置。デリバリー弁当の喫食率は当初の約60％が2020年度には37％まで低下した（3月18日）。同市は合併前から給食を実施していた市立中学校5校（2022年4月現在）を除く30校で2010年度から2年をかけ全校でデリバ

リー方式の給食を実施したが、喫食率は年々低下していた。11月７日同委員会は「中間答申書」を提出。できるだけ早期の給食実施の方針が示され、提供の実施方式は「センター方式」を基本とすることなどが盛り込まれた[(10)]。

　横浜市も、全員喫食を目指している点では同じである。2021年度に中学校で家庭弁当と選択制デリバリー方式で給食を導入。2026年度からはデリバリー型の給食を原則全員利用と位置付ける考え（10月４日）。横浜市教育委員会（以下、市教委とする）は８月26日、市議会こども青少年・教育委員会で2026年度以降の中学校給食のあり方について、デリバリー弁当方式が最も実現性が高いとの検討結果を提出した。市は次期中期経営計画の素案に盛り込む。市教委は自校方式や小学校と連携する親子方式では配膳室用の敷地がない、センター方式の場合はセンターが６か所必要となるが市有地がないとした。デリバリー方式にした場合も、１日に約８万３千食の製造が必要となり、新規施設が必要とした（９月６日）。都市部で規模も大きいことから他市とは趣を異にしている。

３．保護者負担軽減策の拡充

　保護者負担の軽減策には、コロナ禍や物価高により経済状況が悪化している家庭への支援策、人口減少対策で子育て世代の住民増をねらった支援策、また、保護者負担が重かった分野での純然たる軽減策などがみられる。しかし、複合的な目的の策もあり、策ごとに目的を峻別するのは困難である。そのため、今回は目的は考慮せず、単に保護者負担軽減策として整理する。

　東京都は2022年度から以下の策を実施した。専用車両を新たに運行し「医療的ケア児」の通学支援を拡充、保護者負担の軽減を図る（２月18日）。また、中学３年生と高校３年生への塾や受験料の補助制度の対象を、生活保護基準の1.1倍から1.5倍へと拡大した（３月８日）。他にも都立高校新入生用学習端末の保護者負担を３万円とする定額補助制度を創設する（３月11日）。

　給食費関連では、千葉市が義務教育の市立学校に通う第３子以降の給食費を無償化した（１月28日）。青森市が10月１日以降公立小中学校の給食費を無償化（８月２日）。静岡県沼津市は10月から2023年３月までの半年間、小中学校の給食費を無償化（８月19日）など、物価高の影響を受ける給食費について、83.2％の自治体が保護者負担の軽減などを行ったか、実施予定であるとの調査結果を文科省が９月９日に公表した（９月16日）。

　また、ひとり親家庭の支援では、金沢市が不要になった制服を回収・補修し、

ひとり親家庭に無償提供する取り組みを始める（3月11日）。加えて、高校卒業後の学生への支援としては、福岡県遠賀町が長引くコロナ禍の影響対策として町出身学生に5万円を給付（2月18日）。福井県勝山市は、保護者の住民票が市内にある19歳以上の学生に10万円給付を決めた（3月4日）。千葉県四街道市はコロナ禍で帰省できない県外居住の18～25歳の学生（保護者が市内居住が条件）への支援として、米や野菜などふるさとの味詰め合わせを送った（3月8日）。福島県須賀川市も米などを含む地元特産品8点の詰め合わせを市出身の大学生などに送っている（8月19日）など、高等教育段階の学生への支援もみられた。

おわりに

　本稿においては、多様な教育機会の確保に関する動向を中心に整理した。不登校児童生徒の増加以外にも着目した理由がある。政府が自治体の施策推進を企図する場合、従前は法令での規定と財政支援が中心であった。しかし、現在取り組みが進んでいる「不登校特例校」は、政府が「骨太の方針」で法令を超えた「全都道府県等での設置」を明記したことなども推進力となっている。これは政府主導の政策推進の新たなかたちとなり得ると考えたので中心とした。

　以上でみてきた以外では、デジタル活用の拡がりがある。静岡県掛川市では小中学生のタブレット端末に、悩みを相談できるサイトを開設した（1月25日）。他にも、三重県四日市市が保護者と学校連絡用のスマホアプリを4月から導入（1月18日）、大阪府藤井寺市は4月からスマホやPCから子どもの遅刻欠席を連絡できるシステムを導入（6月3日）、岐阜市も連絡アプリを全市立小中学校、特別支援学校、幼稚園で6月から導入（6月10日）するなどの動きもみられた。

　また、鳥取県と堺市の取り組みもある。鳥取県は2025年度から公立小学校全学年で30人学級を都道府県では全国で初めて実現する。2022年度以降3年生から6年生を段階的に30人学級とし2025年度に完了する見通しである（2月18日）。堺市教育委員会は、複数の小中学校でつくる「学校群」に教職員人事や予算の権限を移譲し、学校マネジメントと授業改善を図る義務教育改革を2025年度から本格実施する方針。「学校群」は中学校区単位を基本とし、人事や予算配分などのマネジメントは校長や教頭らが担うことにする（8月19日）。

　今後、自治体や学校の創意工夫でデジタル活用はどのような拡がりをみせる

のか。鳥取県の30人学級は、他の都道府県に波及するのか。堺市の取り組みのように、権限移譲による学校を基盤としたマネジメントは全国的な拡がりをみせるのか。今後の動向を注視していきたい。

注
（1）2022年6月の「不登校に関する調査研究協力者会議報告書〜今後の不登校児童生徒への学習機会と支援の在り方について〜」を受けて、文部科学省初等中等教育局児童生徒課長名で発出された。
（2）「経済財政運営と改革の基本方針2022」p. 35。
（3）2022年10月28日『毎日新聞』西部朝刊社会面「不登校：小中不登校、最多24万人　学びの場、受け皿どこで　特例校、設置伸び悩む」。
（4）2021年2月16日に文科省初等中等教育局長発出の「夜間中学の設置・充実に向けた取組の一層の推進について（依頼）」（2文科初第1704号）。
（5）2022年6月1日に文科省初等中等教育局・初等中等教育企画課教育制度改革室発出の事務連絡「夜間中学の設置・充実に向けた取組の一層の推進について（依頼）」。
（6）「中学校給食（デリバリー方式）」 大阪市HP：https://www.city.osaka.lg.jp/kyoiku/page/0000319583.html（2022年1月10日最終確認）。
（7）「中学校完全給食の実施」川崎市HP：https://www.city.kawasaki.jp/980/cmsfiles/contents/0000033/33094/chu-gakko-kyusyoku.pdf（2022年1月10日最終確認）。
（8）2021年8月19日神戸市学校給食委員会「中学校給食の全員喫食制への移行に向けて（報告書）」神戸市HP：https://www.city.kobe.lg.jp/documents/54490/202108kyuusyokuiinnkai.pdf（2022年1月10日最終確認）、2021年9月14日神戸市教育委員会会議決定「中学校給食の全員喫食制への移行に向けた基本方針」 神戸市HP：https://www.city.kobe.lg.jp/documents/54490/tyuugakkoukihnhousin.pdf　（2022年1月10日最終確認）。
（9）2021年9月「学校給食の充実に向けた給食提供体制の見直し方針」広島市HP：https://www.city.hiroshima.lg.jp/uploaded/attachment/159146.pdf（2022年1月10日最終確認）。
（10）「中学校給食の全員喫食の在り方について（中間答申）」相模原市HP：https://www.city.sagamihara.kanagawa.jp/_res/projects/default_project/_page_/001/024/400/arikata/00_01.pdf（2022年1月10日最終確認）。

　　　　　　　　　　　　　　　　　　　　　　　　（敬和学園大学）

［内外の教育政策研究動向2022］
デンマークの教育政策動向
―義務教育後の職業訓練教育への橋渡しを中心に―

谷　雅泰

はじめに　国民学校改革について

　デンマークでは2015年に国民学校（0学年から10学年、9学年まで義務教育）改革が行われた。その内容については本年報で7年前に佐藤が詳しく論じている[1]。佐藤が指摘した改革の目的やPISAの影響などの方向性は、現在でも基本的に継続していると思われるので、本稿では主にそれ以外の教育改革について述べることにしたい。

　しかし、PISAの結果について佐藤は2012年の結果までを紹介したうえで、「成績が向上しなかった」[2]と分析していて、丁寧に紹介しているデンマーク語の授業時間数の増加など、2006年以降続いてきた改革の帰結の評価としては妥当ではあるものの、2015年の国民学校改革の成果としては、その後の結果が気になるところである。そこで、2015年、2018年のPISAの結果を紹介しておくと、2015年は、読解力500点（OECD平均493点、OECD加盟35ヵ国中15位）、数学的リテラシー511点（490点、7位）、科学的リテラシー502点（493点、15位）であり、2018年は読解力501点（487点、13位）、数学的リテラシー509点（489点、8位）、科学的リテラシー493点（489点、20位）であった[3]。

　2012年のデンマークの結果とOECD平均を示すと、数学的リテラシーはデンマーク500点（平均494点）、読解力496点（同498点）、科学的リテラシー498点（同501点）と、ほぼ平均点、という成績だったのが、2015年、18年は全体として大きく上昇していることがわかる。特に教育改革の中で力を入れていたデンマーク語と数学について、読解力と数学的リテラシーの成績向上につながっているとみたほうがよいようだ。日本と比較すると、日本のほうがよい成績を残しているものの、2018年の読解力はわずか3点差で統計的な有意差はなく、同水準であると言ってよい。もっとも、2015年調査では筆記型調査からコンピュータ使用型調査に移行しており、日本ではまだコンピュータの使用に生徒が

慣れておらず、成績の低下に影響したとみられているのと対照的に、デンマークは「デジタル先進国」と呼ばれ、早くからICT教育が行われており、試験の機会の全体数は日本ほど多くないもののコンピュータ使用型テストには慣れていたと思われることは好条件として働いたのではないかと思われる。

　2018年の教育を受けた生徒は、国民学校改革実施時に日本でいえば中学校段階に入るタイミングだったのであり、改革の本格的な影響を見るためには、2022年に行われた調査の結果に注目したい。

国民学校法改正のもう一つの側面

　2015年度の国民学校改革は2014年6月の国民学校法改正によるものであったが、このときの改正では2016年度実施のもう一つ大きな改革が行われていた。それが職業教育10年生クラス（EUD10）の新設である。

　デンマークでは0年生から9年生の10年間が義務教育だが、義務教育卒業後、後期中等教育に進学する前に、それぞれの生徒の個性や希望によって1年間のいろいろな教育機関に進学することが多い。国民学校に付設の10年生クラスもあれば、エフタスコーレ（私立の全寮制の学校）もそうであり、また日本で以前から注目されることの多かった生産学校も、25歳までのいろいろな経歴の人が学ぶことができるが、基本的に1年間の課程であり、9年生終了後すぐに入学した場合は同じような機能を果たしていたといえよう。デンマークで聞き取り調査をしていくと、主に現場の実践者からの批判として、「政治家たちは効率が悪いとして10年生クラスをできるだけなくそうとしている」という声を聴くことが多かった。しかし、エフタスコーレに進学する生徒はこの間増加しており、それも含めて9年生卒業後次のステップに進む前に、1年間の学びを挟む生徒が約半分にのぼる[4]。

　一方、前世紀の終わりころから、後期中等教育からのドロップアウトが多いことが問題となっていた。そこで、政府は2015年には95%が後期中等教育をおえる、という政治目標をたて、教育改革やガイダンス制度の改革を進めてきた。すべての人材を活用するために少しでも労働力としての価値を高めようとする政策は、北欧の特徴である大学などでのリカレント教育やデンマークやオランダの特徴として見られるフレキシキュリティ政策などとも関係が深い事項であり、全体として理解する必要があるが、それは筆者の能力を超えている。ただ、日本でも一時期、労働力の流動化を目指してフレキシキュリティが喧伝される

ことがあったが、フレキシキュリティは解雇規制が緩められる一方で、手厚い社会保障や再教育の機会が与えられるなどの条件の上に成り立っていることを見ないと、日本では容易に「自己責任論」に絡めとられてしまう危険性があることは、デンマークの政策を紹介しているものとして一言しておきたい。

EUD10

　2016年実施の新しい10年生クラスであるEUD10についてみてみよう。国民学校における10年生クラスの規定は、第2章（9年生までの規定）と第3章（学校規則）の間の第2章a（10年生クラスの構成と内容）に記載されていて、第19条aから第19条jまでの10条が置かれている。そのなかで通常の10年生クラスに加えて、EUD10についても規定されている。

　EUD10は、9年生終了後、職業訓練教育に関心を持ちながら入学資格を持たない生徒や、進路決定について確信を持てない生徒のためのクラスであり、年間840時間以上の授業時数が必要である。入学の対象となるのは、デンマーク語と数学で02の成績を満たせず、学びへのレディネスが不足している場合ということであった。02というのは、デンマークの7ポイント制で7段階の真ん中の4（ふつう）の下で、「基準を満たしている」であり、ヨーロッパ単位互換制度（ECTS）におけるFXに相当する。それを満たしていないとなると、7つのポイントのうちの下ふたつに該当していることになる。9年生の修了試験でその成績が取れないと職業訓練教育に進めないので、ここで1年間学び、10年修了で再度トライするのである。

　授業時間数840時間以上というのは、通常の10年生クラスと同じであるが、その内訳は、EUD10では必修としてまずその半数がデンマーク語、数学、英語の授業にあてられる。また読解に問題がある生徒には読解の授業が行われる。必修部分にはそれ以外に「架け橋的要素」があり、通常のクラスの場合は上級の学校での経験が想定されるが、EUD10については青少年向け職業教育訓練が126時間行われることになっている。

　授業時間数の半数は選択科目となるが、EUD10の場合はそのうちの294時間が職業教育への導入部分となる。残り126時間は選択科目の授業となる。必修部分と選択部分の職業教育関係のコンテンツは、合計420時間であるから、全授業時間の半分が職業教育関係、残りがデンマーク語と数学を中心とした座学、となっている。実際、発足当時に筆者らが訪問したEUD10では、曜日を決め

ていつも通うクラスとは別の場で行われる職業訓練（そのケースの場合はバイクの修理）に参加するとのことだった。

　創設されて間もない EUD10 だが、どのくらいの生徒が通っているのだろうか。現地で長く若者教育ガイダンスセンターのガイダンス・カウンセラーとして活躍されてきたボトカー氏へのインタビューで尋ねてみた [5]。氏は EUD10 に通う生徒はほんの一握りで 2 ～ 3 ％止まりではないか、という。10年生クラスは半数ほどの生徒が経験するのだが、職業教育のコースより高校への進学を希望するケースが多く、エフタスコーレや通常の10年生クラスを選択しがちだ、ということである。

　少子化傾向にあることはデンマークも日本と同じで、様々な職種の人手不足が懸念される中、効率的な職業教育の仕組みが作られてきていて、人材を有効活用する政策をとろうとしているが、必ずしも成功してはいないようだ。

若者の移行支援の改革

　EUD10 も含め、デンマークの後期中等教育は様々な種類の高校、職業教育訓練機関に分かれていて、画一的な制度に慣れた日本人にはなかなか理解がむつかしい。しかし、一人ひとりの個性に合わせた学びをデザインしていく仕組みを作ろうとしているのだと考えれば、納得できる。その時に重要なのは、ガイダンス・カウンセラーの存在である。

　2004年、若者教育ガイダンスセンター（Ungdomens Uddannelsesvejledning Centre、以下 UU）が設置され、それまで国民学校に所属していたガイダンス・カウンセラーを UU の所属とし、そこから学校へ出向く形とする改革が行われた。同時に、カウンセラーの資格についても厳格化されている。背景には後期中等教育からのドロップアウトが多く、16歳から25歳までの80％程度しか後期中等教育（職業教育訓練を含む）を修了していないという問題があった。政府はこの数値を2015年までに95％まで上昇させるという目標を掲げ、一連の改革に着手したのである。学校内に留まらないため、教育日誌、個別教育計画などの記録を累積し、25歳までの支援が必要な人、例えば就職も就学もしておらず、後期中等教育を終えていない対象者については関係を保っていくことが、UU の職責であった。

　その UU が、2019年 8 月に廃止され、その機能は新たな組織に引き継がれることになった。それが KUI である。

KUI の発足

　KUI は KOORDINERET SAMMENHÆNGENDE UNGEINDSATS の略称である。まだ始まったばかりで日本での定訳がないが、直訳を試みるならば、「若者のための機能をひとまとめに配置する」もの、となるだろうか。筆者らが最初にその構想を知ったのは、2017年、当時西地区若者教育ガイダンスセンターの責任者であったボトカー氏を日本に招いて行ったシンポジウムの時であったが[6]、その時に説明されたのは、問題を抱える若者は、教育や就労、およびその架橋に関わるキャリア・ガイダンスだけでなく、福祉（年金や住まい）、医療（依存症の治療など含む）など行政のいろいろな分野と関わりを持つ必要がある。そこで、同じ青年があちこちの窓口に行かなくても良いように、ワンストップのサービスが行えるようにするための改革を行うのだ、ということだった。その時は「多面的な若者ユニット」という構想として説明され、多様な問題を抱える若者がともかくそこに行けば、たとえどんな問題であれ解決できるようにしたい、と氏は語っている。

　若者教育ガイダンスセンターを廃止して置かれたこのユニットは、基礎自治体に置かれ KUI となった。若者教育ガイダンスセンターは複数の基礎自治体を管轄することがあったから[7]、利用者から見ればより身近になったということもできるだろう。

　私たちの研究グループは、2019年にもボトカー氏を訪問して、たまたま西地区ガイダンスセンターの最後の日に立ち会うこととなり、また、氏の新しい職場であるロドヴァ若者センターも訪ねた[8]。同センターは、もうひとつのオフィスである若者ユニットともに KUI を構成している。センターは義務教育と10年生までの生徒を対象とし、個別教育計画を作成し、国民学校のキャリア・カウンセリング、非行防止のための警察との連携（ただし、これは KUI 外にあって連携）、心理的評価、STU（障害のある生徒の就学支援）などを担当する。ユニットはその後の段階の若者を担当し、センターから個別教育計画を引き継ぎ、ガイダンス部門のカウンセラーが対応し、ドロップアウト予防その他、医療や福祉、就業に関するサポートを行う。

改革の成否

　UU から KUI への改革はどのように評価すべきなのだろうか。それを考える前に、2004年に UU が置かれると同時に施行され、その後、最近では2022

年10月の改正まで、幾度もの修正を加えられてきた「25歳以下の若者のための自治体の活動に関する法律」（Lov om kommunal indsats for unge under 25 år）を確認してみたい。詳しい紹介は別の機会に譲るとして、改正後の目立った特徴だけ記せば、現行法では、例えば自治体のさまざまな部局の支援が必要な場合、一人の「コンタクト・パーソン」を定めるとしている。これは先に述べた、「ワンストップ型」の仕組みを具現化したものとみてよいだろう。また、基礎自治体の職務と権限が大きくなっていることも見て取れる。例えば、9年生と10年生の後期中等教育への進学の目標数値を、職業教育訓練と高校に分けて設定すること、目標数値と実数を自治体のホームページで公表すること、職業教育訓練への希望が全体の10％を下回る場合には、その率を高めるための行動計画を作成すること、が基礎自治体に義務付けられている。先に述べたように、さまざまな職種の職業人が不足することが予測されているのに、アカデミックなコースである高校への進学希望者に対し職業教育訓練の希望者が少ないことはデンマークの社会が抱える課題であり、それに対する有効な手立ての模索とみることができる。また、先に述べた生徒ごと、若者ごとの個別教育計画とは別に、25歳未満のすべての若者の青年教育や雇用、社会的取り組みの調整を目的とした総括的な計画を作成し、公開すること、実際の進捗状況を評価することも基礎自治体の責務とされている。

　基礎自治体が教育と雇用の橋渡しを含む若者施策に一連の総括的な責務を負うこの方法は、やりようによっては効果を生むのではないかと思われる。2019年の改革から3年たった22年末の時点で、その効果について尋ねてみた[9]。ボトカー氏によれば、うまくいっている例も1,2の自治体であるようだが、全体としてみればうまくいっていない。それは、そもそもの動機が、基礎自治体の外に置かれていたキャリア・ガイダンスの機能を基礎自治体のなかに取り込みたいという、自治体の政治家たちの思惑にあるからだ、ということであった。氏のようなキャリア・ガイダンス・カウンセラーの視点から見れば、それまでは独立性を保てていたのに、自治体の組織のなかに組み込まれ、KUIのもとにおかれる不便さもあるだろう。それらの点が実際どうなのか、うまくいっているという事例の検証も含め、今後の課題としたい。

注
（1）佐藤裕紀「デンマークの教育政策動向」『日本教育政策学会年報』第23号、

2016年。なお、筆者が編著者の『転換期と向き合うデンマークの教育』（ひとなる書房、2017年）でも詳しく論じているので、そちらも参照されたい。

（2）佐藤同上論文、p.218.

（3）国立教育政策研究所「生徒の学習到達度調査（PISA2015）のポイント」「生徒の学習到達度調査（PISA2018）のポイント」

（4）エフタスコーレには、8年生段階や9年生段階から在学することも多い。なお、本稿の執筆中、坂口緑・佐藤裕紀・原田亜希子・原義彦・和気尚美『デンマーク式生涯学習社会の仕組み』（ミツイパブリッシング、2022年）が刊行された。一見複雑に見えるデンマークの教育制度を「自分の道を自分で選べるオーダーメイド型の教育制度」と捉えなおし解説した好著である。このなかで10年生クラスやエフタスコーレ、また後述する若者の移行支援などについて詳しく触れられているので、興味のある向きは参照されたい。

（5）元西地区若者教育ガイダンスセンター所長 Carsten Bøtker 氏への聴き取り。2022年12月15日、リモートで実施。

（6）青木真理・谷雅泰・五十嵐敦・野口時子「みんなが活躍できる社会をどう構想するかーデンマークに学ぶー」『福島大学地域創造』第30巻第2号（2019年2月）。

（7）カーステン氏の西地区センターはコペンハーゲン近郊の都市部であることもあり、5つの基礎自治体を管轄していた。若者教育ガイダンスセンターは98基礎自治体に対し56ヶ所設置されていた。2004年にセンターが置かれ、国民学校に所属していたカウンセラーがセンターに集約されたことについて、私たちのインタビューに応じてくれた学校関係者からは、それまでは学校が卒業生の進路について面倒を見ていたのに、それができなくなるのは反対だ、という声がしばしば聞かれた。この度の再改革は学校に戻すわけではないが、基礎自治体の仕事になるということは、利用者からすれば少し身近になると言える。

（8）この時に訪問したロドヴァ市の KUI とその中に包摂されている若者センターについて、詳しくは青木真理・谷雅泰「デンマークの若者支援の新しい制度ーKUI について」『福島大学人間発達文化学類附属学校臨床支援センター紀要』第2号、2020年。

（9）注（5）に同じ。

（福島大学）

VII

書評・図書紹介

書評

石井拓児著
『学校づくりの概念・思想・戦略
―教育における直接責任性原理の探究』

佐藤　修司

　本書は、筆者の2000年から2020年にかけて書かれた論稿をもとにしながら、「戦後日本の教育実践のなかから誕生した『学校づくり』という概念に着目し、それらの教育実践を主導した優れた教育者らの教育思想を明らかにするとともに、『学校づくり』概念が形成され各地の教育実践において定着するようになった、1950年代後半の政治的・経済的・社会的な状況および具体的な教育法・教育政策の実施過程を踏まえつつ考察することにより、今日において『学校づくり』概念が有する戦略的意義を明らかにすることを目的」として、一冊にまとめられたものである（p.6）。

　従来の学校づくり研究では、実践そのものについての検証と考察がそれなりになされてきたが、概念把握の曖昧さゆえに、学校づくりという特殊な概念が発生した時代状況とりわけ教育政策動向との対応関係が十分に意識的に追求されてこなかったため、学校づくり実践、運動のもつ思想性、戦略性が十分に示されてこなかったこと、さらには、教育実践・運動がもつ教育政策・制度からの反射的性格や、教育科学・理論から相対的に独自でありながら相互に規定する関係性を有することへの総合的で包括的な検証が必要であることも、著者の問題意識として挙げられている（p.13）。

　第1章から第3章では、戦後から現在にいたるまでの「学校づくり」をめぐる法制、政策、実践、運動、理論の展開が描かれている。戦後教育改革、1947年教基法の理念を受け継ぎ、組合教研や民間教育研究運動が展開する中で学校づくりの概念が誕生したわけだが、それは教育内容への国家統制の強化と並行し、抵抗の理念として強化・定着していく過程でもあった。「福祉国家」論（特別権力関係論、営造物理論）が文部政策において国家統制を支える理論枠組みとなっていたこと、さらに1990年代後半以降の新自由主義教育改革の下での学校の自主性論が職員会議の空洞化、形骸化をもたらしていったことが批判される。

第4章と第5章では、「内外事項区分論」、「教育における直接責任性論」、持田栄一の教育管理理論が検討される。持田が教授＝学習過程と教育管理＝経営過程を統一し、個別学校単位での教育内容決定過程に父母国民を位置づけていたこと、保護者・住民と教師さらには子どもを主体として、自治的かつ組織的に運営される場として学校組織運営が位置づけていたことが高く評価される（p.132）。内的事項を教授＝学習の場面としてだけ想定するのではなく、作成・決定・実施・評価にわたる全的な過程としてとらえる教育課程経営（教育課程づくり）の戦略的発想が求められる（p.135）。

第6章ではその一つのモデルケースとして、北海道宗谷地方の学校づくり運動が取り上げられ、分析されている。日本型企業社会、日本型福祉国家の形成、教育の商品化が、学校づくりを困難にさせ、学校自治の内部の構造、学校と地域の関係構造を土台から崩すものであり、そのことへの対抗理論・運動が、宗谷の教育合意運動にあった。子どもも含めた諸主体の参加による立案・作成・討議・決定を含めた教育課程づくり（内的事項）と、人事・予算面の条件整備（外的事項）のそれぞれの独自性を踏まえながら、両方の過程を整合的・接合的にとらえる全体構造が「地域教育経営」ととらえられる。そして、学校の公共性、教師の公務労働者性、「公共性／公共圏」を取り戻すことが目指される。

第7章では、新自由主義教育改革について、教育産業の教育市場への参入拡大、学校設置者の多様化、学校選択、教育委員会制度「改革」、教育財政の貧困、特色ある学校づくりの問題などが指摘される。筆者はこの状況に対して、「内外事項区分論の現代的再構成－公教育の地域的共同管理体制の構想」「教育における直接責任性に基づく制度構想」を対置する。教育委員会が合議によって教育的な判断、教育的決定を行い、その前提として保護者・住民参加による学校単位での教育課程・計画の策定が行われ、そこでは内的事項・外的事項の両面にわたる計画の討議作成が行われる。外的事項は一定の広域的な範囲で決定されるが、内的事項は各学校での決定が行われる。このような重層的な教育参加とそれを通じた、効力のある評価の仕組みの内在化によってこそ国民的な合意が可能になるのであり、新自由主義的関係・国民意識を変革する唯一の可能性がここにあるとされている（p.223）。

本書は、学校づくりの戦後から現代にいたる実践と理論を一本の大きな柱としながら、現在の新自由主義教育改革を踏まえて、戦後の内外事項区分論、直接責任論、教育・学校管理論、福祉国家論などの理論枠組みを現代的に再構成

しようとする意欲的な取り組みであり、教育政策学・行政学・経営学・法学を超えて、教育に関心を持つ者に幅広く読まれるべき好著である。個人的には特に、内外事項区分論に持田の発想を取り入れ、接合することに賛同したい。内的事項が教授＝学習過程であり、教育活動であるのなら、外的事項は条件整備過程であり、教育事務・行政活動でとも呼べるのではないか。そして、内的事項、外的事項それぞれに適した管理＝運営過程のあり方、そして内的事項と外的事項の相互連関が追求されるべきなのであろう。従来の区分論は、内的事項に関する団体自治的性格が強調され、教育の自由を守るという性格が強かったが、住民自治的性格（管理・運営的側面）については、文化的ルートとされるものの、理論的に曖昧であった。

　今後の要望を挙げるとすれば、第一に、内的事項に対する管理＝運営において、参加型民主主義もポピュリズム化する危険、少数派や人権の抑圧に転落する危険があり、それを防ぐために、選択権や離脱権、抵抗権などの制度的保障の必要があるだろう。参加＝民主主義、選択＝新自由主義というように、対立的に考えるべきではなく、「抑制と均衡の原理」（黒崎）も肝要である。教師と教師集団、保護者・住民と保護者・住民集団などが複雑に対立し合った、対話や協同が成り立たない場合の調整原理を組み込んでおく必要があると感じた。

　なお、持田、黒崎の理論枠組みを、財政面から、「分権－分離」モデルととらえ、そのモデルが新自由主義教育改革と親和性を有しているととらえることについては若干疑問が残る（p.143）。黒崎が『公教育費の研究』（1980年）で言う「公教育費の人民協議的形態」はむしろ宗谷のあり方にも近いようにも感じる。また、同書では国庫負担制度が、教育の商品化、私的利益の追求を主要な構成要素とした公教育費の国家的形態であって、労働者階級の権利としての教育の要求、無償教育論と対立するものととらえられていた。

　第二に、なぜ宗谷でこれだけ長く学校づくりの実践が持続したのか。教職員組合の運動方針や、地域における共同の理念が挙げられているが、それにとどまらないものがあるようにも感じる。また、宗谷に代表されるような地域教育経営のあり方を他に広げる方策、特に都市部に広げる方策を探究する必要があるだろう。筆者が指摘するように学校づくりの実践の根底に、戦前からの生活綴方教育の伝統が根付いていることは重要な点であり、生活と教育、科学と教育との結合など、今一度その精神や伝統に立ち返る必要があると言える。民間教育（研究）運動や、教職員組合運動・教研運動が困難を抱え、戦前からの学

校文化、教員文化が危うくなる中で、それがどのようにして可能になるか、研究者としての責任、理論の責任も問われるところである。

　第三に、筆者は、その道筋として、戦後改革、戦後教育改革が目指した福祉国家「集権－分離」モデルの復活を目指すわけだが、これをどのように可能にするのかが問われる。石井は、学校の自治・自律性の確立が教職員の自発性・創造性を喚起し、教育内容・活動のあり方の模索が学校財政の条件と規模を可視化すること、そして、学校の保護者住民の教育課程の決定過程への参加・関与が、福祉国家型の積極的な公財政教育支出を要請する国民的合意に至り、ナショナル・ミニマム・スタンダードが確立される、という道筋を描いている（p.145）。

　また、より大きくは、「労働時間の国家的規制と社会保障の国家的な全面的な整備という、まさに福祉国家構想」を掲げる。日本型企業社会に代わる新しい福祉国家では、国家による積極的で全面的な教育財政措置と、教職員のゆとりある勤務条件と意欲的な教育研究活動、そして、教職員と保護者と住民が十分な自由時間の確保によって協同学習が可能となり、この協同学習を通じて、教職員と保護者・地域の関係性は変革される（pp.265-266）。

　ただ、出発点が、教職員や保護者・住民の意識や自覚、協同学習に置かれるとすると、その条件がまた問われることになる。公共性を取り戻すこと、自主性、自律性、主体性を取り戻すことが重要だが、それをどのように実現するか。これは筆者に問われるというよりは、教育学者、研究者、そこにとどまらず、すべての人に問われる難問である。

　授業づくりでも、学校づくりでも、教育学諸領域を総合した実証研究が必要なように思われる。運動・実践に関わった学級ないし学校全体の子どもたちの意識や学力、資質・能力、さらには保護者や住民に関わる量的調査、卒業後数年間隔等での定時的、経年的な調査などが、教育内容・方法学、教育心理学、教育行政・経営学、教育社会学などの協力によって行われる必要があるだろう。山びこ学校の卒業生の40年間を追った佐野眞一『遠い「山びこ」』（1992年）のような研究が学際的に行われてもよい。

　〔春風社、2021年12月発行・本体価格4,000円〕

（秋田大学）

書評

阿内春生著
『教育政策決定における地方議会の役割
—市町村の教員任用を中心として』

藤森　宏明

　本書は、「市町村議会における教育政策に関する審議の状況を検討し、議会による教育政策の関与の方法とその限界を明らかにすることを目的とする」（p.12）ものである。主に4つの市町村の事例について、地方議会の会議録や予算書等の資料、新聞記事、そして教育長や首長（元・現含）へのインタビューを通じた分厚い記述によって、評者の関心を喚起させる内容となっている。

　序章では、課題の背景がなされ、教育の政治的中立性の原理を整理し、地方議会の教育への関与の実態が明らかにされていないことを示される。

　その上で、第1章、第2章では先行研究のレビュー等による課題の焦点化がなされる。第1章では、教職員人事行政及び市町村議会の実態に関する整理を行い、研究全体の前提条件の確認がなされる。第2章では教育政策と地方政治に関する研究動向を示し、教育の政治的中立性に関する議会に着目した実証研究の重要性が示される。

　そして第3章から第9章までは事例分析が行われる。事例分析においては主に首長と議会の関係に着目しており、第3章から第6章までは非対立的な関係であるのに対し、第7章から第9章までは対立的な関係となっている。

　第3章と第4章は長野県小梅町の事例分析である。ここでは少人数学級編制のための町費教員任用が、県教委からの指導で中止に追い込まれたにも関わらず継続されたのは町長と議会の良好な関係性が大きいことを示している。

　第5章と第6章は旧A町の事例が取り上げられる。ここでは複式学級解消のための町費教員任用事例と複式学級解消事例における議会の動向を分析しており、「現状打破集合」の中に町教委・議会・首長が同調する関係の中での陳情による影響の検討がなされる。

　第7章と第8章は旧総和町の事例が取り上げられる。ここでは拒否権プレイヤー論を軸としたTT政策導入事例と「通年制」の事例が分析される。その結果、拒否権を持ちうる前者の事例は良識の府として議会の機能の可能性を示

し、拒否権を持ち得ない後者の事例は教育の専門性の側面から議会の関与が差し控えられるものとなった。以上は、教育の政治的中立性は政治家たちの良識があってこそ意味を持ちうることを示している。

第9章は大阪府箕面市の生徒指導専任教員配置政策の事例が分析される。ここでは十全なエビデンスがない中での議会による政策転換の事例であり教委と議会の拒否権プレイヤー同士の対立の結果という示唆をしている。

終章では総括的な考察が行われている。現実の地方議会と教育行政・政策の関係は不可分であるにもかかわらず、従来の教育行政研究は規範的側面からの教育の政治的中立性の確保を訴えてきた。けれどもこの確保は失敗していることから、著者は地方議員の政治的中立性への知識の浸透を提案している。

以上、紙幅の都合で省いた部分も多いが、各章の概要を整理させていただいた。評者の印象としては、本書は、本来地方自治体における教育政策を遂行するためのアクターの1つでもある地方議会に焦点をあて、その役割について検討した先駆的な研究であると感じた。これは、著者が「あとがき」に「従来の教育行政研究と同じく、教育の政治的中立性や執行機関多元主義を素朴に信じ」（p.284）と記したように、評者も教育委員会の存在によって教育政策における議会の重要性を軽視していた側面は否めないからである。近年「地域とともにある学校」の在り方が問われている。だがこれは、「地域の活性化のために自治体としてできる教育は何か」と地方議会が学校をコントロールする政策の存在も視野に入れた問いも想起させる。この点を踏まえれば、地方議会の教育政策に果たす役割やその課題（限界）は今後ますます注視され、「政治的中立性とは何か」「その限界はどこにあるのか」という研究は今後一層重要となるだろう。その意味で本書が果たした役割は大きい。

また、本書はその分析方法として、質的調査に重きを置いたことによって、より説得力のある知見を出したと考える。地方自治体における教育政策の具現化においては、さまざまなアクターが複雑に絡んでいるため、複雑な関係を複雑に捉えたまま、理論的示唆を示すような研究が求められるだろう。この点において本書は、インタビュー、新聞記事、会議録等、多彩な質的データによって分析・検討がなされている。そのことによって、読者に説得力を持たせるための分厚い記述が数多くなされている。例えば第4章に登場する黒澤町長について政治家としての来歴を第4章第1節で約6頁の紙幅を割いて説明し、黒澤町長が議会と良好な関係が構築できていたことをより深く理解させてくれる。

質的研究においては、「具体性のなかにこそ豊かな知と経験があるという考え方」（秋田ら（2007, p.10））が重要であると考えるが、この長所を存分に活かしていると考える。

　評者が最も関心を抱いたのは第9章の箕面市の事例である。これは「政策選択により議会が教育政策のどこまでを変えることができるのか」（p.239）に着目している。しかも首長と議会が対立関係である中の「エビデンスによらない政策決定の実際」（p.241）の検討である。首長は、少人数学級編制及び生徒指導専任教員配置政策を提案したが、議会による反発によって大幅な修正がなされ、少人数学級編制の予算案は否決され、生徒指導専任配置政策が採用された。

　いずれの案も十全なエビデンスを備えていたわけではなく（生徒指導専任教員配置政策の方が）議会の政党における多数派に「より妥当と見なされた政策が選ばれ」（p.263）支持された。著者は、この事例によって首長から提案される「予算の上乗せ」の必要な教育政策は「予算修正の限界、専門技術的な支援」が必要であることを示している。誰が提案するかに関わらず十全なエビデンスに基づく政策提案でなければ合理的な選択は困難となり、政治的な駆け引きに終わってしまうことも示唆すると評者は感じた。

　例えば「コミュニケーション力の育成」のような厳密には効果測定できない能力の育成等の教育政策が散見されるが、これらの政策過程にエビデンスが示されるのは非常に困難であろう。こういった教育政策が提案された際には、政治的な駆け引きで施策が進行するのではないかと懸念される。

　なお、本書に関して疑問を抱いた点は二つである。第一は「政治」の定義の二面性についてもっと意識的に捉える必要があるのではないかという点である。教育の政治的中立性という際の「政治」は党派の対立を意味し、教育政策の決定を行う「政治」は、さまざまなアクターが登場する意思決定プロセスである。

　したがって、地方議会における政治的中立性を検討するのであれば、陳情や請願の伴う教育政策の事例をもっと多く検討すべきではないかと思われる。こういった活動は特定の政党の影響を受けるという意味での「政治」なのか、地域の営利団体の利害を背負う議員としての活動の中での「政治」といえるのか。要するに「政治的中立性」の「政治」の中身をどこに設定するかで終章での考察は別な物になるのではないだろうか、という点である。確かに本書では「教育の政治的中立性が市町村議員にどのように意識されているか（いないか）」（p.5）が「ほぼおらず（中略）議会の関与を前提として教育の政治的中立性の

議論を再構築する必要がある」（p.270）と結論づけている。しかし上記のような仮説的な定義をすることでも本書とは異なった、再構築の方向性を視野に入れた検討ができるのではないだろうか。この点を踏まえると陳情や請願は教育政策に影響を及ぼしている可能性は大いに考えられる。すなわち、教育の課題の発信源は教育長や教育委員会側だけではなく住民の意思を汲んで運営をしている地方議会側もあり得る。一般質問や緊急質問によって、首長や教育長が教育現場の新たな課題に気づかされ、教育政策に影響を及ぼし、これが政治的中立性にも関連する可能性は今後検討する余地があるのではないかと考える。

第二は、本書のタイトルが「教育政策決定における地方議会の役割」であるが、この点に迫るのであれば、「地方議会における政治的中立性に関する課題」に着目したというアプローチよりも、キーアクターである首長・教育長・教育委員会との関係性をそれらの属性等の特徴から生じる関係性の違いで地方議会の役割がどう異なるかというような、社会学的な視点からのアプローチによる知見の可能性という点である。具体的には、教育長一つとっても、退職校長のような教育畑出身であるか、あるいは政策担当部のような行政畑出身であるかで、同じ教育長という役職であったとしても教育に対する関心や課題意識が異なってくる。その結果、地方議会が果たす役割も異なってくる可能性は大いにあると考える。

もっとも、以上の点は、本書の一部分に評者なりの疑問を呈したものにすぎないし、本テーマにおける著者と評者の関心の違いやむしろ評者の勉強不足を露呈するものでしかないかもしれない。本書が地方教育行政における政策決定がさまざまなアクターによって複雑に絡み合っている実態を踏まえ、インタビュー、新聞記事、会議録等の膨大なデータを用いた実証的な研究として、大いに示唆に富むものであることには変わりない。研究者のみならず、教育長や教育事務局の関係者はもちろん、地方議会の議員など、教育政策の立案に携わる人々にも推奨したい一冊である。

引用文献
・秋田喜代美・能智正博編（2007）『はじめての質的研究法　教育・学習編』東京図書。

〔早稲田大学出版部、2021年11月発行・本体価格4,000円〕

（北海道教育大学）

書評

近藤正春
『現代教育行政学の理論的課題
―実践科学としての教育行政学の創造』

広瀬　裕子

　本書は広く共有されるべき重要な課題を掲げている。ただ、ある意味、読み方が難しい著書であった。本書は「第Ⅰ部　現代日本の教育行政学の理論的検証」と「第Ⅱ部　実践科学としての教育行政学の展開―教育行政学研究の自分史」の２部構成となっている。サブタイトルに「自分史」をうたう第Ⅱ部の５つの章はそれぞれ著者の過去の論考の再録であり出典が記されている。一方、理論編であろうと思われる「第Ⅰ部」は書き下ろしの体裁をとっているのだが、明記はされていないものの、多くの部分が著者の『科学としての教育行政学』（1988）その他からの再録ないしは小幅修正したものなのではないかと思われる。今の時点の作品として読むべきか、オリジナルが書かれた時代状況を想定して読むべきか、戸惑った。

　出版に合わせて書き下ろされたと思われる「序」（p.3-4）と「序章」（p.9-15）から、本書の問題関心を抽出してみる。「序」の冒頭、著者は次のように述べる。「本書は、宗像教育行政学の止揚と、それを通しての実践科学としての教育行政学の創造を現代日本の教育行政学の理論的課題として提起している」（p.3）。そして具体的には、「現代日本の教育行政学が対自化すべき理論的陥穽を問題として提出し、その理論的基底に「アンチ教育行政学」（「カウンター教育行政学」）としてカテゴライズされてきた宗像教育行政学があると見立てて、その地平からの教育行政学の理論的的転換の必要性を時代の課題として提起」（p.3-4）する、というものである。

　対自化すべき教育行政学の陥穽は、「序章」において３つ挙げられている。すなわち、「教育行政の範疇を一般行政とは区別された独立した営みとして理解しようとする教育行政の対象理解」、「制度設計の基礎としての二つの「共同体」認識の欠落」、および「未完としての「アンチ教育行政学」（「カウンター教育行政学」）からの理論的転換」である。これら３つの理論的陥穽を「対自化し、教育行政学の理論を現代社会の教育行政学の課題との応答性のある理論

へと再構築する」ための「基礎的作業」は、著者の前掲『科学としての教育行政学』(1988) において行われたとされている (p.13)。基礎的作業は 2 つであり、「教育行政学にかかわる諸理論の1980年代までの蓄積の理論的検証を通しての宗像教育行政学の理論的転換を基礎づける作業」と「教育行政学の対象である教育行政の営みを、社会における教育の全体的実践構造の中に定位し、その固有の実践的な役割と機能を現実科学的に検証し、定義する作業」である (p.14)。著者は続けて、その後今日に至るまで陥穽状況は改善されていないとして次のようにいう。「現代日本の教育行政学の理論状況は （略） これまでの行論で指摘してきたような理論的陥穽を未だ内包し、時代の課題との応答性のある理論の実践性を十分には獲得していない状況にある」。それゆえ、本書は、このような認識を踏まえて「現代日本の教育行政の理論的課題につき、論述する」、とされる。

　本書の全体構成は以下の通りである。

序　教育行政学における学問の世代間継承のために

序章　現代日本の教育行政学の理論的陥穽

第Ⅰ部　現代日本の教育行政学の理論的検証

　　第 1 章　宗像教育行政学に関わる所論の歴史的検証

　　第 2 章　教育における矛盾の階層と教育行政

　　第 3 章　社会の構造変容と教育行政学の理論的課題

　　第 4 章　実践科学としての教育行政学の構想

第Ⅱ部　現代科学としての教育行政学の展開―教育行政学の自分史

　　第 1 章　日本教育政策学会20年と教育政策研究

　　第 2 章　教育政策の今日的課題と教育基本法

　　第 3 章　子ども子育て支援新制度と幼児期の教育・保育の課題

　　第 4 章　教育委員会制度改革の位置づけ―子ども子育て支援新制度の施行
　　　　　　　と関連づけて

　　第 5 章　歴史的転換期における大学政策の検証

　「序章」に示されたプランを念頭に置くならば、本書においては、1988年に著者が行った予備的作業を土台にして 3 つの理論的陥穽を再度対自化しつつ、教育行政学理論を再構成する作業が行われると予想されるのだが、戸惑うのは、続く第 1 部は前著（1988）など過去の論考のそのままの再録と見受けられる部分が目立つことだ。すなわち宗像教育行政学の検証を行う第 1 章も、「本書の

理論的核心」（p.4）とされる第2章も、「予備的作業」とされたものが大方そのまま再録される形になっている。今日立てた問いの答えは過去の著作で答えているという格好にも見える。

　この戸惑いは置くとして、著者が掲げる課題、すなわち宗像教育行政学を批判的に検証して今後の理論に繋げようとする課題は共有できるものである。第Ⅰ部第1章（実質的には著者いうところの「基礎的作業」）がこの課題を直接扱っており、宗像理論の把握、宗像論に対する各種の批判や周辺論者（杉本判決、高津判決、持田栄一、市川昭午、伊ケ崎暁生、金子照基、藤田勇など）の整理が行われている（ちなみに市川昭午については新たに「補遺」として今回追加されている）。1988年時点で書かれたものとして読むならば、宗像教育行政学とそこから発した国民の教育権論が強い影響力を持っていた時期に、宗像理論を批判的に検証しようとした著者の関心はチャレンジングである。

　しかし、宗像理論の再精査とそれと関連させた今後の教育行政学理論構築の試みは、周知のように1990年代の『教育学年報』（世織書房）誌上における黒崎勲の一連の論考によって精力的に展開され、また宗像論に発する国民の教育権論についての質の高い総括的なレビュー（高橋哲『教育学研究』72-2）なども存在している。この書評を書いている評者もそれらを継承する場所から多少考察を重ねている（『カリキュラム・学校・統治の理論』世織書房2021）。宗像論を対自化するという問題意識それ自体はすでに特異なものではなくなっているというべきだろう。本書が今の時点で宗像論の批判的再検証を論じるのであれば、なんらかの形でこうした流れに言及し、それらと関連性を持たせながら議論を深める必要があったのではないだろうか。残念に思う。

　本書が再録した各論考には確かに時期に限定されない不易な問題提起が含まれているが、時制を含めて今日的状況に合わせて大幅に加筆修正する形で編まれてもよかったのではないかと思う。小幅な修正に留めるのであれば、第Ⅱ部のように復刻的な形にする方法もあったであろう。ただ、いずれの場合にも、初出書誌情報は付してほしいと思う。

　一方、教育行政学の系譜としてみるならば、宗像論に焦点を当てて論じた第Ⅰ部第1章のみならず、宮原誠一、勝田守一、大田堯、小川太郎、田中昌人、五十嵐顕などを使って教育の実践構造を論じた第2章もあわせて、1980年代当時の理論状況をレビューする上での格好の書と言える。

　系譜という観点に関連して、本書が書かれたもう一つの意図については貴重

だと思われる。「序」に書かれている、教育行政学の第三世代を自認する著者の「責務」である。次のようにいう。「教育行政学の第一世代、第二世代として部分的にせよ同時代を経験し得たものとして、学の到達点と課題を理論的に総括し、それを学問の世代間継承のためにも再審可能な形で整理するとともに、時代の課題とも応答性のある現代教育行政学の理論的課題を「実践科学としての教育行政学」の構想として示すことにより、第三世代としての責務の一端を果たそうとしたものである」(p.3)。学問が世代間継承されるべきだとするこの「責務」の認識に評者は強く共感する。とりわけ、宗像理論を意識することなしには教育行政学が語られにくかった一定期間の研究蓄積が、その功罪評価はともかくとして、日本の教育行政学の無視できない輪郭を形成したことには間違いがないのであり、1990年代以後の研究がともするとそれらから断絶しがちな傾向にあることを考えると、著者が提起する学問の世代間継承は学界として共有するべき認識だと思われる。

〔教育資料出版会、2022年3月発行・本体価格3,000円〕

（専修大学）

書評

荒井文昭
『教育の自律性と教育政治
—学びを支える民主主義のかたち』

梅澤　収

　荒井文昭氏は1959年生まれ、現職は東京都立大学人文社会学部教授（2022年度現在）であり（NPO法人）多摩住民自治研究所理事長も務めている。評者は大学院生時代から研究会等でご一緒しているが、氏は民間教育運動に一貫して主体的に参加する中で研究活動を行っており、『市民立学校をつくる教育ガバナンス』（共編著2005）、『教育管理職人事と教育政治—だれが校長を決めてきたのか』（2007）の著書に続き、本書はその後の研究成果をまとめたもの（著書）である。書評者の専門分野は教育行政学（東京大学教育学研究科。現在は学校教育高度化専攻・学校開発政策コース）である。最終講義（2022.3.17）のために自己の実践・研究の捉え直し（省察）を今年3月行ったが、本書に触発されて可能な限りで専門分野の研究等をフォローしたので、今回の書評にあたり、併せて問題提起を行うこととする。

本著の内容と構成

　本著は、石原慎太郎・都知事時代の教育政策や橋下徹・大阪府知事時代（その後の大阪維新の会）の教育政策の批判的な分析を行いその対抗策を考究している。それは、「教育問題の対応・解決を求める地域住民・親の切実な願い（民意）」を利用して、教育現場に一方的・強権的に対応策（施策）を押しつける（権力的統制）の手法の問題であり、対抗的枠組みとは「公正な民意による教育政治のかたち」の見方・考え方を働かせて「開かれた学校運営」をめざして、コミュニテイー・スクールや地域学校協働活動の可能性と課題を追求することである。つまり、「民意」が権力的統制の手段として利用される手法を克服するには、民意を実質化させることであり、それには「教育の自律性と教育政治」が求められるという論理となる。教育政治とは、「教育をめぐる、紛争をともなう集合的な意思決定」（7頁）のことであり、「そのかたちを探ることが教育政治研究の課題とされるべ」きであると述べる（7頁）。本著の作品紹

介にもあるように、本書の特徴は、「自律的な教育活動を支える、教育における民主主義のあり方を、実践的・理論的に探（った）」と言ってよい。構成は、序と第1部：「民意」拡散と教育政治の変容（3章構成）、第2部：「公正な民意」と教育政治のかたち（3章構成）を論じ、結："本当の世界"についての学びを支える教育政治のかたち、で構成している。なお、既に次の書評や文献紹介が行われている。

〇書評：村上祐介（東京大学）日本教育学会編『教育学研究』第89巻第2号2022年6月321-322

〇書評：姉崎洋一（北海道大学名誉教授）日本社会教育学会編『社会教育学研究』2022 年10月第58 巻118-119

〇文献紹介：池田考司（北海道教育大学）日本教師教育学会編『日本教師教育学会年報』第31号2022年9月162

現代に応える教育政策・教育行政とは？

　著者と同時期に大学教員・研究者の生活を重ねてきた書評者は、1990年に国立教員養成学部に着任以降32年間の奉職を終えたばかりであるが、今新たに「教育行政学と教育政策学を ESD/SDGs 研究にどう繋ぐか？」という研究テーマを設定したいと考えている。その経緯を述べるならば、国立大学自体の「改革」及び教員養成「改革」の大きな波が相次いだためにこれらの改革をどのように行っていくかという実践的な課題（取組み）に身を置いてきたからである。具体的な改革とは、教養部廃止と情報学部の設置（1995年）、教育学部学生定員5千人削減、同学部の統合再編問題（「在り方懇報告」2001年）、国立大学法人化（2004年）、静岡県更新講習デザイン（2008年）や共同大学院博士課程（共同教科開発学専攻）設置（2012年愛知教育大学と共同教育課程・後期課程のみ）、教職支援室設置（2013年）、ミッションの再定義（教員養成分野2013年）、教員養成・研修高度化推進センター設置（2014年）、教育学部改組（2016年度初等学習開発学・養護教育専攻設置／ゼロ免課程の発展的解消）と研究科改組（修士課程廃止と教職大学院への一本化、2020年）等である。これらの取組を通じて、現代の大学・学部及び教員養成の在り方・役割を問いながら、大学システムや教師教育システムをどのように構造転換するかを、理論的かつ実践的に探求してきた。併せて、2014年には、「教師教育・教育委員会に関する日米改革交流シンポジウム」を開催した（東京大学、東京学芸大学、静

岡大学、京都大学の4会場で開催)。

その後、これらの課題を国際的文脈で考察する突破口とするために取組んできたのが、「ESD/SDGs プロジェクト」(ユネスコ活動補助金)である。2016年度から最初の3年間は、「ESD・国際化ふじのくにコンソーシアム」のプロジェクト事業であり、県内外の多様なステーク・フォルダーと連携して「ESDカフェ」「ESD 実践研修会」「実践ラウンドテーブル」「シンポジウム」等を開催したほか、「ESD と教員養成国際化」のためにインドネシア・タイ等と連携して「国際教育フォーラム」を県内及び海外連携大学で開催した。次に、2020年度からは「公立学校における ESD 実践の基盤形成モデル開発事業に取組んだ(3年目の2022年度は大学独自経費で実施)。川根本町(静岡県)と南砺市(富山県)と連携して「教師が内発的・創造的に実践・活動を行い、その成果を学校改革とシステム転換に繋げる枠組み」を提案して、その理論的実践的な探究を行った。2021年度には本学会第28回静岡研究大会(2021.7.10)においてこのプロジェクトの実践を報告し検討する公開シンポジウムを開催した。テーマは、「EBPM 時代における教育実践と制度改革の枠組みの構築〜公立学校の変革支援の枠組みをどう創るか〜」であり、基調報告と2つの自治体の実践報告を行い[注]、意見交換をした。そのシンポジウムまとめは本学会の年報に掲載されている(日本教育政策学会29号2022年68-114参照)。

(注)

・櫻井直輝・佐々木織恵:内在的な教師実践をホリスティックな公立学校改革に結びつける―SDGs プロジェクト1報告―94-101

・貞廣斎子(指定討論者報告):中央政府レベルの教育政策 EBPM の制度設計―その課題と方向性―102-107

・石井英真(指定討論者報告):EBPM 時代における学校変革支援の方法論―ヴィジョン・ドリブンで内発的改革を励ます―108-114

教育行政学と教育政策学を ESD/SDGs 研究にどうつなぐか?

このような実践活動と連動しながらその理論的探究を行ってきた書評者が重視したのが、UNESCO が主導する ESD/SDGs の国際動向とその関連文献であり、また「sustainability(持続可能性)」の海外研究である。

とりわけ書評者が大きな実践と研究の可能性があるとみるのは、「機関包括型アプローチ」(whole-institution approach)と「複雑系(リニア:単線

型でない）の見方・考え方」で教育制度を〈再方向づけする（re・orientation）〉ことである。産業革命期・欧米近代学校の原型モデルが地球規模で普及しているが、人新世（Anthropocene）時代の世界史的・人類史的視点に立って「持続可能な社会の創り手を育成する」制度へと再構築（創発：emergency）する課題に取組む必要があると考える。それには、現在の学校や大学等を「知の再構築・創出を行う機関・空間に内発的に質的転換していく」ための教育学・学習デザイン論、教育制度・経営学及び教師論の理論的かつ実践的な探究が是非とも必要である。このような学術研究とそれを活かした実践活動・プロジェクトを通して、教育制度や政策・経営の研究分野をはじめとする教育学、そして社会科学等の学問分野は大きく社会に貢献できると確信している。書評者は以上の考え方を、梅澤（2022）と梅澤（2023）の論考にまとめた。

梅澤（2022）：教育実践を学校・教師改革に繋げる—ESD/SDGs のホールスール・アプローチから—静岡大学教育実践総合センター紀要第32号59-69

梅澤（2023）：Society.5.0と SDGs/ESD 政策の批判的分析—実践↔制度改革の複雑系アプローチから—静岡大学教育実践総合センター紀要第33号180-195

参考文献の主なものを挙げるが、今後教育学界及び本学会諸氏が新たな研究テーマとすることを期待したい。

・UNESCO（2015）教育を再考する：教育はグローバルな共有財になりうるか？（文部科学省科省仮訳）（原文：Rethinking Education ）

・UNESCO（2017）Education for Sustainable Development Goals：learning objectives 日本語訳「持続可能な開発目標のための教育：学習目標」

・A.Leicht et al（2018）Issues and trends in education for sustainable development UNESCO

・UNESCO（2021）Reimagining our futures together：a new social contract for education『私たちの未来を共に再想像する：教育のための新たな社会契約』

日本でも「日本 ESD 学会」が2016年12月に設立されたが、書評にあたり、その学会誌の以下の論文を参照した。

・永田佳之（2020）："ESD for 2030" を読み解く：「持続可能な開発のための

教育」の真髄とは　ESD 研究（日本 ESD 学会）第 3 号 5 -17
・松井晋作（2020）：日本ユネスコ国内委員会とユネスコが捉える ESD と
　GCED の概念の違い　—日本のユネスコスクールへの学びの方策の提言—
　ESD 研究（日本 ESD 学会）第 3 号40-49
・光橋翠（2021）：教育における「コンピテンシー」をめぐる言説についての
　考察 ESD 研究（日本 ESD 学会）第 4 号23-35
　なお、住田昌治（2019）カラフルな学校づくり：ESD 実践と校長マインド
（学文社）は、学校現場からの発信として注目される。

　専門分野の教育政策・教育行政の専門分野に目を移すと、ESD/SDGs 研究
はほとんど登場していない。書評の対象となる本書では、宗像誠也・五十嵐
顕・持田栄一や勝田守一・堀尾輝久等の諸氏の論考と黒崎勲氏（故人）の論考
との格闘を下敷きにしている。書評者も同じ理論的背景で実践的研究を行って
きたのであるが、この分野で大きな足跡を黒崎氏が残していることを下記文献
で改めて確認した。彼の助手時代に薫陶を受けた書評者としては、上記の文脈
で氏の理論をどのように批判的に総括していくかという課題があることを自覚
した。
・黒崎勲（1997）：「教育行政及財政」講義（上）人文学報（東京都立大学人文
　科学研究科人文学報編集委員会編通279号37-89　同（1998）：「教育行政及財
　政」講義（下）東京都立大学人文学部人文学報 / 教育学33号 1 -38
・黒崎勲（2005）：教育行政制度原理の転換と教育行政学の課題　日本教育行
　政学会年報第31号 5 -19
・黒崎勲（2009）：教育学としての教育学＝制度研究　同時代社
・長谷川裕（2006）：教育における能力主義についての原理的考察に向けて：
　黒崎勲の能力主義論の検討を通じてその論点設定を行う　琉球大学教育学部
　紀要第68集79-96
・三上和夫（2009）公教育費と教育行政＝制度学（黒崎勲追悼号）日本教育行
　政学会年報 NO.35 256-266
・山下晃一（2018）教育学としての教育政策研究の可能性—方法論をめぐる問
　題を中心に—　日本教育政策学会年報第25号29-44

若手研究者に期待する

　若手研究者にとっては博士論文執筆が大きな課題であり、そのためには学会誌掲載となる論文執筆のために、文献整理や分析視角の鋭さや論理整合性等が求められる現状（実態）があり、学会はそのための機能（役割）があることを否定はしない。しかし、学会にはその機能を果たすと同時に、現代の社会・政治状況と思想・科学状況やそれを取り入れた政策や理論枠組の構築（再構築・創発等）に取組みを進めていくという大きな社会的な使命がある。その使命を自覚し、教育行政学・教育政策学はどのような枠組みで理論と実践を構築していくのかは、一人ひとりの研究者の課題であるとともに、諸学会の方向性とそのガバンスの問題でもある。アカデミックな蓄積は重要ではあるが、専門分野に籠った（細分化した）アカデミズムでは現代的課題に対応できない。教育政策や教育行政の研究者には、教育に従事する人（教育者をめざす人）が内発的によき教育を実践できる政策・行政の枠組みの探求を期待したい。学会はその方向性に舵を取るべきである。本書に触発されて書評とともにこのような考えをまとめた次第である。

　（追補）その後、五十嵐顕著作集の発刊作業に携わることになったが、五十嵐は当時の時代状況と理論状況の中で国家と教育の関係性の歴史構造的な矛盾が学校（制度）や教育実践に及んでいる問題を把握し、実践的に克服するための理論的・実践的な探求を行っていたことを再確認した。その意味では、五十嵐著作（集）に学びながら、現代における「国家・教育政策⇔都道府県・市町村教育委員会⇔学校（制度・経営⇔教師／子ども／住民）を繋ぐ理論と実践の枠組み」を探求していきたい。現代において、このような「教育の全体性を問い直す」課題について、諸先輩・同僚・後輩が協働して自由に意見交換する機会を設定することを教育学界、なかんずく本学会に期待したい。

〔大月書店、2021 年 9 月発行・本体価格4,400円〕

（静岡大学特任教授）

書評

荻野亮吾著
『地域社会のつくり方
―社会関係資本の醸成に向けた教育学からのアプローチ』

柴田　聡史

1．本書の概要

　本書は、荻野亮吾氏（佐賀大学）が東京大学大学院教育学研究科に提出した博士学位論文「社会教育とコミュニティの構築に関する理論的・実証的研究－社会教育行政の再編と社会関係資本の構築過程に着目して」（2014年6月）をもとに、大幅な加筆・修正や構成の変更を行い、刊行されたものである。

　人口減少や少子高齢化、つながりの希薄化といった変化や課題の中で、「コミュニティ」の再構築に対する期待が寄せられている。著者によれば、地域社会を実態概念とすると、コミュニティは実態と規範の双方を兼ね備えた概念である。しかし政策上、コミュニティと地域社会はほぼ同義に用いられるため、「実態と規範が入り交じり、地域社会全体が規範性を帯びた「コミュニティ」との錯覚が生まれ、地域社会における紐帯の弱まりや、相互扶助機能の低下といった実態が捉えにくくなっている危険性がある」（2頁）と指摘する。

　そうした問題意識のもと、「規範としてのコミュニティ」や「行政の機能を代替する存在」ではない「現実的な「地域社会のつくり方」を考えるべき時期」（4頁）であり、重要な役割を果たすのが社会教育であると位置づける。そこで本書は、「現代の地域社会がどのように構成されているのか、この地域社会の構成に社会教育がどのような役割を果たすのかを、理論的・実証的に明らかにする」（6頁）ことを目的としている。

2．本書の構成と各章の内容

　序章において上述のような著者の問題関心などが示されたのち、第1章～第3章では地域社会と社会教育に関する理論的検討が、第4章～第6章では地域社会と社会教育に関する実証的検討がなされ、終章において議論のまとめと「地域社会のつくり方」のポイントが示される。以下、各章の内容を概観する。

　第1章「地域社会の政策をめぐる問題」では、1970年代以降の地域社会と社

会教育をめぐる政策の動向とその問題点を整理している。国レベルのコミュニティ政策では「参加」から「協働」へ、学校と地域に関する政策でも「連携」や「融合」から「協働」へと力点の移行が生じており、それぞれの政策において地域社会に対する期待や依存が高まっていることが明らかにされる。一方でそれらの政策は、市民の参加を所与のものとしながら、政策の稼働条件である地域社会の形成についての配慮が十分ではない点が問題であると指摘している。

　第2章「社会教育学の基本的構図と課題」では、行政と市民との対抗的関係を前提に住民自治の主体形成を図るというのが社会教育学の基本的構図であるが、そうした構図では現代の地域社会の問題状況に対応した新たな枠組みを提示できていないことが指摘される。そこでは、行政と市民に地域社会を加えた三者の関係を捉え、社会教育学における主体の見方を「個体論」的アプローチから「関係論」的アプローチに切り替え、「関係の変容に基づく個人の変容」（78頁）を分析することが重要であるとする。

　第3章「「社会関係資本論」の応用可能性」では、そうした「関係論」的アプローチを実証研究に応用するため、社会関係資本の概念や社会教育との関連が整理される。社会関係資本の構造的要素である社会的ネットワークの基底にある「関係基盤」（97頁）に焦点を当て、地域の「関係基盤」である中間集団の中で築かれた社会関係資本の構造を捉え、この構造に社会教育行政の再編が及ぼす影響を検証するという研究の枠組みが提示される。

　第4章「地域活動への「参加」を規定する要因の分析」では、中間集団と社会的ネットワークに着目した社会調査データの計量分析が行われる。その結果、地域に存在する様々な中間集団への所属が、地域活動への参加（地域での話し合いや地域の活動への参加）に肯定的な影響を及ぼすこと、その過程では、中間集団への所属が市民の社会的ネットワークを広げ、そのネットワークの広がりが地域活動への関わりを生み出すことが示される。

　第5章「地域活動を通じた社会関係資本の醸成過程」では、長野県飯田市の公民館・分館活動を事例に、地域の社会関係資本が醸成される過程が描かれる。そこでは、①中間集団における顔見知りの関係が基本になること、②中間集団の相互連関や布置が住民の地域活動への関わりを規定すること、③地域活動に消極的に参加していた住民の態度が積極的な態度に組み替わっていくインフォーマルな学習過程が看取できること、④行政と地域社会の接点にある公民館主事が、社会関係資本の構造の中で育成されていることが明らかにされる。

　第6章「学校支援を通じた社会関係資本の再構築過程」では、大分県佐伯市の「学校支援」事業の約10年間の展開を分析し、中間集団を中心に形成されてきた地域社会の秩序がどう組み直されたかが描かれている。そこでは、①既存の「関係基盤」同士をつなぎ直し、ネットワークの再構築を試みることで、地域社会のつながりを活性化させられること、②コーディネーターの「信頼」を根拠に地域人材を受け入れる体制づくりが行われていること、③社会関係資本の醸成には一定の段階性があり、適切な政策投資が重要であることを明らかにしている。

　終章では、以上の知見の整理とともに、それに基づく「地域社会のつくり方」のポイントを提示する。具体的には、①「関係基盤」の創出のため、準拠集団が身近にどの程度存在するかが重要であるということ、②「関係基盤」同士のつながりを紡ぐため、小さく同質的な集団をより大きな集団につなげていく仕組みや戦略の立案が必要であること、③社会関係資本の醸成には長期間の投資や関係の蓄積が必要であり、中長期的な戦略による対応が重要であること、④社会教育の役割として、地域社会の状況に応じて「関係基盤」を創出し、その「結節点」に職員や施設を位置づけること、以上の4点が示されている。

3．本書の意義と課題

　まず目を引くのが「地域社会のつくり方」というタイトルである。一見するとノウハウ本をイメージさせるこのタイトルが示すのは、「地域のつながりや、地域社会の有する相互扶助や課題解決の機能が、人々の暮らしを支える基盤」（2頁）として地域社会の価値を捉え、社会関係資本の再構築や醸成の構造を実証的に明らかにし、社会教育における応用可能性を提示しようとする本書の課題解決の志向性である。前半の理論研究において精緻に整理される現在の地域社会や社会教育が抱える課題や論点、後半の実証研究で多様な手法を用いて明らかにされる地域社会の醸成・再構築の過程、そしてそれらを踏まえて示される「地域社会のつくり方」のポイントと本書の成果は多岐にわたっており、社会教育研究のみならず隣接する諸領域の研究にとっても、さらには政策立案や地域での実践にとっても重要な意義を持っていると言えよう。

　教育政策（研究）の観点でみれば、今次の政策が学校と地域社会との「連携」や「協働」を前提とする中で、学校を支えうる地域社会や主体的な住民の存在は新たな教育条件とも捉えられるものである。しかしながら、そうした地

域社会をいかに構築していくかという、政策的にも研究的にも十分に検討されてこなかった点について、その制度設計までも視野に理論的・実証的に明らかにされた点に大きな意義がある。さらに、学校教育の補完という点で期待を集めつつも、行政領域の縮小がみられる社会教育に関して、社会関係資本の醸成や再構築に向けた役割や職員・施設の位置づけが示されたことは、今後の社会教育政策・行政を考える上で示唆に富むものであろう。

　最後に各章を読み進めながら、疑問に思った点について述べたい。第1は、多様な中間集団の意義についてである。第4章では、地縁組織だけでなく市民活動団体やサークル・グループといった集団も地域の活動への参加を高める上で重要な役割を担っていることが指摘されている。そうした集団が「関係基盤」として、（地縁組織と異なる）どのような特徴を持つのかなどが事例によって考察されると中間集団の意義がより明らかとなるのではないか。

　第2は、特に第5章において、消極的だった住民の態度が積極的な態度に組み替わっていくインフォーマルな学習過程の存在が示されているが、こうした態度の変容や意識の組み替えが起こる住民とそうではない住民がいるのではないかということである。その場合、両者にはどのような特徴があるのか。例えば、第4章の計量分析において言及がなされているような、地域社会の権力関係や住民の社会的属性といったものが影響するのか。

　第3は、本書の射程からは逸れるが、地域社会をつくる上での次世代（子ども）がどのように組み込まれるかという点である。例えば、社会関係資本の醸成における中長期的な段階の中で、「関係基盤」としての中間集団に次世代が参加していくための仕掛けなど、地域社会の循環という観点で、社会教育（あるいは学校教育）はどのような役割を果たしうるのか。

　以上は、本書自体への疑問というよりは、本書に喚起され、さらに知りたいと感じたことである。その一部については著者も終章で課題として言及されており、また、既に隣接領域も射程に捉えた新たな研究にも着手していることが示されている。本書を足がかりに展開される今後の研究成果にも期待したい。

　　［勁草書房、2022年1月発行・本体価格4,500円］

（琉球大学）

図書紹介

横井敏郎編著
『教育機会保障の国際比較
―早期離学防止政策とセカンドチャンス教育』

太田　美幸

　欧州において2000年前後から政策対象となってきた「早期離学者（early leaver from education and training）」とは、「前期中等教育あるいはそれ以下で教育・訓練の機会から離れ、現在も教育・訓練を受けていない若者」（p.4）を指し、日本では不登校や高校中退がこれに相当する。教育からの排除が雇用や社会保障からの排除に容易につながりかねない現代社会のありようをふまえるならば、学校教育からの離脱を防ぐための対策、およびセカンドチャンス教育（代替的な教育機会）の提供は急務であるといえる。

　本書は、世界各国の早期離学防止政策とセカンドチャンス教育の動向を紹介し比較検討するものである。早期離学については、2021年に出版された園山大祐編著『学校を離れる若者たち―ヨーロッパの教育政策にみる早期離学と進路保障』（ナカニシヤ出版）において欧州諸国の動向が紹介されているが、同書では（補章としてフォーマルな学校制度の外で提供される教育機会についての概説はあるものの）全体として制度内の学校教育に焦点が当てられているのに対し、本書は欧州以外に北米や韓国・日本を対象としていることに加えて、ノンフォーマル教育やインフォーマルな学習活動を含むセカンドチャンス教育の意義や課題についても積極的に論じていること、および「これまで自明のものとされてきた公教育のありかたを問い直す」（p. iv）視点をもって編まれていることに特徴がある。（とりわけ、『学校を離れる若者たち』の編者である園山が執筆した第2章において、イリッチの『脱学校の社会』を引きながら「教育制度の過度な学校化」に対する問題意識が鮮明に打ち出されていることは象徴的である。）コロナ禍を通じて、学校様式の問い直しはこれまで以上に私たちの意識にのぼるようになった。そのようななかで、早期離学をめぐる政策動向から照射される公教育の問い直しとはいかなるものか。期待をもって興味深く読んだ。

　欧州の早期離学防止政策を取り上げた第Ⅰ部では、EU、フランス、英国、デンマーク、フィンランドの取り組みが検討されている。各国の政策はEUの

政策枠組みのもとで展開されているが、その始まりは、「学校教育からの排除・ドロップアウトは、失業、貧困などの『社会的排除（social exclusion）』に至る重要な契機・背景になりやすく、その低減をめざすことは社会的包摂を促進するとの共通認識」（p.3）のもと、2000年に策定されたリスボン戦略において2010年までに早期離学者を10％に削減するとの重点目標が設定されたことにある。EUの成長戦略にとって、社会的コストの増大につながる早期離学は大きなリスクとみなされており、目標達成に向けた取り組みは、早期離学のリスクを減じる「予防的関与」、リスク層の若者への支援を手厚くする「介入的関与」、フォーマルな学校制度の外でも教育を提供する「補償的関与」の３つの政策枠組みで実施されてきた。フォーマルな学校制度からの離脱を防ぐための対策に加えて、制度の外で展開されるノンフォーマル教育やインフォーマルな学習活動の成果を積極的に認定するようになったのは、コスト削減と職業資格付与のための合理的な判断であるといえる。

　第Ⅱ部で検討される北米（カナダと米国）の取り組みは、国家レベルの政策枠組みに基づくものではなく、地方レベルで実施される高校中退対策が中心である。早期離学が招く事態の深刻さを背景として、民間資源を活用した活発な対策が見られるが、資源の多寡に左右されるため不安定で、地域差も大きい。

　第Ⅲ部では韓国と日本の動向が検討されている。韓国では、国レベルの政策においてはオルタナティブスクールである「代案学校」を制度内に取り込む動きがあるものの、地方レベルでは離学した若者を学校外で支援する取り組みも見られる。他方、日本における不登校・高校中退をめぐる問題認識は、EUとは異なり「最低限の学歴取得」に傾きがちで、セカンドチャンス教育として用意されているのも、フォーマルな学校制度の内にある多部制単位制高校や通信制高校、夜間中学である。総じて、日本における取り組みは制度内における予防・介入策が中心で、「補償的関与」は非常に弱いと指摘されている。

　「公教育の問い直し」という視点から本書の内容を概括するならば、早期離学に対して各国の事情のもとで展開される予防・介入策は公教育の内包を、補償的関与として取り組まれる制度外の多様な教育機会の提供は公教育の外延を、それぞれ変化させつつあるということになろうか。その際、予防・介入に特化する日本の取り組みは何を暗示するのか。本書が喚起する問いは大きい。

　〔勁草書房、2022年４月発行・本体価格4,000円〕

（一橋大学）

図書紹介

───────────────────────────────

本多正人・川上泰彦編著
『地方教育行政とその空間』

辻村　貴洋

　本書は、地方分権改革期以降において、教育行政の「空間」にみられる変化の諸相を対象とし、複数の事例検証を中心とした共同研究の成果をまとめたものである。ここでの「空間」とは、行政が学校・教員を指導・管理する際に用いられる一定の合理性が見出される地理的まとまりであり、かつ、形成されてきた歴史的経緯やそのまとまり自体が、内部にあるヒトの認識や行動にも影響を与えうるような場を指すとしている。

　ヒト・モノ・カネなどの経営資源を活用して行われる学校や教育行政機関の組織管理や、法制度の比較または歴史的変遷に関心を寄せる研究とは異なり、本書では、それらがどのような空間の中で起きているかに着目する。海外の研究動向もふまえながら、教育行政の守備範囲に「空間」の管理の作用を付け加えることで、定量化できないヒトの動きも含めた検証を可能にしようとしている点が特色である。とくに本書では、小規模自治体の限られたリソースや行財政能力の補完の在り方に焦点を当て、実際の教育行政組織の単位・編成や人事管理について、いかなる空間的な再編がなされたのか、というプロセスを明らかにしようとしている。

　本書は三部構成をとっている。第Ⅰ部では、これまでの教育行政研究を、空間に関する視点から捉え直し、教育行政の区域に関する考察が盛んに行なわれてきた経緯を整理している。また、教育事務所の再編をめぐる日本の地方教育行政機関の課題、とりわけ指導主事の配置と県費負担教職員制度に触れ、さらにアメリカのESAを取り上げ、日米の教育行政空間形成に作用する要因をもとにした、教育行政の広域化の類型整理も行っている。さらに、2000年代に進行した人口動態や市町村数の変遷などの定量的に把握可能な、地方教育行政空間の内外を構成する環境要因を洗い出し、一般的な傾向は見出せないことを示した上で、各空間の文脈に即した理解が肝要だとのスタンスを明示している。

　第Ⅱ部では、具体的な分析対象として、中間単位としての教育事務所の改廃

を実施した4県の事例検証を行っている。①異なる二つの側面から教育行政システムの見直しが求められていたことから、教育事務所を廃止し、本庁に発足させたチームによる融合型広域教育行政を目指した山口県、②市町村合併と教育事務所の廃止が進んだが、市町に指導主事を配置することのコストと、県と市町のパートナーシップ強化というメリット・デメリット双方が確認できている長崎県、③一度は教育事務所を廃止して、市町村教委への広報支援を目的とした教育支援事務所が創設されたものの、再び教育事務所へと改編し直した経緯がある和歌山県、④廃止ではなく、再編統合による教育事務所の学校支援機能強化を図った佐賀県である。加えて、教育事務所未設置の滋賀県と徳島県にも触れながら、これらを地方教育行政見直しの先例や実験と位置づけている。

　そして、終戦直後の教育改革期から近年に至るまでの教員人事に関する全国的なデータを用いて、人事異動空間に関する分析・考察を行い、特徴のある県における公立小中学校の教員人事の運用を扱っているのが第Ⅲ部である。それぞれの教育行政空間が、どのように各地域に定着し、どのような契機と手続きによって変動するのかを解明しようとしている。

　第Ⅱ部・第Ⅲ部のいずれも、普遍的ないしは均質的な知見を得ることを目的としてはおらず、むしろ、各自治体がいかにして最適解を求めようとしたかのプロセスを明らかにしようとした調査研究であり、それぞれの事例において、聞き取りやデータをもとにした丁寧な検証が行われている。

　本書は、新たな分析視角フレームと、その意義を提示した段階であり、いわば今後の研究の土台を示す試みであるといえる。しかしながら第一に、長期にわたって事例検証を蓄積し、これまでとは異なる「空間」に着目することの意義を示したこと、また第二に、人口減少が今後も進行していく状況下にて、教育におけるアクター間の相互調整や機関の設置単位など、ガバナンスのかたち問い直しながら再構築することは急務であり、先進的な取組とも位置づけられる複数の事例から、今後の地方教育行政研究にとって必要な視点や調査課題を示すことには成功しているといえよう。こども家庭庁の設置により、今後の地方教育行政事務の再配分が行われていくだろう今日において、本書の試みは、一般の政治学・行政学の知見も活用しつつ、教育学としての教育行政・教育政策形成の価値を高めていくための基礎的視点の一つを提示してくれている。

　〔学事出版、2022年2月発行・本体価格4,000円〕

（上越教育大学）

図書紹介

<hr />

谷川至孝・岩槻知也編著
『子どもと家庭を包み込む地域づくり
―家庭と福祉のホリスティックな支援』

広井　多鶴子

　本書は子どもとその家庭をホリスティック（包括的）に支援することをめざしている。そのために本書は「地域づくり」とそれを進めるガバナンス組織の整備を提起し、学校を「地域包括支援体制」の一機関として位置づける（下図）。学校に期待される主な役割は支援を必要とする子どもを識別するスクリーニングであり、学校は地域の一機関として子どもの福祉にかかわる。また、地域づくりの核として、ボランタリー組織の役割がとくに重要視される。

　こうした構想の前提には「市場経済のグローバル化によって一国内での富の再分配を行うケインズ主義的福祉国家のシステムが機能しなくなった」という編者の歴史認識がある。それゆえ、編者は、「ケインズ主義的福祉国家でもなくニューライトでもない、『第三の道』」として、「地域福祉」の構築をめざす。このことは福祉国家のもとで国家化された福祉を

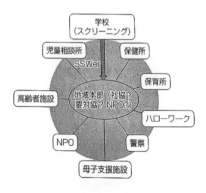

市場経済に委ねるのではなく、ローカルコミュニティに返す取り組みであり、「ポスト福祉国家における福祉システムの再構築＝教育と福祉が連携した地域づくり」を構想するものである。本書のこのようなパースペクティヴは、学校をプラットフォームとして教育と福祉の統合をはかろうとしてきた教育政策論や教育行政学の枠組とは異なるものであり、この点に大きな特徴があるだろう。

　では、ポスト福祉国家の地域福祉とはどのようなものであり、どのようにして実現するのか。本書はその可能性と課題を明らかにするために、地域づくりに関する取り組みを2部に分けて実証的に分析している。

　第Ⅰ部で取り上げられているのは、ガバナンス組織に特徴のある4つの事例である。沖縄県では県が内閣府の補助金を基盤にソーシャルワーカーの配置と

子どもの居場所づくりを進める。滋賀県では、100団体を超える地域の会員を擁する「滋賀の縁創造実践センター」が、子ども食堂などの事業を行っている。兵庫県明石市では、市長主導によって貧困対策に限定されないユニバーサルな子ども家庭福祉の施策が進められている。そして、大阪市西成区では、長い活動歴を持つNPO法人や社会福祉法人などのボランタリー組織が地域づくりを主導し、それを基盤に官民が協力するガバナンス組織が形成されている。

　第Ⅱ部は、先進的なボランタリー組織の活動である。取り上げられているのは、長年にわたり学習支援や放課後支援などを行ってきた京都市の「山科醍醐こどものひろば」、食堂に加え、夜の居場所づくりなどにも取り組んでいる沖縄市の「ももやま子ども食堂」、ソーシャルワーカーを中心に居場所づくりや中間就労事業（就労訓練事業）を進めている大津市の「こどもソーシャルワークセンター」、学習支援や子ども食堂、コミュニティ・ソーシャルワーク事業を展開している高槻市の「タウンスペースWAKWAK」の４つである。

　以上の事例を通して考えさせられたのは、一つは、国の役割についてである。本書が「第三の道」として参照するイギリス労働党政権の地域再生政策では、国の資金によって全国各地に「パートナーシップ組織」（ガバナンス組織）や「子どもセンター」が設立されたという。一方、日本では、編者が指摘するように、国の施策と公財政支出が乏しいまま、子どもの福祉が地域のボランタリー組織に委ねられている。こうした日本の地域福祉は、自己責任型の「自由主義」、または家族主義的な「保守主義」の「福祉レジューム」（エスピン‐アンデルセン）からどう脱して、どのような「第三の道」を構想するものなのか。

　もう一つは、親や家族に関してである。本書によれば、イギリスのパートナーシップ組織には親が加わっており、「子どもセンター」も親が対象となっている。だが、日本の事例では、地域福祉に親が主体的にかかわることはほとんどなく、親を対象とした取り組みもあまりない。それは、近年の「子ども家庭福祉」が、直接子どもを支援して、その「包摂」をめざすものだからではないかと思われる。この点に関し、イギリスとの違いは何によるものなのか。

　福祉国家は福祉の責任とコストを国家、家族、市場の間で分配する。本書のめざす「ポスト福祉国家」の地域福祉は、地域を組み込むことで、福祉と教育の責任とコストをどう再分配するのか。本書は大きな課題を提起している。

　〔晃洋書房、2022年３月発行・本体価格2,600円〕

（実践女子大学）

VIII

英文摘要

Annual Bulletin of JASEP NO.30
Educational Policy Studies in the Last 30 Years and Future

I Special Papers: Educational Policy Studies in the Last 30 Years and Future
Thirty Years of Educational Policy Research
Methodological Comments on the Normative Approaches

By MAEHARA Kenji

The purpose of this study was to comment on the potential of normative approaches to educational policy research.

Thirty years ago, when the Japan Academic Society for Educational Policy was founded, leading researchers pointed out the importance of normative and empirical research. Since then, normative research has not been pursued actively. There are now stronger voices advocating for the development of education policy research as an empirical policy science. Is there no longer the possibility of a normative approach to educational policy research?

In recent years, several ambitious studies have emerged that argue for a critical inheritance of the "People's Educational Right" theory. Although their intentions are important, their arguments, which are clearly not positivist, lack a methodology for educational research.

Japanese political science, which was theoretically influenced by American political science, is divided into two parts: empirical policy science and normative theoretical political studies. Importantly, researchers in the latter part are keen to engage in methodological discussions in favor of a normative approach. Educational policy researchers should learn from these arguments.

Keywords: Educational Policy, Political Science, Empirical Approach, Normative Approach, "People's Educational Right" Theory

---

Neoliberal Education Reform and Aspects of the Crisis of Democracy
The New Phase of Prime Minister's Office-led and Politician-led Reforms and Challenges for Education Policy Research

By ISHII Takauji

The new phase of education policy that we are currently facing is an extension of neoliberal education reform, but with different characteristics. This is because the current stage, in which the public sector to be dismantled is severely reduced, requires a new framework to promote it even more vigorously.

Since the second Abe administration in 2012, the "cabinet function" has been further strengthened and entered a new phase. First, the Command Center for Neoliberal Reform was further divided into several agencies to promote neoliberal reforms simultaneously. The second characteristic was the transfer of the authority to the Cabinet Office to formulate and promote the Basic Plan for Science and Technology under the jurisdiction of the Ministry of Education, Culture, Sports, Science, and Technology, as well as the authority to estimate and adjust science and technology-related budgets. The third characteristic of the Cabinet Office is that it was created outside the National Government Organization Law as a subsidiary department of the Cabinet Office, which has its own established law.

The refusal to appoint the Science Council of Japan in 2020 and the revision of the Science Council of Japan Law that we are currently facing are issues that should be considered the focal point of neoliberal administrative reform and the state of specialized knowledge, which forcefully pushes the Prime Minister's Office and political leadership.

Keywords: Neoliberal Education Reform, Prime Minister's Office-led and Politically Driven Reform, Democratic Crisis, Digital Society, Science Council of Japan

Challenges and Future Directions related to "Educational Policy Studies": A Preliminary Analysis Using a Structural Topic Model

By SAKURAI Naoki

This study quantitatively explains the trends in educational policy research in the Annual Report, No. 1–No. 29 and examines the challenges and future directions of "educational policy studies" through a structural topic model for the 451 articles in these 29 journals. The findings revealed that 1) top topics by proportion reflect the interests of the entire academic society whereas bottom topics reflect the individual interests of fellows. 2) The top topics demonstrated a tendency to emerge at a particular point and then decline. These results suggest that while the extension of research subjects/areas shows expansion, there is concern regarding the hollowing out of the early central areas of educational policy studies. As efforts to reconstruct a new grand theory that captures modern educational policies are crucial, we should reconsider the fact that this conception (or past theories) is (was) based on theories of the educational administration study. If "educational policy studies" are required, it must develop its own theoretical system. However, considering research trends, the future direction for educational policy research should focus on interdisciplinarity.

Keywords: Educational Policy Studies, Educational Policy Research, Structural Topic Models, Natural Language Processing, Interdisciplinarity

II Symposium: Rights of the Child and Educational Policy
Convention on the Rights of the Child and Legal Issues Relating to Children Focusing on the Right to Express Opinions

By YAMASHITA Toshimasa

The key point of the Convention on the Rights of the Child, which Japan ratified in 1994, is that children are not "objects of protection" but "subjects of rights" as human beings, and a particularly important article is the right to express opinions in Article 12.

In the field of child welfare, discussions on how to guarantee the rights of children are expanding. In the judicial field, public defender systems for juvenile cases and a system of procedural counseling for children in domestic relations cases have been established. In contrast, efforts based on the Convention have lagged those in the school field. At the time of the ratification of the Convention, the Ministry of Education was also reluctant to make a notification. However, this year, the Student Guidance Manual was revised, and there was a movement to include a reference to the Convention.

The Basic Law for Children was enacted in 2022. It is necessary to further promote the spirit of the Convention on the Rights of the Child as an important tool to realize that human rights are protected in schools where many children spend most of their time.

Keywords: Convention on the Rights of the Child, The Right to Express Opinions

How Foreigners Are Treated in Postwar Japan Education Policy
A case study of school health activities in foreign schools and a compulsory school attendance system for foreigners
By O Yongho

This study analyzes the colonialist nature of postwar Japan's education policy based on the current state of school health activities at foreign schools and the history of compulsory school attendance for foreign nationals. Unless efforts are made to recognize, verify, and overcome colonialism in educational policy, the practice of separating those who live and those who kill, even among foreigners, will continue to be repeated many times in the future. The guarantee of the rights of children, including foreigners, will not be realized.

Keywords: Foreigners, Legal Position of Schools for Foreigners, School Health Activities, Compulsory School Attendance

Trends of School Management Opened Up to Students
By SASADA Shigeki

In Japan, the community school system is rapidly popularized as a policy of "school management opened up to the community," but children's participation in school management has not been considered.

This paper compares actual cases from high school, junior high school, and elementary school, each of which has a school council that students attend.

As a result, the following points were found to be common: the teachers took the initiative in introducing the school councils; the school councils were prepared in such a way that children could relieve speaking up; problems for children were discussed at the school councils; and the children showed growth regardless of school type.

The difference was that the lower the school grade, the more teachers tended to be involved, and the higher the school grade, the longer it took to reach a decision.

Keywords: School council in which students are attending, School management opened up to students

III　Project Study: Education and Education Policy/Governance in the with/af-

ter COVID-19 Era

The Industry 4.0 and Future of Education: School Reform in the Age of Post-COVID-19

By SATO Manabu

Amid the COVID19 pandemic, children have become isolated, the educational gap between rich and poor is widening, learning loss is 30% in developing and middle countries, and 17% - 20% in developed countries, and lifetime wages lost by children amount to 14% of the global GDP. On the other side, the fourth industrial revolution is accelerating, with 52% of the world's labor expected to be mechanized by 2025. Sixty-five percent of jobs held by current 12-year-olds will be more intellectually advanced than they are today.

Industry 4.0 transformed education into a "big business." The ICT education market in 2019 expanded to three times the size of the global automobile market (600 trillion yen), and is expected to exceed 1,000 trillion yen al year. However, computer use in schools has only functioned negatively; the spread of ICT education is now putting public education at risk, and innovation in educational administration and policies is required.

Keywords: Industry 4.0, ICT Education, Education Market, COVID-19, Educational Innovation

Human Resource Development Concept for Society 5.0 and Education Policy

By NAKAJIMA Tetsuhiko

The digitalization of education in Japan progressed rapidly during the coronavirus crisis. It was not an emergency measure aimed at preventing the spread of infection but was planned before the coronavirus crisis with the aim of promoting human resource development for Society 5.0. The government's basic policy is to mobilize public education through human resource development policies. Government policymakers aim to develop human resources that can respond to Society 5.0 and agree that digitalization and ICT are the means and justifications for the disparate distribution of learning and educational opportunities. However, policymakers within the government are conflicted over whether to promote the digitization and ICT of education as a reform that will lead to the dismantling of the existing public education system. This conflict and alliance make modern educational policies difficult to understand.

Keywords: Digitization of Education, Individualized Optimization, Human Resource Development, Policy Making Process, Ministry of Economy, Trade and Industry

IV   Research Papers

Multiple Policy Norms: Focusing on the Pupil Premium Funding System in England

By SADAHIRO Saiko

The purpose of this study is to provide an overview of the strategic and gradient allocation system of educational resources, the Pupil Premium Funding System (PPG) in England, and to focus on multiple norms that contradict each other within the system.

The research methodology was based on the analysis of budgetary and statistical data, and the qualitative analysis of data obtained through interviews with stakeholders.

The analysis revealed that evidence-driven efficiency pressures strongly influenced institutional operations throughout the PPG. The strange combination of fairness and efficiency is a compromise to simultaneously realize multiple values in a dilemma in which multiple, conflicting, and diverse values are mixed. We believe that this is an effective policy option for Japan, which faces a similar dilemma, but maintains equal distribution.

Keywords: Educational Resource Allocation, Closing Gap, Policy Norma, Policy Options

School Improvement and Accountability Policies Based on "School Climate" Surveys in the United States: Focusing on the Use of Student Surveys in Chicago Public Schools

By FURUTA Yuichi

In the U.S., there is a growing trend of using a wide range of indicators to measure the quality of education provided by schools, and "school climate" is attracting attention as one of these indicators. Questionnaire surveys (school climate surveys) of students are often used to measure the school climate. This study investigates the implementation of school climate surveys in the U.S., as well as their potential and challenges, with a focus on student surveys. First, it summarizes the development of school climate surveys and highlights the tendency for school climate to be used to guarantee academic achievement and the different purposes of school climate surveys, such as school improvement and accountability. Next, through a case study of Chicago Public Schools, the study analyzes the actual use of school climate surveys and the challenges associated with a mix of multiple purposes. Finally, the necessity of considering school climate not only as a means of improving educational outcomes but also as a right of students, the importance of focusing on differences in results within schools rather than between schools, and the influence of incorporating the results into an accountability system are discussed.

Keywords: School Climate, Student Survey, School Improvement, Accountability, United States

V Study Notes

An analysis of the policy formation process of university entrance exam reform by Takeo NISHIOKA, the Minister of Education

By NAKAMURA Keisuke

This paper discusses the policy formation process of university entrance exam reform by Takeo NISHIOKA, Minister of Education, from 1988 to 1989. For this purpose, the author analyzed newspaper articles.

This study finds that Takeo Nishioka's plan for the university entrance exam reform was not implemented because of the following three factors: disagreement about the plan and resistance within the Ministry of Education, the lack of support for the plan by public opinion and universities, and the discussion and report by advisory councils in the education policy formation system. Based on this result, consensus-building between the minister and bureaucrats or between departments in the Ministry of Education is important when the government reforms the standardized university entrance exam on a large scale. In addition, it is necessary to realize a reform in which the Ministry of Education surveys public opinions and opinions of people related to the university entrance exam in an objective way.

Keywords: Takeo NISHIOKA, Ministry of Education, University Entrance Exam, Policy Formation Process

We would like to thank Editage (www.editage.com) for English language editing.

IX

学会記事

第29回学会大会記事

大会テーマ：子どもの権利と教育政策
日時：2022年7月9日（土）〜10日（日）
会場：大東文化大学（オンライン開催）

【シンポジウム】 2022年7月9日（土）
テーマ：子どもの権利と教育政策
コーディネーター・・・篠原岳司（北海道大学）
報告1：子どもの権利条約の30年と子どもに関わる法律の課題
　　　　　山下敏雅（弁護士）
報告2：戦後日本外国人教育政策の展開と子どもの権利
　　　　―外国人学校における学校保健活動を事例に―
　　　　　呉永鎬（鳥取大学）
報告3：子ども参加の学校づくりの動向
　　　　　笹田茂樹（富山大学）

【課題研究】 2022年7月10日（日）
テーマ：With ／ After コロナ時代の教育と教育政策／統治
報告1：第4次産業革命と教育の未来　―ポストコロナ時代の学校改革―
　　　　　佐藤学（東京大学名誉教授）
報告2：Society5.0の人材構想と教育政策　―教育・人材育成システムの転換―
　　　　　中嶋哲彦（本学会会長・愛知工業大学・名古屋大学名誉教授）
指定討論1：子安潤（中部大学）
指定討論2：奥山将光（北海道高校教員）
司会：横井敏郎（北海道大学）・前原健二（東京学芸大学）

【自由研究発表】 2022年7月10日（日）
分科会1　　司会：広井多鶴子（実践女子大学）、佐藤修司（秋田大学）
報告1：奈良地裁教科書採択“墨塗り”訴訟4.7判決の歴史的意義
　　　　　浪本勝年（立正大学名誉教授）
報告2：学校統廃合・存続方策の分析における「スケール」概念の有用性の検証

　　　　　長尾悠里（神戸大学・院生）
報告 3：教員免許更新制の廃止をめぐる政策過程研究：「漸進的な制度変化の
　　　　理論」を参照して
　　　　　上山大器（東京学芸大学・院生）
報告 4：教育保障に関わる政策形成の「境界」化：外国につながる子どもたち
　　　　への日本語指導に着目して
　　　　　山本佳奈（一橋大学・院生）
分科会 2　　司会：押田貴久（兵庫教育大学）、武井哲郎（立命館大学）
報告 1：教育政策としてのデジタル・シティズンシップの可能性
　　　　　坂本旬（法政大学）
報告 2：外国につながる生徒のかかえる学習困難に対する教科学習からのアプ
　　　　ローチ：数学科授業における実践例を通して
　　　　　佐野真理子（大阪公立大学・院生）
報告 3：教育困難校における教育活動の成立過程
　　　　　村本洋介（東京大学・院生）
分科会 3　　司会：尾崎公子（兵庫県立大学）、池田考司（北海道教育大学）
報告 1：アメリカにおける教員不足問題と教員組合
　　　　：ウィスコンシン州を事例に
　　　　　成松美枝（佐賀大学）
報告 2：広島県における助教諭の任用現状と教員需給関係
　　　　　王婷（北海道大学・院生）
報告 3：中国の地方所管大学における公費師範生の勤務状況とその規定要因：
　　　　山東省公費師範生への調査に基づいて
　　　　　王佳寧（北海道大学・院生）
報告 4：国立大学法人制度の問題点と政策的対応
　　　　　出口英樹（鹿児島大学）

日本教育政策学会会則

（名称）

第1条 本学会は、日本教育政策学会（The Japan Academic Society for Educational Policy）という。

（目的）

第2条 本学会は、学問の自由を尊重し、教育に関する政策（以下、「教育政策」という。）の研究の発展に寄与することを目的とする。

（事業）

第3条 本学会は、前条の目的を達成するため、次の各号の事業を行う。

　一　教育政策に関する研究活動の推進

　二　研究集会等の開催

　三　国際研究交流

　四　他の学会等との研究交流

　五　学会誌、学会ニュース、その他の出版物の編集・刊行

　六　その他、本学会の目的を達成するために必要な事業

（会員）

第4条 本学会の会員は、本学会の目的に賛同し、教育政策又はこれに関係のある学問の研究に従事する者及び教育政策の研究に関心を有する者で、会員の推薦を受けた者とする。

　2　会員は、会費を納めなければならない。

　3　本会に入会しようとする者は、所定の書式により学会事務局に申し出るものとする。入会は常任理事会の審議を経て認められる。

　4　本会を退会しようとする者は、毎年3月31日までに当該年度までの会費を完納し、所定の書式により学会事務局に申し出るものとする。

　5　3カ年度分会費納入を怠った者は、常任理事会の議を経て除籍される。

（役員および職務）

第5条 本学会の事業を運営するために次の各号の役員をおく。

　一　会長

　二　理事 30名以内

　三　常任理事若干名

　四　監査2名

　2　会長は、会務を総理し、本会を代表する。会長に事故ある時は、理事会の推薦により常任理事の一人がその職務を代行する。

（役員の選挙及び任期）

第6条　会長及び理事は、会員の投票により会員から選出される。

2　常任理事は、理事の互選により選出し、総会の承認を受ける。

3　監査は、会長が会員より推薦し、総会の承認を受けて委嘱する。監査は、会計監査を行い、総会にその結果を報告するものとする。

4　役員の任期は3年とする。

5　役員の再任は妨げない。ただし会長は連続して3期を務めることはできない。

6　理事に欠員が生じた場合、対応する選出区分における次点者をもって繰り上げる。この場合の任期は前任者の残任期間とし、一期と数える。

7　役員選出に関する事項は、本会則で定めるほかに、日本教育政策学会会長及び理事選出規程に定める。

（理事会）

第6条の2　会長及び理事は理事会を構成し、本会の重要な事項を審議する。

2　会長は理事会を招集し、会議を主宰する。

3　理事会は理事の過半数の出席がなければ開催できない。ただし、出席理事数には委任状を含むものとする。

4　理事会の議決は、出席の理事の過半数の同意を要する。ただし、その場合において、委任状を提出した理事は出席理事による議決に同意したものとみなす。

5　定足数に達しない理事会は仮理事会とし、その仮決定事項を文書により各理事に通知する。15日以内に半数以上の反対のない場合、仮決定事項は決定事項となる。

6　会長及び常任理事は常任理事会を構成し、総会及び理事会の決定に従い、常時執行の任にあたる。

7　3分の1以上の理事の要求があった場合、会長は臨時理事会を招集しなければならない。

（事務局）

第7条　会務を処理するため、本学会に事務局をおく。事務局の所在地は、理事会の定める細則で定める。

2　事務局には、事務局長1名をおくほか、幹事及び書記若干名をおくことができる。事務局長は事務を統括し、幹事は事務を分掌する。書記は事務局長及び幹事を補佐する。

3　事務局長は、会員のうちから、会長の推薦に基づき、理事会が選任する。事務局長は、理事会及び常任理事会に出席し、発言することができる。

4　幹事及び書記は、会員のうちから、会長が委嘱し、理事会に報告する。

（総会）

第8条　総会は会員をもって構成し、本学会の活動計画、財政、その他の事業及び運営に関する重要事項を審議決定する。

　2　定例総会は毎年1回開催する。必要に応じて臨時総会を開くことができる。総会は会長が招集する。

　3　総会は全会員の3分の1以上の出席により成立する。定足数に満たないときは仮総会とする。出席会員数には委任状を含むものとする。

　4　総会の決議は、出席の会員の過半数の同意を要する。ただし、その場合において、委任状を提出した会員は出席会員による議決に同意したものとみなす。

　5　仮総会における決議事項は文書により全会員に通知し、そののち1カ月以内に会員の3分の1以上の文書による反対がないときは、仮総会の決議は総会の決議となるものとする。

　6　3分の1以上の会員の要求があった場合、会長は臨時総会を招集しなくてはいけない。

（委員会）

第8条の2　本学会に年報編集委員会及び研究推進委員会をおく。

　2　本学会に必要に応じて前項以外の委員会をおくことができる。

　3　委員会の組織、委員長及び委員の選任、その他委員会に関する事項は、理事会が定める委員会規程による。

（会計）

第9条　本学会の経費は会費、入会金、寄附金、その他の収入をもって充てる。

　2　会費（学会誌講読費を含む）は年間8,000円とする。ただし、次の各号に掲げる者は年間3,500円とする。

　一　学部及び大学院の学生（日本学術振興会の特別研究員、その他これらに類する者として常任理事会が定める者を含む）。ただし、有職のまま大学に在学する者を除く。

　二　常勤の職にない者。ただし、60歳以上の定年退職者を除く。

　3　本学会の会計年度は4月1日から翌年3月31日までとする。

（会則の改正）

第10条　本会則の改正には総会において出席会員の3分の2以上の賛成を必要とする。

（規程の制定）

第11条　本会則の実施に必要な規程は理事会が定め、総会において報告する。

附則1

　本会則は1993年6月26日より施行する。
　2　第6条の規定にかかわらず、本学会創立時の役員は総会で選出する。
附則
　本会則は2000年7月1日から施行する。
附則
　本会則は2002年4月1日から施行する。
附則
　本会則は2014年4月1日から施行する。
附則
　本会則は2023年4月1日より施行する。ただし、第4条及び第6条については、2022年7月9日より施行する。

日本教育政策学会会長及び理事選出規程

（目的）
第1条　本規程は、日本教育政策学会会則第6条により、本学会の会長及び理事の選出方法について定める。

（会長及び理事の定数）
第2条　会長及び理事の定数は次の通りとする。

会長	1名
理事・全国区	4名
理事・地方区	16名程度

　2　なお、地方区の区分は、北海道・東北、関東、甲信・東海・北陸、近畿、中国・四国・九州・沖縄の5つとする。

　3　各地方区の選出理事数は、下記の算定式に従い、会員数に比例して配分する。全会員数／地区選出理事数（16人）を、理事選出の基準会員数とする（小数第一位を四捨五入）。地方理事の選出数は、各地区の会員数を理事選出の基準会員数で割った数とする。ただし、この計算式により地区選出理事数が2人に達しない場合には、地区選出理事数16人の外で1人を加えて2人とする。

（会長及び理事の選出方法）
第3条　会長及び理事の選出は、会員の無記名郵便投票により行う。会長については1名を記入する。全国区理事については4名、所属地方区理事については定数名を連記する。ただし、定数以下の連記も有効とする。

　2　会員の所属地方区は、学会に届け出ている所属機関の所在地（改選年度の4月15日現在）が属する地区とする。ただし、機関に所属しない場合は、届け出住所が属する地区とする。海外に在住または滞在中の会員で、国内に所属機関を有しない者は、本人の申請にもとづくものとし、本人からの申請がない場合は事務局所在地の地方区に所属するものとする。

　3　会長及び理事は、改選年度における5月1日から6月15日までの間に選出する。

　4　会長及び理事当選者は票数順とし、同順位の場合は選挙管理委員会の行う抽選により決定する。

　5　全国区と地方区の両方の当選者は、全国区の当選者とし、その場合、当該地方区の次点者を繰り上げ当選とする。

（理事の任期）
第4条　会長及び理事の任期は、会長及び理事選出直後の大会終了の翌日より

3年後の大会終了日までとする。

（選挙管理委員会）

第5条　第2条に規定する会長及び理事選出事務を執行するため、会長は会員中より選挙管理委員会の委員3名を指名する。

　2　選挙管理委員会は互選により委員長1名を決定する。

　3　選挙管理委員会の執行する事務は、学会事務局がこれを補佐する。

（選挙権者及び被選挙権者の確定等）

第6条　事務局長は、常任理事会の承認を受けて、会長及び理事選出の選挙権者及び被選挙権者（ともに改選前年度までの会費を前年度末（3月31日）までに完納した者）の名簿を調製しなければならない。

　2　事務局長は、選挙管理委員会の承認を受けて、選挙説明書その他必要な文書を配布することができる。

（細則の委任）

第7条　本学会の会長及び理事選出に関する細則は、常任理事会の定めるところによる。

附則

　この規程は、制定の日から施行する。

附則

　この規程は、2001年7月2日より施行する。

　（2001年6月30日 第9回理事会決定）

附則

　この規程は、2002年4月1日より施行する。

　（2002年3月26日 第44回常任理事会決定）

附則

　この規程は、2005年4月1日より施行する。

　（2005年2月3日 第59回常任理事会決定）

附則

　この規程は、2011年4月1日より施行する。ただし、第2条は、2011年4月に執行される会長及び理事選挙より適用する。

　（2010年7月10日 第18回理事会決定）

附則

　この規程は、2022年7月9日より施行する。

　（2022年7月2日第30回理事会決定）

日本教育政策学会研究推進委員会規程

第1条　本学会における研究活動を推進するため、会則第8条の2の1項により、研究推進委員会を設ける。
第2条　研究推進委員会は、委員長、副委員長及び委員で組織する。
第3条　委員長、副委員長及び委員は、会長の推薦に基づき、常任理事会の議を経て、会員のうちから理事会が選任する。ただし、委員長及び副委員長は常任理事のうちから選任する。
第4条　委員は4名以内とする。
第5条　委員長、副委員長及び委員の任期は3年とする。ただし、補欠の委員長、副委員長及び委員の任期は、前任者の残任期間とする。
　2　委員長、副委員長及び委員は、再任されることができる。
第6条　本規程の改廃は、常任理事会が発議し、理事会で決定する。
附則
　この規程は、2022年7月9日より施行する。
（2022年7月2日第30回理事会決定）

日本教育政策学会年報投稿・執筆要領

　1　投稿論文及び研究ノートの投稿資格
　本学会会員（共著者も含む）であること。
　2　論稿の種類
　論稿は教育政策及び教育政策学に関する投稿論文及び研究ノートとする。研究ノートは、投稿論文と並立するもので、以下のようなものを指す。
（1）研究動向等を展望し研究上の提言をおこなったもの
（2）学術的価値のある資料・事例紹介に重点をおきつつ考察を加えたもの
（3）その他の萌芽的研究を記すなど、提示された知見が挑戦的で新鮮さがあるもの
　3　論稿の満たすべき条件
　論稿は、研究倫理を遵守した、未発表のオリジナルのものに限る。査読の有無、学会誌・大学紀要等の種別を問わず、二重投稿は認めない。ただし口頭発表及びその配付資料、学位論文を改稿したもの、報告書等を論文化したものはこの限りではない。
　4　投稿論文及び研究ノートの投稿手続き

（3）論稿の送付にあたっては、次のものを全て添付する。サイズは A4判とする。投稿者は同封物のコピーを必ず保存する。

a) 投稿者情報1枚

　次の事項を記載する。①投稿者所属 ②投稿者氏名 ③投稿論文・研究ノートの別、④論稿題目 ⑤連絡先住所 ⑥電話番号 ⑦ e-mail アドレス

b) 論稿原稿1部（郵送の場合は4部）

　原稿には投稿者氏名その他投稿者が特定される情報は記さない。

c) 和文アブストラクト1枚

　論稿題目、アブストラクト（400字以内）を記載する。投稿者氏名は記載しない。

（4）投稿する論稿が既発表または投稿中の論文等のタイトルや内容と深く関連し、3の条件に抵触するおそれがあると判断される場合は、そのコピーを1部添付する。その際，著者名や所属がわかる記述は黒塗り等を行う。

（6）掲載決定した投稿者は、速やかに最終原稿（A4判サイズ）及び和文・英文アブストラクトをテキスト形式の電子ファイルで提出する。

a）和文アブストラクト1枚

　論稿題目、アブストラクト（400字以内）、キーワード（5語以内）を記載する。

b）英文アブストラクト1枚

　投稿者氏名、論稿題目、アブストラクト（200語以内）、キーワード（5語以内）を記載する。

5　執筆の要領

（1）論稿の形式

a) 投稿論文は、横書き35字×32行のフォーマットで16枚以内とする。

b) 研究ノートは、横書き35字×32行のフォーマットで10枚以内とする。

（3）注、引用文献等の記載に関する凡例

　引用文献の記載方法は、注方式、引用文献一覧方式のいずれでもよい。ただし、注方式の場合には、引用文献一覧を論文に付すこと。外国語の文献は原則として原語を記載し、必要に応じて和訳を付けること。

日本教育政策学会第10期役員一覧（2020年大会～2023年大会）

会長　中嶋哲彦
理事◎貞広斎子（全国区）
　　◎佐藤修司（全国区・年報編集委員長）
　　◎広井多鶴子（全国区）
　　◎横井敏郎（全国区・課題研究担当）
　　　姉崎洋一（北海道東北）
　　　篠原岳司（北海道東北）
　　　青木純一（関東）
　　◎荒井文昭（関東）
　　　蔵原清人（関東）
　　　児美川孝一郎（関東・課題研究担当）
　　　仲田康一（関東）
　　◎広瀬裕子（関東）
　　　前原健二（関東）
　　　村上祐介（関東）
　　　坪井由実（甲信・東海・北陸）
　　　武者一弘（甲信・東海・北陸・事務局長）
　　◎尾﨑公子（近畿・年報編集副委員長）
　　　押田貴久（近畿・年報編集委員）
　　　岡本　徹（中国・四国・九州・沖縄）
　　　藤澤健一（中国・四国・九州・沖縄）
　　　　　　　　　　　　　　（◎常任理事）

監査
　　　榎　景子
　　　葛西耕介

事務局幹事　石井拓児　　　川口洋誉　　　谷口　聡
事務局書記　服部壮一郎　　広川由子　　　松田香南

年報編集委員会

委員長　◎佐藤修司（担当理事）
副委員長◎尾﨑公子（担当理事）
　　　　　相庭和彦
　　　　◎阿内春生
　　　　　荒井英治郎
　　　　　池田考司
　　　　◎梅澤 収
　　　　　押田貴久（担当理事）
　　　　　柴田聡史
　　　　　宮盛邦友
　　　　　柳林信彦
　　　　（◎常任委員）

英文校閲　エディテージ社
編集幹事　李　愛慶

編集後記

　日本教育政策学会は今年創立30年を迎えます。そこで、編集委員会の企画特集Ⅰのテーマを「教育政策学の30 年：その課題と展望」としました。石井拓児会員が特集Ⅰの論考で指摘されている通り、「その発足当初より新自由主義教育改革と正面から向き合ってきた（向き合わざるを得なかった）歴史性をもって」いる学会です。果たして新自由主義的政策に対するオルタナティブを示す研究を蓄積してこれたのでしょうか。学会の30 年を振り返るとともに、現在の教育政策学の課題を明らかにし、今後の方向性を指し示すことがねらいです。

　今号の特集Ⅰから、依頼論文だけでなく、自由投稿も募集することになりました。残念ながら、投稿者はなく、編集委員会からの依頼論文３本の掲載となりました。特集Ⅰに投稿できることが十分に浸透していなかったのかもしれません。ひとつのテーマに沿って論及しあい、オープンな研究交流の場となるための試みです。依頼論文も自由投稿論文も今号から査読の対象となりましたが、奮って投稿して頂ければと思います。

　投稿論文・研究ノートについては、11本の申込みがあり、実際に投稿されたのは投稿論文４本、研究ノート２本でした。査読の結果、論文２本、研究ノート１本が掲載されることとなりました。

　佐藤修司先生を編集委員長とする第10期年報編集委員会がお届けする最後の年報となります。末筆ながら、執筆、編集にご協力頂きました皆様に、心よりお礼申し上げます。

編集委員会副編集長　尾﨑公子

日本教育政策学会年報　第30号
Annual Bulletin of the Japan Academic Society for Educational Policy No.30
教育政策学の30年とこれから

発行日　2023年7月8日
編　集　日本教育政策学会年報編集委員会
発行者　日本教育政策学会 ©
　　　　会長　中嶋　哲彦
　　　　学会事務局
　　　　中部大学　人間力創成総合教育センター　武者一弘研究室 気付
　　　　〒487-8501　愛知県春日井市松本町1200番地
　　　　TEL: 0568-51-1111（代表）内線4673
　　　　FAX: 0568-51-1957
　　　　MAIL: jasep10th@gmail.com
発売所　学事出版株式会社
　　　　〒101-0051　東京都千代田区神田神保町1-2-5
　　　　TEL 03-3518-9655 FAX 03-3518-9018
装　帧　精文堂印刷　内炭篤詞
印刷所　精文堂印刷株式会社

ISBN978-4-7619-2949-7　C3037　　　　　　　　　2023 Printed in Japan